交通职业教育教学指导委员会推荐教材
高职高专院校国际航运业务管理专业教学用书

高等职业教育规划教材

Guoji Duoshi Lianyun Shiwu

国际多式联运实务

主　编　顾丽亚
副主编　王立坤
主　审　杨志刚

人民交通出版社

内 容 提 要

本书是高等职业教育规划教材，由交通职业教育教学指导委员会交通运输管理专业指导委员会组织编写。全书共十一章，内容包括：国际多式联运概述、国际多式联运与国际贸易、多式联运业务和单证、集装箱提单与多式联运提单、集装箱多式联运运费、联合国国际货物多式联运公约、国际海运货物运输法规、国际铁路货物运输法规、国际公路货物运输法规、国际航空货物运输法规、多式联运货损事故处理。

本书是高职高专院校国际航运业务管理专业教学用书，也可供相关专业教学使用，或作为继续教育及职业培训教材，还可供港航从业人员学习参考。

图书在版编目（CIP）数据

国际多式联运实务/顾丽亚主编.—北京：人民交通出版社，2008.6

ISBN 978-7-114-07189-8

Ⅰ.国… Ⅱ.顾… Ⅲ.国际运输：联合运输－高等学校：技术学校－教材 Ⅳ.F511.4

中国版本图书馆CIP数据核字（2008）第074751号

书　　名：国际多式联运实务
著 作 者：顾丽亚
责任编辑：钱悦良
出版发行：人民交通出版社股份有限公司
地　　址：（100011）北京市朝阳区安定门外外馆斜街3号
网　　址：http://www.ccpress.com.cn
销售电话：（010）59757973
总 经 销：人民交通出版社股份有限公司发行部
经　　销：各地新华书店
印　　刷：北京市密东印刷有限公司
开　　本：787×1092　1/16
印　　张：14.75
字　　数：343千
版　　次：2008年6月　第1版
印　　次：2016年8月　第4次印刷
书　　号：ISBN 978-7-114-07189-8
印　　数：9001－10000册
定　　价：29.00元
（有印刷、装订质量问题的图书由本社负责调换）

前　言

21世纪以来，国际航运业正在发生着前所未有的变化，中国外向型经济和对外贸易的持续快速发展，为国际航运业的发展带来不可多得的历史机遇，为世界航运市场的发展不断地注入新的活力。与此同时，随着我国改革开放进一步深入，工业化、城镇化、市场化、国际化进程不断加快，人民生活水平不断提高，国民经济对航运服务的需求将更加旺盛。相应地，在目前国内总体就业日趋紧张的形势下，航运管理专业毕业生却呈现出逆势走强、供不应求的局面。

为了推动航运业的进一步发展，实现航运人才培养的战略目标，贯彻《国务院关于大力发展职业教育的决定》精神，推动课程建设与改革，加强教材建设，交通职业教育教学指导委员会交通运输管理专业指导委员会根据国际航运业务管理专业人才培养要求，组织全国交通职业技术院校的教师编写了国际航运业务管理专业规划教材，供高等职业院校国际航运业务管理及其相关专业教学使用。

本套教材是根据国际航运业务管理及其相关专业的特点以及课程教学基本要求编写的，全面、系统、科学地阐述了航运业务中的相关理论、方法和操作技术，突出以就业为导向，以能力为本位，以企业工作需求为出发点的职业教育特色，在内容上注重与岗位实际要求紧密结合，与职业资格标准紧密结合，体现了教材的科学性、系统性、应用性、前瞻性和通俗性。本套教材既可作为航运类院校和职业培训的教学用书，也可供从事航运方面工作的业务人员参考阅读。

《国际多式联运实务》是高职高专院校国际航运业务管理专业规划教材之一，全书共十一章，内容包括：国际多式联运概述、国际多式联运与国际贸易、多式联运业务和单证、集装箱提单与多式联运提单、集装箱多式联运运费、联合国国际货物多式联运公约、国际海运货物运输法规、国际铁路货物运输法规、国际公路货物运输法规、国际航空货物运输法规、多式联运货损事故处理。

参加本书编写工作的有：上海海事大学顾丽亚（编写第一～五章）、吴文一（编写第六章）、孙志强（编写第七章）、王立坤（编写第八～十一章）。全书由顾丽亚担任主编，王立坤担任副主编，上海海事大学杨志刚担任主审。

本套教材在编写过程中参阅和应用了国内外有关航运管理的论著和资料，无论在参考文献中是否列出，在此，对这些文献的作者和译者表示由衷的感谢和诚挚的谢意。由于作者水平有限，书中不妥之处在所难免，恳请专家和读者给予批评和指正。

交通职业教育教学指导委员会
交通运输管理专业指导委员会
2007.5

目　　录

第一章　国际多式联运概述

第一节　国际多式联运的概念

一、国际多式联运的定义

国际集装箱运输是一种先进的现代化运输方式。与传统的件杂货运输相比，具有运输效率高、经济效益好及服务质量优等特点。尤其是经过近几十年的发展，随着集装箱运输技术的日臻完善，到 20 世纪 80 年代集装箱运输已经进入国际多式联运时代。

国际多式联运（International Multimodal Transport）通常以集装箱为运输单元，将不同的运输方式有机地组合起来，构成一种连续的综合性一体化货物运输。因此国际多式联运通常也被称之为国际集装箱多式联运。多式联运有几种表达方式：Inter Modal Transport，Multi modal Transport 和 Combined Transport，它们的含义都是相同的。Inter Modal Transport 被普遍地认为是指包括一种以上运输方式的运输，无论运输是在一个国家内还是在两国之间进行。《联合国多式联运公约》中使用了 Multimodal Transport 一词，指在两个国家之间进行的多式联运运输。《多式联运单证统一规则》是由国际商会（ICC）在没有已生效的可适用的国际公约的情况下制定的，这一规则中使用了 Combined Transport 一词，与《联合国多式联运公约》中使用的 Multimodal Transport 一词含义相同。根据《多式联运公约》第二期会议一致通过的《联合国国际多式联运公约》（United Nations Convention on International Multimodal Transport of Goods）的定义："国际多式联运是指按照多式联运合同，以至少两种不同的运输方式，由多式联运经营人将货物从一国境内接管货物的地点运至另一国境内指定交付货物的地点。为履行单一方式运输合同而进行的该合同所规定的货物接送业务，不应视为国际多式联运。"

由此可见，国际多式联运通过一次托运、一次计费、一张单证、一次保险，由各运输区段的承运人共同完成货物的全程运输，即将全程运输作为一个完整的单一运输过程来安排。根据《多式联运公约》的定义和现行的多式联运业务特点来看，多式联运必须具备以下基本条件：

（1）发货人与多式联运经营人必须签订一份多式联运合同。货物在全程运输过程中无论使用多少种运输方式，作为负责全程运输的多式联运经营人必须与发货人订立多式联运合同。该运输合同是多式联运经营人与发货人之间权利、义务、责任、合同关系和运输性质的确定，也是区别多式联运与一般货物运输方式的主要依据。

（2）多式联运是使用两种或两种以上不同运输方式的运输。根据国际多式联运的定义，多式联运必须涉及至少两种以上的不同运输方式，可以是海陆、陆空、海空等，与一般的海海、陆陆、空空联运有着本质区别。同时，多式联运必须是不同运输方式下的连续运输。

（3）多式联运经营人必须对全程运输负责。多式联运经营人不仅仅是订立多式联运合同的当事人，也是多式联运单证的签发人。因此，在多式联运经营人履行多式联运合同所规定的运输责任的同时，可将全部或部分运输委托他人（分运承运人）来完成，并订立分运合同。但分运合同的承运人与发货人之间不存在任何合同关系。

（4）多式联运开展的是国际间货物的运输，这不仅有别于国内货物运输，主要还涉及国际运输法规的适用问题。

（5）货物全程运输由多式联运经营人签发一张多式联运单证，且应满足不同运输方式的需要，并计收全程运费。

综上，凡是根据多式联运合同所开展的国际多式联运必须具备以上基本条件。

二、国际多式联运与一般联运的区别

国际多式联运经营人作为订立多式联运合同的一方，以至少两种运输方式组织运输并履行合同责任。但事实上，国际多式联运下的多式联运合同并非是独一无二的。因为，除了多式联运经营人承担或不承担部分运输外，更多的运输由他人来完成并与多式联运经营人订立分运合同。此外，现行的国际货运公约对联运的条件作了不同的规定：

1. 凡符合下列条件属《汉堡规则》下的货物联运

（1）两种运输方式之间，其中之一必须是海运；

（2）所订立的合同是国际间的货物运输。

2. 凡符合下列条件属《公路货运公约》下的货物联运

（1）运输合同中规定的接管、交付货物的地点位于两个不同的国家；

（2）货物由载荷车辆运输。

3. 凡符合下列条件属《华沙公约》下的货物联运

根据订立的运输合同，不论运输过程中有无中断或转运，其出发地和目的地是两个缔约国或非缔约国的主权、宗主权、委托统治权，或权利管辖下的领土内有一个约定的经停地点的任何运输。作为订立多式联运合同的多式联运经营人既要满足单一货运公约下的货物联运条件，又要符合多式联运公约的要求，除非这两个公约所规定的责任、义务相同，否则公约之间的抵触是难以避免的。

因此，国际多式联运与一般联运的区别主要表现在以下方面：

1. 涉及的运输方式不同

国际多式联运是两国之间使用的两种以上不同运输方式的联运，而一般联运是指同一种运输工具经过两程或两程以上的运输衔接，例如，铁铁联运、海海联运等，可见，全程运输仅使用一种运输方式。而多式联运采用了两种或两种以上不同的运输方式，例如海陆联运、陆空联运、海陆空联运，这种运输组织形式综合利用各种运输方式的优点，充分体现了国际化运输的特点。

2. 经营人承担的责任不同

国际多式联运经营人承担全程运输责任，需要组织国际间多种运输工具来完成货物运输。因此，多式联运经营人也被称为总承运人。同时，多式联运经营人接管和交付货物的地点可以在港口、货运站或者在某个内陆地点的仓库工厂，其承运责任也由传统的“钩到钩”或“站到站”延伸到“从货物被多式联运经营人接管时起至在指定地点交货时止”的全程运输责任。而单一运输方式的联运仅是作为接收多式联运经营人的委托的承运人，根据委托对象对多式联运经营人负责，并不与原货主发生直接的承托关系。

三、国际多式联运的优越性

国际多式联运是今后国际运输发展的方向，这是因为国际多式联运具有如下优越性：

1. 手续简便

国际多式联运能够把海、陆、空、公、内河等多种运输方式结合起来，使多段复杂的运输手续大大简化。不论运输线路多远，运输环节多少，沿途手续多么复杂，货主只需办理一次委托，支付一笔运费，取得一张联运提单即可把货物从起点运到终点，一旦发生商务事故，只需找总承运人即多式联运经营人交涉即可解决问题。对于货主而言，只需在始发站填制统一的运单，一次性托运就可去银行结汇。因为实现了“门到门”运输，取代了“港到港”运输，从而能适应现代化运输的要求。

2. 提早收汇

货物装上第一程运输工具后即可取得联运单据，凭此向银行办理收汇手续。较之过去联运货物，从内地发货，要比在到达港口装船后才可取得单据收汇要早。因此，出口方就可以提早收回货款。出口货物在联运车站，一经装入车皮后，内地外运公司即可凭口岸外运公司发来的电报或电传，签发全程多式联运提单，交用户到银行结汇。

3. 节省费用

在努力降低开支，降低换汇成本，提高经济效益的今天，国际多式联运显得更为重要。采用国际多式联运，在价格条款不变的情况下，比海运节省运费约20%左右。

货物使用集装箱装载，外包装可以大大简化，发货人可以节省很大一笔包装费用。收货人也可得到费用减少而货价降低的好处。由于缩小了货物的体积与重量，减少了运费支出。

4. 安全正确性高

多式联运由于采用了集装箱，虽然经过多段运输和多次装卸，均无需搬动箱中货物，故可较好地保证货物安全，比不同托运单的散件杂货同装在一个船舱内要清楚得多，因此即使是拼箱货，货物分属不同货主，在拆箱交接中也更为准确；可以减少货损货差，也不易被盗。

5. 合理运输

多式联运经营人开展多式联运服务，为提高服务质量，增加收入，有必要也有条件积累经验，建立合理经济的联运路线。货主向多式联运经营人托运，即可利用他们经过选择和多次试验建立起来的联运路线，组织合理运输，缩短运输里程和运送时间，降低运输成本，增强货物在国际市场上的竞争能力。

第二节　国际多式联运经营人

一、国际多式联运经营人的概念

国际多式联运的形成和发展离不开多式联运经营人，对于国际多式联运经营人的概念，不同的法律和法规、国际公约都作了明确的规定。

《联合国国际货物多式联运公约》的定义为："多式联运经营人是指其本人或通过其代表订立多式联运合同的任何人，他是事主，而不是发货人的代理人或代表或参加多式联运的承运人的代理人或代表，并且负有履行合同的责任。"（Multimodal transport operator means any person who on his own behalf or through another person acting on his behalf concludes a multimodal transport contract and who acts as a principal, not as an agent or on behalf of the consignor or of the carriers participating in the multimodal transport operations, and who assumes responsibility for the performance of the contract.）

《1991 年联合国贸易和发展会议/国际商会多式联运单证规则》定义："多式联运经营人是指签订一项多式联运合同并以承运人身份承担完成此项合同责任的任何人。"（MTO means any person who concludes a multimodal transport contract and assumes responsibility for the performance thereof as a carrier.）

我国《海商法》规定："多式联运经营人是指本人或者委托他人以本人名义与托运人订立多式联运合同的人。"

从上述定义可见，多式联运经营人必须具备下列特征：

（1）多式联运经营人必须与货主本人或其代表订立多式联运合同，同时又以货主的身份与各区段的实际承运人订立运输合同，因此具有双重身份；

（2）多式联运经营人对全程运输所发生的货损、货差负责，但其可向分承运人追偿；

（3）多式联运经营人可以拥有运输工具也可以不拥有运输工具。

二、国际多式联运经营人的类型

国际多式联运经营人是从货运代理人逐步形成和发展起来的。随着国际贸易结构的变化，多式联运经营人向多样化方向发展。根据是否拥有运输船舶，国际多式联运经营人可以分为两类：

1. *以船舶运输经营为主的多式联运经营人*（Vessel Operating Multimodal Transport Operator, VOMTOs）

传统上，船舶所有人将货物从港口运至另一港口，并且其对货物的责任期间仅限于船上。随着集装箱运输的发展，国际多式联运经营人在利用船舶提供港至港服务的同时，将服务范围扩展到包括陆上运输和航空运输在内的其他运输方式。通常，这类多式联运经营人不拥有也不从事公路、铁路和航空运输，而是通过与各相关承运人订立分合同来安排运输。此外，他们还订立内陆装卸、仓储和其他辅助服务的分合同。

2. *无船多式联运经营人*（Non-Vessel Operating Multimodal Transport Operator, NVOMTOs）

无船多式联运经营人不拥有和不掌握船舶，他通过船舶经营人的船舶，进行货物运输服务，包括三类：

（1）承运人型。这类多式联运经营人不拥有运输船舶，但拥有汽车、火车或飞机等。其与货主订立多式联运合同后，除了用自己的运输工具完成某些区段的运输外，还通过与相关承运人订立分运合同来完成该区段的运输。

（2）场站经营人型。这类多式联运经营人拥有货运站、堆场和仓库等。其与货主签订多式联运合同后，除利用自己拥有的场站设施完成各种服务外，还与所涉及的运输方式的承运人订立分合同，由这些承运人独立完成各区段的运输。

(3)经纪人型。这是最近出现的一种运输服务形态。它原则上不直接向货主推销其运输方式，而是采用转运人所说的“批发”办法，由转运人签发联运提单向货主推销经纪人的运输方式。经纪人不从事对货主的推销、报关服务，而只潜心于对商品的开发和服务的改善。这种形态与转运人型设定的线路相同，通过自己掌握的途径安排运输线路。

对于转运人、经纪人型的责任，各公司并不一样，有的采用统一责任制，有的适用不同的赔偿额，并且采用分段责任制，即海运段按照船公司的条款，空运区段按照航空公司的条款。

三、国际多式联运经营人的责任形式

国际多式联运经营人的责任类型有：

1. 网状责任制

所谓网状责任制是指在运输全程中，由运输合同当事人中的一个承运人就全程运输对货主承担责任，但是承运人在各个运输区段中所承担的责任内容并不相同，而要根据各个运输区段适用的法规所规定的责任来确定。例如在海上运输区段适用《海牙规则》等。

在网状责任制下，对于发生区段无法明确的箱内货物的灭失或损坏，一般都把它看作是在海上运输中发生的。但在运输合同另有约定的情况下，也可按照完全不同的责任原则来确定承运人的责任。

2. 统一责任制

统一责任制是指在运输全程中由一个承运人按同样的责任内容对货主承担全程责任的制度。当货物发生灭失或损坏时，只要是在所承运的运输全程中发生的，无论发生在哪一个运输区段，哪一种运输方式，承运人都按照同样的责任承担。至于责任内容如何，视运输合同的约定而定。

3. 修正的统一责任制

这是由统一责任制和网状责任制相结合的责任制。国际多式联运经营人对货物的灭失或损坏所承担的赔偿责任，基本上按统一责任制判定，对赔偿的某个方面如不同运输区段的货物灭失损坏在限额上有不同规定。

在没有已生效的可适用的国际公约的情况下，多式联运经营人可随意在合同中订入顾客接受的条款和条件。但大多数情况下，目前的合同条款都遵照国际商会确定的规则，即“ICC联运单据统一规则”。由于这些规则是由民间国际组织确立的，所以并不具有法律效力，而只是在多式联运单据证明的多式联运合同中并入了上述规则才具有法律效力。上述规则的适用受到各运输方式的国际法规的约束。

第三节　多式联运的组织形式

由于国际多式联运具有其他运输组织形式无可比拟的优越性，因而这种国际运输新技术已在世界各主要国家和地区得到广泛的推广和应用。目前，有代表性的国际多式联运主要有远东—欧洲，远东—北美等海陆空联运，其组织形式包括海陆联运、陆桥运输和海空联运。

一、海陆联运

海陆联运是国际多式联运的主要组织形式，也是远东—欧洲多式联运的主要组织形式之一。目前组织和经营远东—欧洲海陆联运业务的主要有班轮公会的三联集团、北荷、冠航和丹麦的马士基等国际航运公司，以及非班轮公会的中国远洋运输公司、台湾长荣航运公司和德国那亚航运公司等。这种组织形式以航运公司为主体，签发联运提单，与航线两端的内陆运输部门开展联运业务，与大陆桥运输展开竞争。

二、陆桥运输

在国际多式联运中，陆桥运输(Land Bridge Service)起着非常重要的作用。它是远东—欧洲国际多式联运的主要形式。所谓陆桥运输是指采用集装箱专用列车或汽车，把横贯大陆的铁路或公路作为中间“桥梁”，使大陆两端的集装箱海运航线与专用列车或汽车连接起来的一种连贯运输方式。严格地讲，陆桥运输也是一种海陆联运形式。只是因为其在国际多式联运中的独特地位，故在此将其单独作为一种运输组织形式。目前，远东—欧洲的陆桥运输线路有西伯利亚大陆桥和北美大陆桥。

1. 西伯利亚大陆桥(Siberian Landbridge)

西伯利亚大陆桥(SLB)是指使用国际标准集装箱，将货物由远东海运到俄罗斯东部港口，再经跨越欧亚大陆的西伯利亚铁路运至波罗的海沿岸如爱沙尼亚的塔林或拉脱维亚的里加等港口，然后再采用铁路、公路或海运运到欧洲各地的国际多式联运的运输线路。

西伯利亚大陆桥于 1971 年由原全苏对外贸易运输公司正式确立，现在全年货运量高达 10 万标准箱，最多时达 15 万标准箱。使用这条陆桥运输线的经营者主要是日本、中国和欧洲各国的货运代理公司。其中，日本出口欧洲杂货的 1/3、欧洲出口亚洲杂货的 1/5 是经这条陆桥运输的。由此可见，它在沟通亚欧大陆、促进国际贸易中所处的重要地位。

西伯利亚大陆桥运输包括“海铁铁”、“海铁海”、“海铁公”和“海公空”等四种运输方式。由俄罗斯的过境运输总公司担当总经营人，它拥有签发货物过境许可证的权利，并签发统一的全程联运提单，承担全程运输责任。至于参加联运的各运输区段，则采用“互为托、承运”的接力方式完成全程联运任务。可以说，西伯利亚大陆桥是较为典型的一条过境多式联运线路。

西伯利亚大陆桥是目前世界上最长的一条陆桥运输线。它大大缩短了从日本、远东、东南亚及大洋洲到欧洲的运输距离，并因此而节省了运输时间。从远东经俄罗斯太平洋沿岸港口去欧洲的陆桥运输线全长 13 000km，而相应的全程水路运输距离(经苏伊士运河)约为 20 000km。从日本横滨到欧洲鹿特丹，采用陆桥运输不仅可使运距缩短 1/3，运输时间也可节省 1/2。此外，在一般情况下，运输费用还可节省 20% ~30% 左右，因而对货主有很大的吸引力。

由于西伯利亚大陆桥所具有的优势，因而随着它的声望与日俱增，也吸引了不少远东、东南亚以及大洋洲地区到欧洲的运输，使西伯利亚大陆桥在短短的几年时间中就有了迅速发展。但是，西伯利亚大陆桥运输在经营上管理上存在的问题(如港口装卸能力不足、铁路集装箱车辆的不足、箱流的严重不平衡以及严寒气候的影响等)在一定程度上阻碍了它的发展。尤其是随着我国兰新铁路与中哈边境的土西铁路的接轨，一条新的“欧亚大陆桥”形成，为远东至欧洲的国际集装箱多式联运提供了又一条便捷路线，使西伯利亚大陆桥面临严峻的竞争形势。

2. 北美大陆桥(North American Landbridge)

北美大陆桥是指利用北美的大铁路从远东到欧洲的“海陆海”联运。该陆桥运输包括美国大陆桥运输和加拿大大陆桥运输。美国大陆桥有两条运输线路：一条是从西部太平洋沿岸至东部大西洋沿岸的铁路和公路运输线；另一条是从西部太平洋沿岸至东南部墨西哥湾沿岸的铁路和公路运输线。美国大陆桥于1971年底由经营远东—欧洲航线的船公司和铁路承运人联合开办“海陆海”多式联运线，后来美国几家班轮公司也投入营运。

三、海空联运

海空联运又被称为空桥运输(Airbridge Service)。在运输组织方式上，空桥运输与陆桥运输有所不同：陆桥运输在整个货运过程中使用的是同一个集装箱，不用换装，而空桥运输的货物通常要在航空港换入航空集装箱。不过，两者的目标是一致的，即以低费率提供快捷、可靠的运输服务。

海空联运方式始于20世纪60年代，但到80年代才得到较大的发展。采用这种运输方式，运输时间比全程海运少，运输费用比全程空运便宜，20世纪60年代，将远东船运至美国西海岸的货物，再通过航空运至美国内陆地区或美国东海岸，从而出现了海空联运。当然，这种联运组织形式是以海运为主，只是最终交货运输区段由空运承担，1960年底，原苏联航空公司开辟了经由西伯利亚至欧洲航空线，1968年，加拿大航空公司参加了国际多式联运，80年代，出现了经由香港、新加坡、泰国等至欧洲航空线。目前，国际海空联运线主要有：

1. 远东—欧洲

目前，远东与欧洲间的航线有以温哥华、西雅图、洛杉矶为中转地，也有以香港、曼谷、海参崴为中转地，还有以旧金山、新加坡为中转地。

2. 远东—中南美

近年来，远东至中南美的海空联运发展较快，因为此处港口和内陆运输不稳定，所以对海空运输的需求很大。该联运线以迈阿密、洛杉矶、温哥华为中转地。

3. 远东—中近东、非洲、澳洲

这是以香港、曼谷为中转地至中近东、非洲的运输服务。在特殊情况下，还有经马赛至非洲、经曼谷至印度、经香港至澳洲等联运线，但这些线路货运量较小。

总的来讲，运输距离越远，采用海空联运的优越性就越大，因为同完全采用海运相比，其运输时间更短；同直接采用空运相比，其费率更低。因此，从远东出发将欧洲、中南美以及非洲作为海空联运的主要市场是合适的。

四、我国的国际多式联运

随着我国社会经济和对外贸易的快速发展，特别是1978年正式开辟第一条国际集装箱航线以来，我国国际集装箱多式联运得到了较快的发展。我国最大规模的国际集装箱多式联运，是由交通部中国远洋运输(集团)总公司和铁道部运输局联合开办的国际集装箱海铁联运业务。其主要业务包括：通过双方确定的沿海港口和内陆火车站开办进出口货物国际集装箱海铁联运业务，以及经我国港口和铁路过境的第三国集装箱货物运输。在这期间，交通部沿海主要的国际集装箱港口均参加了国际集装箱海铁联运，铁道部开放了办理国际集装箱海铁联运的铁路站点共40多处，建立国际集装箱海铁联运线共12条。

近年来，为适应和配合我国对外贸易、运输的发展需要，已开始采用国际多式联运。目前，已开展的国际多式联运路线主要有：

(1)我国内地—我国港口—日本港口—日本内地(或反向运输)

(2)我国内地—我国港口(包括香港)—美国港口—美国内地(或反向运输)

(3)我国港口—肯尼亚港口—乌干达内地

(4)我国内地—我国港口(包括香港)—欧洲有关港口—西欧内地(或反向运输)

(5)我国东北地区—图们—朝鲜清津港—日本港口(或反向运输)

(6)我国内地—我国港口—科威特—伊拉克

(7)我国内地—苏联西部边境—欧洲、中近东(或反向运输)

(8)我国港口—日本港口—澳大利亚港口—澳大利亚内地

除上述已开展的运输路线外，新的路线还在不断的发展中。目前，我国对外贸易进出口货物采用多式联运方式的运输不断增多，比如有海陆、陆海、陆空陆、海空等方式，其中较多采用的是海陆或陆海多式联运方式。其货物的交接方式可以是门到门、门到港、港到港等。

案例　厦门港海铁联运活跃腹地经济

经过近3年的发展，厦门港海铁联运业务从无到有，从萌芽到初步成熟，对增强港口竞争力，活跃腹地经济起到突出作用。尝到甜头的港口和腹地企业，迫切希望将这一双赢业务做强做大。

一、海铁联运业务逐渐成熟

据了解，2004年，厦门市政府与南昌、赣州市政府签署了开展水铁联运合作意向书，厦门港海铁联运从大宗散货运输逐步发展到集装箱运输，并逐步实现了成组运输，直到2005年6月，厦门港至赣州、南昌的集装箱海铁联运直达班列开通，厦门港海铁联运业务进入新阶段。据悉，目前厦门港来往于赣州、南昌的海铁联运集装箱，分别仅需20小时和30小时左右。

如今，无论是在软件上还是在硬件上，厦门港海铁联运业务已具备大规模操作能力，运作模式日渐丰富，并呈现多样化趋势。据统计，厦门港海铁联运货运量从2004年完成集装箱运输量496标箱、散杂货195.58万吨，到2005年1至11月完成集装箱运输量5401标箱、散杂货343.37万吨，运能、运量均取得很大突破。目前，其运营方式主要为国际集装箱运输和进出口散货运输，在福建三明、永安，江西南昌、赣州、鹰潭等地，厦门港均设有业务网点，业务范围已覆盖福建、江西全境，并逐渐向湖南和广阔的中西部地区延伸。

“剩下的就是厦门港吞吐能力问题了。随着港口7号泊位逐步建成，海沧港区在建码头的相继落成，这一问题也将迎刃而解。有政府的积极推动、企业的踊跃参与、社会的普遍关注，厦门港海铁联运业务有良好前景。”厦门港有关负责人说。

二、市场空间广阔

经过3年的发展，海铁联运业务受到两地政府和企业的欢迎。这是因为，围绕海铁联运已初步形成完整供应链，每个节点都从中受益。

对于厦门港和江西腹地而言,通过海铁联运业务可实现双赢。作为我国沿海主要港口、沿海集装箱干线港之一的厦门港,腹地经济总量有限。目前,厦门港货源主要来自福建省,集中在厦、漳、泉等闽南三角地区。铁路体制改革后,为厦门港利用海铁联运向周边地区扩大影响力扫清障碍。厦门港在为自身拓展内陆腹地的同时,也为内陆省份货物提供了一条便捷的出海通道。近年来,江西省正加快从农业大省向工业强省转变的步伐,厦门港正好是离江西最近的出海口,厦门港为其提供方便的物流服务,江西的工业发展"如虎添翼"。随着江西省对接长珠闽战略的实施以及闽赣两省进一步加深合作,对海铁联运的需求也进一步增强。

海铁联运业务的开展,直接受益者是物流企业。厦门闽南三通物流有限公司总经理告诉记者:"只要政府搭好台,企业唱好戏,海铁联运就会好戏连台。"据记者了解,海铁联运让一些曾经经营惨淡的物流企业"起死回生"。目前,中远、马士基、地中海航运、商船三井等船公司也对海铁联运业务产生浓厚兴趣。

海铁联运对福建、江西的几大钢厂提供了极大方便。通过海铁联运,厦门港为其提供了方便快捷的物流服务。而"属地报关、口岸验放"、"多点报关、口岸验放"等通关模式,让厦门各地海关之间形成"无缝"对接,也提高了腹地企业的物流效率。据萍乡、新余两地钢厂代表介绍,2008 年萍乡钢厂和新余钢厂生产能力都将大幅提高,届时对进口铁矿石的需求将成倍增长。两地钢厂代表都表达了增加在厦门和福建其他港口转运量的意愿,同时对港口的接卸中转能力和服务水平提出进一步要求。

不同企业的多样化需求,将丰富厦门港的服务模式,提升厦门港的竞争力,海铁联运的供应链也由此将变得更加顺畅,福建海峡西岸经济区也将被全面盘活。

三、突出发展集装箱海铁联运

针对下一步厦门港海铁联运的工作重点,厦门港口管理局局长王勇军对记者说:"我们下一步将突出发展集装箱运输。同时,围绕集装箱中心,巩固和发展海铁联运,从陆地、沿海、海上三方面,拓展覆盖面更大、辐射更远的经济腹地,以吸引更多货源。"

首先,巩固海铁联运,向西纵向推进。巩固原有业务网点整合优化,制定更优惠的政策,让更多企业充分参与;适时启动厦门至长沙的海铁联运业务,逐步向中西部内陆省份纵深推进,尤其是将港口功能前移,进一步打造内陆地区"无水港",作为厦门港的延伸。

其次,发展两翼,横向扩张。向粤东、浙南两翼横向扩张,2006 年重点放在开拓潮州腹地上,扶持潮州港向厦门港的喂给港方向转变,突破厦门港界限,鼓励厦门港口企业到潮州投资建码头。

再次,发展集装箱国际中转、内支线运输和港内驳运业务。集装箱国际中转业务是厦门港持续发展的关键,是厦门港未来发展方向,加快港口软、硬件建设,促进厦门港从集装箱干线港向集装箱枢纽港转变。

最后,推进厦门港的基本建设。适度超前提升港口总体吞吐能力,推进深水航道和深水泊位"两深工程"建设,使港口靠泊和吞吐能力再上新台阶,适应船舶大型化、干线化需求;推进海沧保税港区的建设,加快海沧保税港区规划方案的编制,使海沧保税港区早日开工;加快启动刘五店港区的建设等。

思考题

1. 国际多式联运的概念是什么?
2. 国际多式联运的英文写法有哪些?
3. 国际多式联运具备的基本条件有哪些?
4. 国际多式联运的优越性有哪些?
5. 哪些公约对多式联运进行了定义?
6. 举例说明国际多式联运可以由哪些运输方式完成?
7. 国际多式联运经营人具备哪些基本特点?
8. 国际多式联运经营人有哪些类型?
9. 国际多式联运的组织形式有哪些?

第二章　国际多式联运与国际贸易

国际物流的最大特点就是使用多种运输方式进行门到门运输。这种运输方式下的货物交接与传统的国际货物贸易中被广泛使用的 FOB、CIF、CFR 三种价格条件下的“港至港”运输交接发生了较大变化。不仅运输方式向多种发展，而且，货物交接地点也向两端延伸。随之，买卖双方之间的风险、责任、费用的划分也发生了变化。

可见，长期建立的“港至港”交接基础上的贸易做法正随着集装箱货物多式联运的发展，已表现为无法适应其需要。近年来，国际商会对《国际贸易术语解释通则》以及《跟单信用证统一惯例》作了修改和补充，以适应国际贸易的货物使用多式联运的需要。

第一节　《国际贸易术语解释通则》介绍

一、《国际贸易术语解释通则》的制订

在国际买卖交易中，买卖双方常常采用一些贸易术语，概括地表示双方的权利与义务。这些贸易术语大多严于国际贸易惯例，比如 FOB（船上交货）这一贸易术语从 19 世纪初期就被采用，随着交通运输、保险业和通信事业的发展，CIF（成本加保险费加运费）这一贸易术语也从 19 世纪中叶成为国际贸易中最常用的术语之一。为了避免不同国家对同一贸易术语作不同的理解，或者为了尽可能使这种情况减少到最低程度，对国际贸易中普遍采用的贸易术语，提供一些具有国际贸易通则性质的规定或解释就非常重要。正是基于这种需要，国际商会于 1936 年制订了《国际贸易术语解释通则》（International Rules for the Interpretation of Trade Terms，简写 INCOTERMS）（以下简称《通则》），并于 1953 年、1967 年、1976 年、1980 年、1990 年和 2000 年，先后进行了 6 次修改和补充。

二、《1980 年通则》中的相关贸易术语简介

《1980 年通则》贸易术语包括：

（1）Ex works（Ex factory, Ex mill, Ex warehouse, etc）工厂交货，即（制造厂交货、农场交货、仓库交货等）。

（2）FOR、FOT（Free on Rail named departure point）（Free on Truck … named departure point），即铁路交货……指明起运地点、火车上交货……指明起运地点。

（3）FAS（Free alongside Ship named port of shipment），即船边交货……指定装运港。

（4）FOB（Free on Board named port of shipment），Ex plantation，即船上交货……指定装

运港。

(5)C&F(Cost and Freight named port of destination),即成本加运费……指定目的港。

(6)CIF(Cost,Insurance,Freight…named port of destination),即成本加保险费、运费……指定目的港。

(7)Ex ship,…named port of destination,即目的港船上交货……指定目的港。

(8)Ex Quay Duty Paid…named port,即目的港码头交货,关税已付……指定港口。

(9)Delivered at Frontier…(named place of delivery at frontier),即边境交货(边境指定交货地点)。

(10)Delivered Duty Paid…(named place of destination in the country of importation),即完税后交货(指定的进口国目的地)。

(11)FOB airport(named airport of departure),即启运机场交货(指定启运机场)。

(12)Free carrier…(named point),即货交承运人(指定地点)。

(13)Freight or Carriage Paid to…(named point of destination),即运费付至……指定的目的地。

(14)Freight or Carriage and Insurance Paid to…(named point of destination),即运费、保险费付至目的地。

三、《通则》1990年、2000年的修订

时代在前进,科技在发展,国际贸易领域里也不断发生新的变化。为了进一步适应国际贸易中新变化的需要,国际商会、国际商业惯例委员会在总结了自1980年以来国际贸易中的新的经验和新情况后,于1989年11月通过了《通则》新的修改版本;进一步修改后于2000年4月公布,即国际商会第500号出版物,称为《2000年国际贸易术语解释通则》(INCOTERMS 2000),以下简称《2000年通则》。

1.《通则》1990年的修订

《通则》1990年修订的主要原因之一,是为使贸易术语适应电子数据交换系统(Electronic Data Interchange,EDI)日益应用的需要。

随着科技的发展,当今社会已进入到信息时代,电子数据交换必然更广泛地应用于未来国际贸易实践中。为了适应这种形势,联合国设计制定了《联合国贸易资料指南》(UNTDED)、《联合国行政、商业、运输电子资料交换规则》(UN/EDIFACT)和《电讯贸易资料交换实施统一规则》(UNCID)。同时,国际海事委员会在1990年第34届大会上通过了《国际海事委员会电子提单规则》。在这种情况下,国际贸易就有可能使用电子资料交换系统。实际上,在国际贸易中越来越多的交易是通过电子计算机通信联络或处理有关问题的。目前全球的贸易潮流是要求以电子单证代替纸的单证,使单证传递迅速准确,从而方便于国际贸易。然而一个关键的问题即法律问题是不可回避的,即如何确保相等的电子单证与原来纸用单证具有同等的法律地位或法律效力是极为重要的。这只能由贸易惯例和法律来解决。因此,《1990年通则》中明确地规定在卖方必须提供商业发票或合同可能要求的其他单证时,也可以提供"相等的电子单证(its equivalent electronic message)"。

《通则》1990年修订的主要原因之二,是为了使贸易术语适应不断更新的运输技术,尤其

是集装箱运输、滚装船运输和多式联运。

《1990 年通则》的特点，或者说主要修改之处有下列几点：

(1)合并了《1980 年通则》中的一些术语，也增加了新的术语，并且还使用了一些新的术语缩写。《1980 年通则》中的 FOR/FOT 和 FOB 机场交货，在《1990 年通则》中被合并到"货交承运人……(指定地点)"即 FCA 术语中去了。因此，在被认为重要的 FCA 术语中，对包括铁路运输、公路运输、内河运输、海运、空运、未指定的运输方式和多式联运，各种不同运输方式的交货作了具体的解释，同时在 FCA 术语下，对承运人、货运站及集装箱也作了具体的解释。

"未完税交货……(指定目的地)"即 DDU 术语，是《1990 年通则》中新增加的。该术语是指卖方将货物运至进口国指定的目的地，履行其交货义务。卖方应承担货物运至指定目的地的一切费用和风险(不包括关税、捐税及进口时应缴纳的费用)以及办理海关手续的费用和风险。适用于各种方式的运输。DDU 术语主要是考虑到 1992 年欧洲共同体成为单一市场将取消，共同体国家间的海关关境以后及其他国家在货物进口结关不会遇到什么困难的情况，使用 DDU 术语可能是非常需要和适用的。对那些货物进口结关手续困难的国家，建议不要使用 DDU 术语。

使用了一些新的术语缩写，比如 EXW、FCA、CFR、CPT、CIP、DAF、DES 及 DEQ 等，与《1980 年通则》相比，在这些术语的名称上几乎没有什么区别，似乎只是缩写的改变或予以明确，如"成本加运费(……指定装运港)"术语，似乎只是缩写由"CFR"代替了"C&F"。实际上，这些术语项下买卖双方的义务在具体规定或解释上确有不同之处。尤其是"货交承运人(……指定地点)"术语，不仅明确了其缩写为"FCA"，而且适用范围还包括了《1980 年通则》中的"货交承运人"和 FOR/FOT 及 FOB 机场交货等术语。

(2)根据卖方义务的不同类型重新予以分组排列。《1990 年通则》对 13 种贸易术语的排列顺序，是从卖方承担费用、风险和责任最小的工厂交货(Exworks)直至卖方承担费用、风险和责任最大的目的地完税后交货(Delivered Duty Paid)。为了便于理解和记忆，根据卖方义务的不同类型分为 4 组，即：

E 组，EXW

卖方在自己的地点将货物交付买方。

F 组：FCA、FAS、FOB

卖方将货物交至买方指定的承运人。

C 组：CFR、CIF、CPT、CIP

卖方必须订立运输合同，但对货物灭失和损坏的风险及发运后发生的事件所产生的费用，卖方不承担责任。

D 组：DAT、DES、DEQ、DDU、DDP

卖方必须承担货物交至目的地国家所需的费用和风险。

E 组术语中只有 EXW。在采用 EXW 术语时，卖方在他的所在地将货物交给买方支配时，即完成了交货义务。除非另有约定，卖方不承担将货物装上买方备妥的车辆或办理出口结关手续的责任。而买方将承担自卖方所在地将货物运至预期目的地的部分费用和风险。因此 EXW 术语是卖方承担义务最小，或者说是买方承担义务最大的术语。

在 F 组术语中，FCA 术语是最重要的。F 组中的其他两个术语 FAS、FOB 和 FCA 实际都属于货交指定的承运人的范畴,其区别在于前两者是指在两个特定的地点货交承运人,即 FAS 在船边;FOB 在船上。而 FCA 在指定地点货交承运人,这个“指定地点”的范围很广,所以 FCA 术语适用多种运输方式。在 F 组术语中,风险的转移与费用的划分主要都是以货交承运人的地点和时间为分界点。

在 C 组术语中,卖方必须按通常条件并承担费用订立运输合同。按照 CIF 和 CIP 术语,卖方还要负责保险并支付保险费用,在 CFR 和 CPT 术语中,卖方就没有这个义务。按照 CIF 和 CFR 术语,货物灭失或损坏的一切及货物装上船后在运输途中所产生的额外费用,自货物在装运港越过船舷时起即由卖方转移至买方承担,在 CIP 和 CPT 术语中,是自货物在交付承运人照管时即行转移。在我国对外贸易实践中,最常用的 CIF 术语,因此对《1990 年通则》中 CIF 术语的具体解释应特别加以注意,卖方除具有与 CFR 术语中相同的义务外,增加了还应办理由买方承担风险的货物在运输途中灭失或损坏的保险义务。

在 D 组术语中,卖方负责将货物运至约定的地点或目的地交货,承担货物运至目的地前的全部费用和风险,属于到货合同。根据 DEQ 和 DDP 术语,卖方承担义务最大,或者说是买方承担义务最小的术语,与 E 组的 EXW 术语的情况正相反。

(3)买卖双方义务均用 10 个项目分项列出,相互对应。《1980 年通则》中,买卖双方的义务虽然也是分项列出,但并不是相互对应的,项目中的内容比如费用和风险往往在同一项中规定。但在《1990 年通则》中,买卖双方的义务均分项列出,相互对应。卖方在每一项中的地位与在另一方面相应地反映了买方在该项中的地位。这样极大地方便了对该通则的使用,尤其是在需要查找自己在某一项下应承担什么义务时,很快地可以找到另一方在同一项下应承担什么不同的义务。

(4)正如前面在修订通则的原因中所述,《1990 年通则》规定了在提供有关单证时可以提供相等的电子单证,应该说是一个突出的特点或称之为重要的变化。

因此,《1990 年通则》在买卖双方的责任与义务、费用与风险划分方面与《1980 年通则》相比,可以说没有什么大的变化。

2.《通则》2000 年的修订

据国际商会在《2000 年通则》的“引言”中的解释,《2000 年通则》是在《1990 年通则》的基础上稍加修改而成的,以保证与得到世界广泛承认的《1990 年通则》在内容上的一致性与连续性。《2000 年通则》的修改,主要表现在以下几个方面:

(1)在进出口手续方面更加合理。在《1990 年通则》中,FAS 贸易术语规定由买方办理出口许可证和出口清关手续,DEQ 贸易术语则规定由卖方办理进口清关手续,两者均与卖方办理出口清关手续及买方办理进口清关手续的一般原则不符。因此《2000 年通则》将上述两术语分别修改为:FAS 由卖方办理出口许可证和出口清关手续;DEQ 由买方办理进口清关手续。经过上述修改后,《2000 年通则》规定的 13 种术语中,除卖方责任最小的 EXW 术语和卖方责任最大的 DDP 术语是由卖方办理进口手续外,其余 11 种术语均是由卖方办理出口手续,由买方办理进口手续。

(2)明确了在 FCA 术语下的交货与装货义务。《1990 年通则》对 FCA 术语下卖方交货地点的确定未作规定。按照《2000 年通则》的规定,在 FCA 术语下,当卖方在其所在地交货时,应由卖方负责装货,当货物装上买方指定的承运人或代表买方的其他人提供的运输工具时完成交货；当在其他地点交货时，则当货物在卖方的运输工具上，尚未卸货而交给买方指定的承运人或其他人或由卖方指定的承运人处置时，卖方完成交货。即，交货地点的选择对于在该地点装货和卸货的义务会产生影响，若卖方在其所在地交货，则卖方应负责装货；若卖方在任何其他地点交货，则卖方可以在自己的运输工具上完成交货，而不负责卸货。

(3)其他一些修改。将 FCA 的适用范围扩大至各种运输方式；对通则中贸易术语内容的排列顺序进行了调整，将原来每个项目下分别列明买卖双方的义务，改为在同一项目下将双方的义务放在一起列明，以便于对同一项目下双方的义务进行对比。

四、《通则》1990 年的修改理解

1. 港口或特定行业的惯例

由于贸易术语必须尽可能地用于不同行业和地区，因此，不可能对当事人的义务作出确切的规定。从某种程序而言，有必要参照特定贸易地区的惯例或者参照当事人之间的行为或交易中已确定的习惯做法（参阅《1980 年国际货物销售公约》第 9 条）。恰当的做法是，买卖双方洽谈合同时，当有不明确的问题发生时，就是依据买卖合同中的相应的条款阐明他的法律地位。

2. 买方的选择权

在有些情况下，在签订买卖合同时可能无法确定卖方将货物交付承运或最终目的地交货的确切地点，例如，在签约时给了个“地区范围”，或一个很大的地区，如海港。在此情况下，一般规定买方随后有权或有义务在该范围和地区内指定比较确切的地点。如上所述，如果买方有义务指定确切的地点而未确定，买方必须承担由此产生的风险和额外费用。此外，如果买方未行使他的权利指定地点，则卖方有权选择对其最适合的地点。

3. 结关

通常结关事务由居住在结关国家的一方当事人安排，或者至少由其代理代为办理。出口商一般应办理出口货物结关，而进口商应办理进口货物结关。但有些贸易术语（EXW 和 FAS），买方可能在卖方国承担出口货物结关，还有些贸易术语（DEQ 和 DDP），卖方可能在买方国家承担进口货物结关。不用说，在这种情况下，卖方和买方要各自承担出口和进口风险。同时，他们必须清楚，政府当局是否接受一个不住在他们国家的当事人或其代表在他们国家办理结关。

按照 EXW 术语，买方希望在卖方地点受领货物，或按照 FAS 术语在船边受领货物，但愿意卖方为出口货物结关。如果是这样的话，应在有关的贸易术语后加上“出口货物已结关”。相反地，按照 DEQ 或 DDP 贸易术语，卖方负责交货，但不全部或部分地承担义务支付货物进口应缴纳的关税，其他捐税或费用。如果这样的话，DEQ 术语后可以加上“关税未付”，或卖方不希望支付的特别捐税或费用可以明确予以排除，例如“增值税未付”。

另外还应注意到，外国公司在许多国家不仅很难得到进口许可证，而且也很难获得关税减免（增值税减免等）。“未完税交货”术语免除了卖方这些义务。

在有些情况下，负责把货物运至买方指定地点，卖方要办理结关手续，但不支付捐税，如果是这种情况，在 DDU 术语后应加上“未完税交货，已结关”。在使用 D 组其他术语时，也可作相应的增补，例如“完税后交货，增值税未付”、“目的港交货，关税未付”。

4. 包装

在多数情况下，当事人要事先知道货物运至目的地需要何种包装。但是，由于卖方包装货物的义务可能根据具体的运输方式和期限有所不同，有必要规定卖方有义务使货物的包装适合运输方式的要求，但只限于在签订买卖合同前已经知道有关运输的情况（参阅《1980 年联合国国际货物销售合同公约》第 35 条 1 款和第 35 条 2 款 b 项，货物，包括包装必须"适用于订立合同时曾明示或默示地通知卖方的任何特定要求，除非情况表明买方并不依赖卖方的技能和判断力，或者这种依赖对他是不合理的"）。

5. 货物检验

在很多情况下，买方在卖方把货物交付运输前或交付运输时要得到安排货物检验的通知（称为"装船前检验"）。除非合同另有规定，否则买方自己应负担这样的检验费用，因为是为买方利益安排的检验。但是，如果进行的检验是为了使卖方履行在其本国适用于出口货物的任何强制性的规定，卖方应支付这样的检验费用。

6. 货交承运人（……指定地点）（FCA）

如上所述，FCA 术语可以适用于当卖方应通过把货物交付买方指定的承运人履行其义务的情况。预期这个术语也适用于货物没有被按传统的方式越过船舷交到船上的海上运输。如果要求卖方在船舶到达之前把货物交到货站，不用说，应用传统的 FOB 术语是不适当的，因为在这以后卖方要承担风险和费用，他却没有可能支配货物或下达有关保管货物的任何指示。

应该强调的是，按照 F 组术语，买方负责签订运输合同和指定承运人，卖方应按买方的指示把货物交付承运。因此，没有必要在贸易术语中详细地说明卖方应如何将货物交付承运人。

同样地，由买方指示卖方应当把货物交给某人承运，说明"承运人"的定义完全是多余的。但是，由于承运人和运输单证对当事人极为重要，FCA 术语的概述中包括了"承运人"的定义。关于此点应该注意的是，"承运人"一词不仅是指实际履行承运的一个公司，还包括从事办理运输业务的公司，只要该公司作为一个承运人承担运输义务。换言之，"承运人"包括了实际履行运输合同的承运人。货运代理人的地位在各个国家各不相同，以及根据这个行业的惯例，即使货运代理人会拒绝接受承运人的责任，卖方也必须按照买方的指示把货物交给该货运代理人，因此，这已超出"承运人"的定义范围。

7. C 组术语（CFR、CIF、CPT 和 CIP）

按照 C 组术语，卖方必须按通常条件由他自己负担费用签订运输合同。因此，卖方究竟怎样承担运输费用，必须在 C 组每一项术语后予以明确。《1980 年通则》里是 C&F。《1990 年通则》改为 CFR。按照 CIF 和 CIP 术语，卖方还要负责办理保险和负担保险费用。

由于费用划分地点为目的地国家，C 组术语往往被误认为是到货合同，卖方直至货物实际到达约定的地点才被免除风险和费用。但是，必须反复地强调，C 组术语有与 F 组术语相同的内容，即卖方是在装船国或启运国履行，因此，C 组术语的买卖合同和 F 组术语买卖合同一样，属于装运合同的类别。卖方对承运人货物是按惯常航线和习惯方式运到约定的目的地要支付通常的运输费用，货物灭失或损坏的风险以及货物交至承运人之后发生事件而产生的额外费用应由买方承担。因此，区别于其他所有术语的 C 组术语包含两个"分界点"：费用划分和风险划分。鉴于这种原因，在 C 组术语中，前述在风险的分界点之后增加卖方义务时，应特别小心。按照 CIF 和 CIP 术语，卖方签订运输合同，把货物交付承运人并办理保险后，即履行其合同义务，这是C组术语免除卖方进一步风险和费用的实质所在。

8.《通则》在合同中的适用

应该强调，《通则》仅适用于买卖合同中的贸易术语，而绝不适用于运输合同中的术语(有时它们用同样或类似的词表示)，尤其是不适用于各种租船合同中的贸易术语。租船合同的术语对于装卸货物费用和装卸时间的限定(称为"滞期"条款)往往更加严格，建议买卖合同的当事人在他们的合同中用特殊条款对这个问题予以规定，从而使合同尽可能的明确，如卖方把货物装上船或装上买方提供的运输工需要多少时间，以及买方在目的地从承运人处受领货物需要多少时间。此外，还应明确在F组术语下装船和在C组术语下卸货，卖方应如何承担风险和费用。事实上，卖方签订的运输合同，例如根据租船合同术语"船方不负担卸货费用"，该运输合同承运人被免除卸货工作，而根据买卖合同的规定这并不意味着卸货工作的风险和费用由买方承担。鉴于这种情况可能依据运输合同的规定或港口的惯例，卖方签订的运输合同应包括卸货工作。

9. FOB、CFR和CIF"装船要求"

把货物交付承运人运输是发货人的义务。应该注意到，FOB、CFR和CIF术语都将货物装上船。然而，从传统来看，买卖合同交货的地点和运输的地点是不一致的，当代运输技术在运输合同和买卖合同之间引起了一个"同步进行"的重要问题。至今，卖方往往在货物未上船前已交给了承运人，有时甚至在船未到港口前就把货物交给了承运人。在这种情况下，建议使用F组或C组术语中的FCA、CPT或CIP术语，因为这些术语不包含把货物交到船上运输，不要使用FOB、CFR和CIF术语。

10. D组术语(DAF、DES、DEQ、DDU和DDP)

如前所述，D组术语与C组术语不同，根据D组术语，卖方负责把货物运至约定的地点或目的地，卖方必须承担货物运至目的地前的全部风险和费用。因此，D组术语属于到货合同，而C组术语则属于装船合同。

D组术语分为两类，根据DAF、DES和DDU术语，卖方在交货时不必办进口结关手续，而根据DEQ和DDP术语，卖方则应办理进口结关。由于DAF术语往往用于铁路运输，卖方需要取得包括从铁路开始的整个运输至最终目的地的全程联运单证，并安排该过程的保险。但是，应该强调的是，卖方协助买方取得全程联运单证的风险和费用由买方承担。同样，卖方在边境交货之后的保险费用也由买方承担。

《1990年通则》增加DDU了术语。当卖方在目的地国家准备交货，而不办理进口结关和支付关税的情况下，该术语起着重要的作用。只要货物进口结关不会遇到什么困难，例如欧洲共同市场，该术语可能非常需要和适用。但是，对办理进口结关困难和费时的国家，卖方在结关并且承担交货义务时可能有风险。尽管根据DDU术语对风险项有规定，买方未履行货物进口结关义务而产生的额外风险和费用由买方承担，但对那些办理货物进口结关手续困难的国家，建议卖方还是不要使用DDU术语。

11. 提单和电子资料交换程序

从传统来看，卖方提交的装船提单是唯一可接受的单证。提单具有三个重要的作用，即：货物已装上船的证明；运输合同的凭证；以转让单证给另一方当事人，从而成为转让运输途中货物所有权的手段。

除提单之外的其他运输单证并不具有上述前两个作用,但不能控制目的地的交货,或不能使卖方以提交单证给他的买方,出售运输途中的货物。这些运输单证可能指定有权受领抵达目的地货物的当事人。在目的地从承运人处取得货物仅持有提单这一事实,用 EDI 程序代替将会特别的困难。

此外,通常签发几份正本提单给买方银行,根据买方的指示在确保所有正本提单(称为"全套提单")由卖方交出后,才向卖方付款,这对买方或代表买方的银行当然是至关重要的,《跟单信用证统一惯例》(国际商会 400 出版物)也有此要求。

运输单证不仅是货物交付承运人的凭证,而且承运人应尽可能确保货物是在良好状况下被其接受的。运输单证上关于货物有瑕疵的任何记录,会使单证"不清洁",根据《跟单信用证统一惯例》的规定,这会遇到拒收(参阅国际商会第 473 号出版物第 18 条)。尽管提单具有特殊的法律性质,但在不久将来它可望被 EDI 程序所取代。《1990 年通则》对该发展给予了适当的考虑。

12. 不可转让的运输单证代替提单

近几年,简化单证的做法取得了相当的成绩。提单经常被除海上运输方式之外的其他运输方式相类似的不可流通单证所代替。这些单证称为"海运运单"、"班轮货运单"、"货运收据"或类似单证。这些不可流通单证的使用很受欢迎,但买方希望提交单证给新的买方以出售运输途中的货物的情况除外。为了使这种情况成为可能,CFR 和 CIF 术语下,卖方提供提单的义务必须保留。但是,合同当事人知道买方不打算在货物运输途中出售该货物,他们可以特别约定免除卖方提供提单义务,或者他们可能使用 CPT 和 CIP,这两术语没有提交提单的要求。

13.《1990 年通则》适用的运输方式

《1990 年通则》适用的运输方式见表 2-1。

《1990 年通则》适用的运输方式 表 2-1

任何运输方式	EXW	工厂交货(…指定地点)
包括多式联运	FCA	货交承运人(…指定地点)
	CPT	运输付至(…指定地点)
	CIP	运输、保险费付至(…指定地点)
	DAF	边境交货(…指定地点)
	DDU	未完税交货(…指定地点)
	DDP	完税后交货(…指定地点)
空运	FCA	货交承运人(…指定地点)
铁路运输	FCA	货交承运人(…指定地点)
海运及内陆运输	FAS	船边交货(…指定地点)
	FOB	船上交货(…指定地点)
	CFR	成本加运费(…指定地点)
	CIF	成本、保险费加运费(…指定地点)
	DES	船上交货(…指定地点)
	DEQ	码头交货(…指定地点)

第二节　常用的价格术语介绍

国际贸易中所使用的价格术语是长期的国际贸易实践中,为适应国际贸易的需要逐渐形成的。在国际贸易中,买卖双方处于不同的国家和地区,相距遥远,货物从一个国家运送至另一国家,比国内贸易复杂得多,往往要经过很多运输环节,办理各种手续和支付各种费用,诸如,洽租运输工具、进行货物装卸、办理货物保险、申领进出口许可证、报关纳税、支付运费、装卸费、保险费等。此外,双方的责任、风险如何划分都成为国际贸易中应明确解决的问题。这样,经过买卖双方多次磋商,并经过反复应用,逐渐形成了适应各种需要的价格术语。

当买卖双方在合同中确定采用某种价格术语时,则要求合同的其他条件都应相适应。因此,在国际贸易中一般都以合同中规定的价格术语来确定合同的性质,如 CIF 合同、FOB 合同等,并以此确定买卖双方各自的权利和义务。

一、装运港船上交货价(FOB…named port of shipment)

装运港船上交货价,简称船上交货价,上又称离岸价,是指卖方在合同规定的装船港、装运期限内,按港口习惯将货装上买方指定的船舶。这一价格术语在国际贸易中被广泛使用。在采用船上交货价时,买卖双方的责任范围划分如下:

1. *卖方必须做到*

(1)合同规定的装运港和规定的期限内,将货装上买方指定的船舶,并及时通知买方;

(2)负责货物过船舷前的风险和费用;

(3)负责办理货物出口手续,并提供出口国政府或有关方面的证书、文件;

(4)负责提供有关装运单据。

2. *买方必须做到*

(1)负责租船订舱、支付运费;

(2)将船名、船期通知卖方;

(3)负担货物过船舷后的风险和费用;

(4)负责投保,并支付保险费;

(5)办理在目的港的进口和收货手续;

(6)接受卖方提供的有关装运单据,并按合同规定支付货款。

对买卖双方的责任、费用、风险的划分,上述价格术语的解释基本上是清楚的。但由于各国习惯不一,所以,在使用这一价格条件时,还应注意有关规定。此外,上述买卖双方的责任中需要注意的是:

(1)装运港、装运期是贸易合同中的要件,双方在磋商贸易时应认真商定,任何一方不能单方面任意加以修改。根据 FOB 这一术语,买方安排船舶、卖方负责供货,这样,买卖双方有一船、货衔接问题。如船舶提前或延迟到达指定的装船港,则产生船等货或货等船所引起的费用损失均由买方负责。反之,如船舶按时到港受载,而卖方延迟交货,卖方同样要承担责任。

(2)有关卖方应负担"装船前"的费用和风险,以及买方应负担"装船后"的费用和风险问题,这里如何理解"装船",不同国家的港口有不同的解释。有的认为将货物运至船舶装卸工具所能涉及之处,则作为装船;有的认为将货物越过船舷才算装船;有的认为应将货物装上船舶甲板,甚至要装入船舱内才算装船。装船的概念不仅涉及买卖双方风险界限的划分,同时涉及双方的费用分担问题。为此,买卖双方有时会在贸易合同上加以明确,也有时在价格术语后附加条件形成价格术语的变形,用以说明有关费用(主要是装船费)的划分。

(3)在采用FOB价格术语时,卖方也可接受买方的委托,代为租船订舱,但这纯粹是代办性质,运费仍由买方负担。如一时租不到船或不能订到舱位,卖方不负担任何责任。

(4)使用FOB价格术语时,特别要注意到有些国家(如美国、加拿大,拉丁美洲等国家)。因为,这些国家都以《1941年美国对外贸易定义修正本》的解释为准,按其规定,FOB有6种类别,仅有一种指定船上交货价"FOB VESSEL"同上述一般的FOB含义相似。

二、运费、保险费在内价……指定目的港(CIF…named port of destination)

运费、保险费在内价,又称成本加保险费、运费价,习惯上又称到岸价。这一价格术语是指卖方负责租船订舱,按合同规定将货物运至目的港,并负责办理保险手续、支付运费和保险费,并凭单据收取货款。双方的风险划分与FOB相同,以装运港船舷为界。该价格术语中(COST)是指货价,即为FOB价格,所以,CIF价格实际等于FOB价格加上保险费和运费。根据国际贸易惯例的一般解释,在CIF价格条件下,买卖双方的责任范围划分如下:

1. *卖方必须做到*

(1)负责租船订舱,在合同规定的装船港和规定的期限内,将货物装上船舶,并及时通知买方;

(2)支付运费;

(3)负责货过船舷前的风险和费用;

(4)负责投保,并支付保险费;

(5)负责办理货物出口手续,并提供出口国政府和有关方面签发的证件;

(6)负责提供有关装运单据。

2. *买方必须做到*

(1)负责货物过船舷后的费用和风险;

(2)接受卖方提供的有关装运单据,并按合同规定支付货款;

(3)办理在目的港的进口和收货手续。

从CIF价格术语的上述一般解释看,与FOB价格术语相比较,在CIF价格条件下,卖方责任大,支付的费用多,但风险转移不变。在上述买卖双方的责任中,应注意的问题是:

(1)价格术语中由卖方负责租船订舱,按一般惯例,卖方只要使用习惯的航线、通常的船舶载运货物,便完成这一责任。也就是说,买方无权指定船舶国籍、船型、船龄、船级等。

(2)根据CIF的含义,卖方将货物装上运往双方议定的目的港船上,并支付运费,但货物在运至目的港后的卸船费用由何方负担,各国港口对此也有不同的惯例。因此,双方可在合同中以条款订明,也可用价格术语的变形来表示。

(3)CIF价格术语下的投保,对卖方投保什么样的险别,不同的国际贸易惯例对此有不同的解释。为避免发生纠纷,买卖双方可在合同中订明。

三、运费在内价……指定目的港(CFR…named port of destination)

运费在内价,又称成本加运费价,习惯上又称“离岸加运费价”。这一价格术语中,除了由买方投保,并支付保险费外,买卖双方的责任、风险的划分以及货物所有权的转移,与CIF价格术语完全相同。

在按CFR价格术语成交时,根据国际贸易和有关国家的法律解释,卖方在装船后必须及时发出装船通知。这是因为在CFR价格术语下,由卖方负责租船订舱,而由买方自办全程保险,如卖方不及时发出装船通知,买方则难以办理保险手续,甚至发生漏保的可能性。对此,买卖双方应在合同中作出明确规定,如卖方不及时发出装船通知,致使买方未能投保,卖方应承担运输合同中的货物保险责任。

四、货交承运人价……指定地点(free carrier…named point,简称FCA)

货交承运人价的主要含义是,卖方必须在约定的日期或期限内,将货物交于买方指定的地点由承运人保管,如买方未指定地点,卖方可选择对他最有利的一个地点交货。从货交承运人保管时起,卖方担负的责任即告终止,风险也随之转移,但卖方仍要负担因货物出口而产生的任何捐税、手续费和其他费用,并自付费用领取出口许可证。卖方在交货后应及时通告买方。买方则应自付费用并订立至指定地点的运输合同。承担自卖方货交承运人保管时起的一切风险,以及除前述卖方所负担费用外的一切费用,包括为领取原产地证书等文件而付的费用,同时支付货款。

在使用集装箱运输方式时,货交承运人价所使用的实际情况可能是卖方负责将货物运至出口国境内的集装箱中转站,或集装箱码头堆场交于承运人,或承运人的代理人。如货物是由货主或其代理人装、拆箱的拼箱货,就将整箱货运到码头堆场;如系拼箱内,货主则将货物运到集装箱货运站。卖方在集装箱码头堆场或货运站将货物交于承运人后,其责任即告终止,风险也告转移。

五、运费付至堆场目的地指定地点价(freight or carriage paid to…named point of destination,简称CPT)

在CPT价格术语中,买卖双方有关责任、费用、风险划分如下:

1. *卖方必须做到*

(1)提供合同规定的货物所要求的证书文件;

(2)订立将货物运目的地的运输合同,并支付运费;

(3)承担货交第一承运人前的风险和费用;

(4)在货交第一承运人后,向买方发出交货通知;

(5)提供习惯上应提供的运输单证;

(6)负责货物的习惯包装,并支付有关检查费用(如核对品质、丈量、过磅、点数);

(7)提供有关出口许可证和出口国政府签发的证书和文件;

(8)向买方提供商业发票,并在由买方负担费用下提供产地证明书;

(9)支付在货物起运地国家应付的,包括出口税收及为装运而应支付的手续费用等任何捐税。

2. 买方必须做到

(1)在目的地接受货物,并支付货款;

(2)负担除运费之外至目的地运输过程中包括卸货费在内的一切费用,但上述费用已包括在运费之中或在支付运费时承运人已收讫者除外;

(3)负担货交第一承运人后的风险和费用;

(4)支付一切关税及任何其他有关货物进口的捐税;

(5)支付因领取出口国政府签发的证书、文件等产生的一切费用等。

六、运费、保险费付至目的地指定地点价(freight or carriage and insurance paid to… named point of destination,简称 CIP)

CIP 价格条件中,买卖双方的责任、费用和风险的划分,基本上与 CPT 相同,只是卖方除应负上述 CPT 条件下的各项责任外,还要自己负担合同规定的运输保险,向买方提供保险单,或其他保险凭证。在合同中,卖方与买方就保险条件无明确协议,卖方应根据行业习惯、货物性质,以及其他与货物风险有关的情况,确定他认为适当的保险条件。在这种情况下,卖方应通知买方所投保的范围,以至买方投保根据规定在他负担货物风险时认为有必要加保的险别。

七、FCA、CPT、CIP 与 FOB、CIF、CFR 的比较应用

通过上述价格术语的介绍,从买卖双方有关责任、费用来看 CPT 与 C&F 较相似,CIP 与 CIF 较相似,FCA 与 FOB 较相似。但在实际上,它们的含义和应用性方面差别甚大,主要反映在:

1. 在运输方式上

FOB、CIF、CFR 价格术语适用于海上货物运输,也就是"港至港"交接(也有例外)。而 FCA、CIP 价格术语可适用于目的地或内陆交货地点,也就是由港口向内陆延伸,能满足集装箱货物国际多式联运的需要。

2. 在交货地点上

FOB、CIF、CFR 价格术语货物装船与交货均在装船港,而 CPT、CIP 价格术语中买卖双方交接货物的地点在内陆某一地点,该地点可能是发货人的工厂或仓库,集装箱货运站或集装箱码头堆场。

3. 在风险的转移上

FOB、CIF、CFR 价格术语中,买卖双方的风险划分以装船港船舷为界。而 FCA、CPT、CIP 价格术语中买卖双方就货物风险的划分,以货交承运人前后为界,与运输工具无关。

4. 在货物运输单据上

在 FOB、CIF、CFR 价格术语中,提单必须在货物实际装船后签发,即签发已装船提单。而在 FCA、CPT、CIP 价格术语中,由于货物交接地点的改变,货物的交接并不意味着装上运输工具,而在收到货后可签发提单,所以,该提单通常是待装提单。

5. 在保险的险别上

在 FOB、CIF、CFR 价格术语中,买卖双方投保的险别和仅以海上运输为限。而在 CPT、CIP

价格术语中，由于其货物交接地点向两端延伸，保险责任也有所扩展。当然，对投保什么样的险别，责任范围，要否加保，双方应另有说明。

第三节　跟单信用证与联合运输单据

一、信用证的特点

国际商会为了减少各国银行因解释不同而引起的争端，调和各有关当事人之间的矛盾，根据长期的业务实践，于 1930 年拟订了《商业跟单信用证统一惯例》，对跟单信用证的定义、有关名词和术语，以及信用证业务中有关各方的权利和义务进行统一的解释，并建议各国银行采用。其后，又为了适应国际贸易的发展和新运输方式出现的需要，几经修改，将 1974 年修改本定名为《跟单信用证统一惯例》，习惯称为《国际商会 290 出版物》。随着国际多式联运的发展和新的制作和传递货运单据方法的出现，各国银行在使用 1974 年的修改本过程中又出现了一些新的、需要进一步加以明确的问题。国际商会银行技术实务委员会经过多次讨论和收集各方面的意见，于 1983 年 6 月公布了最新版本，定名为《跟单信用证统一惯例，国际商会 400 出版物》（以下简称《统一惯例》），并于 1984 年 10 月 1 日起实施。

由于《统一惯例》起到了调和与解决有关当事人之间矛盾的作用，有利于国际贸易的发展和国际结算的进行，至今已为 170 多个国家和地区的银行和银行公会所采用，并已成为国际间处理信用证业务的惯例。

然而，有人认为，联合运输单据与联运提单是同一种单据，这是错误的。

《统一惯例》对联合运输单据具体的规定是：

(1)如信用证规定需要联合运输单据（至少使用两种或两种以上运输方式的单据），或规定联合运输，但均未指定所需要的单据的格式和该单据的开证人，银行应予以接受。

(2)如联合运输中包括海运，即使单据未表明货物已装上指名船舶，或即使单据上订有如使用集装箱装载，或有可能载于货船舱面的条文，但未注明该项货物已装于舱面者，该项单据当予接受。

上述规定(1)可理解为：

如信用证规定需要联合运输单据（至少使用两种或两种以上运输方式的单据），或规定联合运输，但均未指定所需单据的格式和该单据的开具者，银行应予接受。

上述规定(2)可理解为：

如联合运输中，有包括海运在内的货物运输时，“联合运输单据”可以不表明货物的装船日期和船名。另外，在货船有可能装载集装箱运输，船方有可能将集装箱装载舱面运输的情况下，只要单据上没有另外表明货物已经装载于舱面，该单据仍为银行接受。

那么，在实际业务中，联合运输单据与联运提单又有什么区别呢？

(1)在实际业务中，联合运输单据下的联合运输，对所使用的运输方式没有什么特殊的规定或限制；而在联运提单的情况下，海运是联运中必不可少的一种运输方式。

(2)银行对两种运输方式下的单据处理也是不同的，对联合运输单据按《证统一惯例》第 23 条规定办理；而对联运提单的处理则按《统一惯例》第 19 ~ 22 条办理。

(3)联运提单的签发时间应在货物装船后,而联合运输单据在收到货后即可签发。

(4)联运提单签发已装船提单,而联合运输单据签发待运提单。

(5)联运提单通常由海上承运人签发,而联合运输单据则不一定由海上承运人签发。

(6)联运提单下的货物接货地通常在装船港,而在联合运输单据下接受货物的地点有时则在发货人的门,或集装箱货运站,或集装箱码头堆场。

二、《统一惯例》下的运输单据

由于联运提单和联合运输单据有着根本的区别,因此在使用这两种运输方式时,如对信用证中所规定的单据不够明确,出口方往往有可能将该种单据理解成联合运输单据,以便在货交承运人后,尚未装船之前向银行办理,这一点值得进口方在信用证业务上引起注意。

《统一惯例》第25条规定:"除非信用证要求海运提单(远洋提单或包括海运的提单),或邮局收据,或邮寄证明"作为运输单据。

1. 除非信用证另有规定,银行将接受下列运输单据:

(1)表面上看系由具名的承运人或其代理人所出具的单据;

(2)根据实际情况已分别注明货物的运输、接受监管,或已装船的单据;

(3)签发给发货人的正本单据超过一份,则应包括全套正本;

(4)符合信用证一切条款的其他单据。

2. 除上述规定及信用证另有规定外,银行同样接受下列运输单据:

(1)注有诸如"联合运输提单"、"港至港提单"标题或类似意图和具有同样效力的标题或标题组合的单据;

(2)注明某些全部货运条件参阅运输单据本身以外另一来源的单据者(简式或背面空白的运输单据);

(3)注明接受货物监管地点不同于装货港,或最后目的地不同于卸货港者;

(4)涉及货载集装箱或托盘之类者;

(5)在有关船舶或其他运输工具,在装货港或卸货港项下注明"预期"字样或类似条件保留者。

3. 除非信用证另有规定,如系海运或包括海运在内的多式联运时,银行将拒收下述运输单据:

(1)注明以租船合同运输者;

(2)注明运输船舶系以帆为动力者。

4. 除非信用证另有规定,否则银行将拒收运输行出具的运输单据。但由国际商会批准的"国际运输协会联合"的联合运输提单,或注明运输行作为承运人的代理人出具的运输单据除外。

《统一惯例》第26条规定:"如信用证要求海运提单作为运输单据时"则应:

1. 除非信用证另有规定,银行将接受下列单据:

(1)表面上看单据系由承运人或代理人出具的;

(2)注明货物已装上船舶,或已装载于指定的船舶;

(3)如正本单据签发一份以上,则应包括全套正本;

(4)符合信用证一切条款的其他运输单据。

2. 除上述规定或信用证另有规定外,银行同样接受下列运输单据:

(1)注明诸如"联合运输单据"、"联合运输提单"、"港至港提单"标题或类似意图和具有同样效力的标题或标题组合的单据;

(2)注明某些全部货运条件参阅单据本身以外另一来源的单据者(简式或背面空白的运输单据);

(3)注明该接受货物监管地点不同于装货港,或最后目的地不同于卸货港者;

(4)涉及货物装于集装箱或托盘之类者。

3. 除非信用证另有规定,银行将拒收下列单据:

(1)注明以租船合同运输者;

(2)注明运输船舶系帆为动力者;

(3)由运输行出具的单据,但单据上表明运输行仅作为承运人或承运人的代理人出具单据者除外;

(4)在船舶或装货港项下注有"预期"或类似保留条件者,除非单据上按照第 27 条(2)加有"已装船"批注并表明实际装货港,或在卸货港项下注明"预期"或类似保留条件者,除非单据上注明的最后目的地不是卸货港。

《统一惯例》第 27 条规定:

1. 除非信用证明确要求已装船的运输单据,或除非不符合信用证其他条款,或不符合第 26 条规定,银行将接受表明货物已接受监管或收讫待运单据。

2. 为证明已装上或已装运指名的船舶,可以采用注明已装上或已装运于指名船舶的运输单据,也可以在"收讫待运"的运输单据上加批已装上或已装运于指名船舶并经承运人或其代理人签章或手签及加注日期,此批注之日期,即作为已装上或已装运于指名船舶的日期。

《统一惯例》第 28 条规定:

1. 如系海运或在多式联运中包括海运,除非信用证特别授权外,银行将拒收注明货物载于舱面或将载于舱面的运输单据。

2. 银行同样接受带有货物可装舱面条文但未特别注明货物已装舱面或将装载舱面的运输单据。

《统一惯例》第 29 条规定:

1. 就本条文而言,转运意指从装货港或发货地或接受监管地至卸货港或目的地货运过程中,从一种运输工具或船舶至另一种相同类型运输工具或船舶,或由一种类型运输方式转装到另一种运输方式。

2. 除非信用证条款规定禁止转运,银行将接受表明货将转运的运输单据,而以全程运输包括在一份或同一运输单据内为限。

3. 即使信用证条款规定禁止转运,银行也将接受下述运输单据:

(1)印有承运人有权转运条款者;

(2)当信用证规定接受联合运输单据或指明货运由不同类型运输方式,包括海运自接受监管地至最后目的地时,注明或表明转运将发生或可能发生者,但全程运输包括在同一份运输单据内为限;

(3)注明或表明货物装于集装箱、拖车、驳船或类似容器中,并将在原集装箱、拖车、驳船或类似的容器中,由接受监管地运至最后目的地,并以同一运输单据包括全程运输者;

(4)注明或表明收货地或最后目的地为在装货港或目的港或附属于该港的"集装箱货运站"或"集装箱码头堆场"者。

《统一惯例》第30条规定:

如信用证规定货物邮寄,并要求提交邮局收据或邮寄证明,银行将接受认为是由信用证规定的货物寄发地盖戳或以其他方式证实并注有日期的邮局收据或邮寄证明。

《统一惯例》第31条规定:

1. 除非信用证另有规定外,或与信用证项下提交的任何单据不一致,银行将接受注明运费或运输费用(以下称运费)待付的运输单据。

2. 如信用证规定运输单据必须表明运费已付或预付,银行将接受以图章或其他方式清楚表明运费已付或预付词语的或以其他方法表明运费付讫的运输单据。

3. "运费可预付"或"运费将预付"或词语如出现在运输单据上,将不能作为构成运费已付的证据。

4. 银行将接受以图章或其他方式批注运费以外的附加费用,诸如有关装卸或类似活动所引起的费用或支付的运输单据,除非信用证条款明确规定不准有该类批注。

《统一惯例》第32条规定:

除非信用证另有规定外,银行将接受其表面上注有诸如"发货人装载和计数"或"内容据发货人所称"条款或类似词语的运输单据。

《统一惯例》第33条规定:

除非信用证另有规定外,银行将接受表明以开证受益人以外的第三者作为发货人的运输单据。

《统一惯例》第34条规定:

1. 清洁运输单据,是指货运单据上无明显声明,或包装有缺陷的附加条文批注者。

2. 银行对该类附加条文或批注的运输单据,除信用证明确规定可接受外,当拒绝接受。

3. 信用证要求运输单据注明"清洁已装船"时如运输单据符合本条及第27条的要求,则银行将认为信用证的要求已符合。

案例一　开证行是否承担责任

中方某公司(卖方)与外商(买方)就某商品按CIF和即期信用证付款条件达成一项数量较大的出口合同。合同规定11月装运,但未规定具体开证日期,后因该商品市场价格趋降,外商便拖延开证。我方为防止延误装运期,从10月中旬起多次电催开证,终于使该外商在11月6日开来信用证。但由于该信用证太晚,使我方安排装运发生困难,便要求对方对信用证的装运期和议付有效期进行修改,分别推迟1个月。但外商拒不同意,并以我方未能按期装运为由单方面宣布解除合同,我方也就作罢。请问我方如此处理是否适当?应从中吸取哪些教训?

[分析]

应吸取的教训主要有:

1. 在合同中未规定信用证开证日期，不妥。

2. 按惯例即使合同未规定开证期限，买方也应于装运期前开出信用证，买方未及时开出信用证，我方应保留索赔权。

3. 对于外商以我方未能按时装运为由，单方面宣布解除合同之行为，我方应坚持因买方晚开证，卖方有权将装运期作相应推迟。

案例二　有关货物描述之责任和日期限制

1. 品名差错会有不良后果吗?

中方某公司与日商签订一项出口素色绒的合同，但国外开来的信用证上把品名误写为"考花"。我方的出口公司为了使单证相符，将错就错，将所有的单据上品名按"考花"制作。请问：该出口公司的处理办法是否可行?

[分析]

我方的这种"将错就错的做法"，实现了"单证相符"凭信用证及有关单证到银行议付时，银行不会提出异议，故可以顺利结汇。但该货在到达目的港后，进口商报关时，必将会遇到麻烦。因为海关在接受申报后，要对货物进行检验，届时会发现"货物与单证不符"，轻则罚款，重则会将货物没收，甚至会对进口商以走私罪论处。因此，在本案中我方的正确做法是发现错误后及时通知对方修改信用证，并在接到银行修改信用证通知书后，再按正确的品名制作单据，向银行议付。

2. 重量不一致怎么办?

某外贸公司向国际商会寻求紧急证实：《跟单信用证统一惯例》第 39 条是否适用措辞为"××公吨鱼，每条鱼平均重 0.2～0.25 千克"的信用证? 其问题是"平均"词语是否可被认作在第 39 条文字中的"类似意义的词语"，因此可以 10% 的伸缩。

[分析]

国际商会的回答是："平均重量"不能被认为《跟单信用证统一惯例》第 39 条文字中的"类似意义的词语"。在本例中，已经给予 0.2～0.25 千克的每条鱼的重量幅度，这个尺度非常明确，是不能违反的。

3. 数量不一致怎么办?

某自行车公司向菲律宾出口一批自行车，共计 5 万辆，合同规定规格为 28 英寸的为 3 万辆，规格为 26 英寸的为 2 万辆。后来国外开来的信用证上却注明的是 28 英寸规格的为 4 万辆，26 英寸的规格为 1 万辆。但该出口企业仍按原合同规定，将 3 万辆 28 英寸型号和 2 万辆 26 英寸型号的自行车装运出口，其做法是否可行?

[分析]

该公司的做法是不妥当的。在信用证交易的条件下，开证行只受信用证条款的约束而与原贸易合同完全无关，开证行只有在"单据符合信用证规定"的情况下，才会履行付款责任。该出口单位的做法其结果必然是在议付时，因单证不符而遭拒付。正确的做法是我方在收到信用证后，立即通知开证申请人改证，或重新商定规格比例。

4. 怎样理解尽快装运?

某银行某年3月15日开出信用证,通知行于同年3月21日收到并传递给受益人。信用证期规定为尽可能快地装运(shipment as soon as possible)。受益人按要求尽可能快地租了4月中旬的船期的船只,签发了4月5日的提单,是否可以?

[分析]

信用证不应使用这样模棱两可的装运期限制词句。根据《跟单信用证统一惯例》第46条b款规定:不应使用诸如"迅速"、"立即"、"尽快"等词语。如使用了这类词语,银行可不予理会。因此,只要在信用证有效期内装运,都符合规定。

5. 装船以哪个日期为妥?

信用证上规定装船为某年2月10日,而该信用证所附的货品明细表上又规定装船期为同年2月20日(明细表未经开证银行签名),在此种情况下究竟以哪个日期装船为准? 如果以2月10日装船,银行是否会拒付?

[分析]

卖方收到开证行寄来的信用证后,应仔细审查,如发现互有矛盾之处,应迅速向开证行提请澄清或修改。但就本例来说,因为信用证所附货品明细表虽未经开证行签名,但也构成该信用证的一项确凿的内容,卖方为避免以后麻烦应以其中规定较早者作为装船期限。

6. 议付日应为哪一天?

某年7月1日东京银行开立一张信用证,7月1日中国银行收到,并于同日通知受益人,信用证规定有效期在两个月内议付有效。问最晚议付期为哪一天?

[分析]

应理解为8月31日为最晚议付日期。根据《跟单信用证统一惯例》第42条c款规定,应按开证行开证日为起算日。即7月1日起算,在两个月内交单议付。

7. 信用证规定装运日期与合同规定的日期不一致时怎么办?

中方某公司(卖方)与国外公司(买方)签订购买松香1 200吨的合同。规定装运期应1个月前通知,但公司突然收到信用证。买方及开证行均未预先通知该公司。信用证要求装船日期只有7天的时间。在如此短的时间内备货、订舱及装运,对该公司来说难度极大。然而,该公司并未立即要求买方延长装运期。通过市场分析后发现,松香的价格正在暴跌。很显然,买方想通过开立以上的信用证将违约的责任推到出口人身上。认识到这一点后,该公司全力以赴,按时将货物装运完毕并提前顺利结汇。该公司的做法对不对?

[分析]

信用证中的内容与合同中规定的不一致,但如果能毫不费力地满足信用证的要求,便可能接受信用证的这项条款,但应在合同中作相应的更改。不难设想,如果该公司要求改证,延长装运期,买方毫无疑问将予以拒绝,使信用证过期。买方还有可能控告出口人不履行合同而要求出口人赔偿其损失。

8. 有效期延长,装运期也顺延吗?

信用证规定交单议付有效期为5月10日,最后装运期为4月30日,并规定提交单据的特定期限为运输单据签发日后10天。后来信用证修改,修改延展装运期至5月10日,交单议付有效期延展至5月20日。出口方实际于5月16日提交5月5日签发的提单向银行办理议付，是否可以？

［分析］

原信用证明确规定单据提交日的特定期限为运输单据签发后10天内有效，这个期限并未改变，故5月16日交单已超过5月5日签发提单日后10天的期限，即使不超过信用证有效期（5月20日），银行也不能接受。

9. 该运输矛盾吗？

有一德国客户来证的运输条款如下：

"Shipment from Shanghai to Hamburg via Hongkong"；

"Goods must be shipped by direct steamer。"

这两个条款是否相互矛盾？对于类似的条款我们应当怎样处理？

［分析］

这两个条款并不矛盾。第一条是"自上海经香港至汉堡"。第二条是"必须装直达船"。因为"via"一字是"经由"（by way of）的意思，并无"转船"（Trans ship）的意思，所以只要我们将货物装上自上海启航，途中经过香港等港口而开往汉堡的直达船，就完全满足了以上两条款要求。

具体做法是：

（1）船公司签发的提单必须是直运提单（Direct B/L）。

（2）提单上要注明："via Hongkong"字样。

10. 多式联运提单能代替远洋提单吗？

某信用证要求，清洁已装船远洋提单上，注明货物从主要欧洲港口运至新加坡并禁止转运，现出口商提交一张注明安特卫普集装箱堆场为收货地和鹿特丹为装货港多式联运提单，银行应如何处理？

［分析］

表明收货地不同于装货港的提单不应被拒受。从安特卫普集装箱堆场至鹿特丹的前期运输与本案无关。关键要点是货物在鹿特丹装上船。毫无疑问，鹿特丹是一个如信用证条款规定的"主要欧洲港口"。由于鹿特丹是实际海运的起点，并未发生转运问题。

该提单必须有签章，而且有"已装船"批注。此外，已装船批注必须加注日期。

11. 直运提单但实际转运后要理赔吗？

中方某出口企业（卖方）与美商（买方）按CIF纽约，即期信用证方式议付的条件达成交易，出口合同和信用证均规定不准转运。我方在信用证有效期内将货物装上直驶目的港的班轮，并以直运提单办理议付，国外开证行也凭议付行提交的直运提单付了款。承运船只驶离我国途经某港时，船公司为接载其他货物，擅自将我方托运的货物卸下，换装其他船舶继续运往目的港。由于中途耽搁，加上换装的船舶设备陈旧，使抵达目的港的时间比正常直运船的抵达时间晚了两个多月，影响了买方对货物的使用。为此，买方向我出口企业提出索赔，理由是我方提交的是直运提单，而实际上是转船运输，是弄虚作假行为。我方有关业务员认为，术语用的是"到岸价格"，船舶的舱位是我方租订的，船方擅自转船的风险理应由我方承担。因此按对方要求进行理赔。我方这样做是否正确？

[分析]

正确。理由如下：

我方已按信用证的规定将货物如期装上直达班轮并提供直达班轮提单，卖方义务已经履行。至于货在运输中承运人援用提单上的“自由转船条款”(Transsshipment Clause)而将货物换装他船时，无须征得托运人的同意。所以买方指责我方弄虚作假的理由根本不能成立。按CIF条件成交，货物在装运港装上驶往目的港的船舶时风险即转移。货物何时到达目的港，是否到达目的港，包括船公司中途擅自转船的风险概由买方承担，而与卖方无关。CIF价成交的贸易合同属于“装运合同”，而不是“到货合同”。卖方只要在装运港将货物装上船，就完成了交货任务。

思考题

1. 常用的贸易术语有哪些？
2. 适用于多式联运的贸易术语有哪些？
3. 由出口国卖方清关的贸易术语有哪些？
4. 比较FOB、CFR、CIF和FCA、CPT、CIP的异同。
5.《跟单信用证统一惯例》规定下，银行接收的运输单据有哪些？

第三章　多式联运业务和单证

第一节　多式联运主要业务及单证

多式联运经营人是全程运输的组织者。在国际多式联运中，其主要业务及程序有以下几个环节。

一、接受托运申请，订立多式联运合同

1. 托运申请程序

多式联运经营人根据货主提出的托运申请和自己的运输路线等情况，判断是否接受该托运申请。如果能够接受，则双方议定有关事项后，在交给发货人或其代理人的场站收据（空白）副本上签章（必须是海关能接受的），证明接受托运申请，多式联运合同已经订立并开始执行。

发货人或其代理人根据双方就货物交接方式、时间、地点、付费方式等达成协议填写场站收据（货物情况可暂空），并把其送至联运经营人处编号，多式联运经营人编号后留下货物托运联，将其他联交还给发货人或其代理人。

2. 场站收据单证

场站收据是一份综合性单证，它把货物托运单（订舱单）、装货单（关单）、大副收据、理货单、配舱回单、运费通知等单证汇成一份，这对于提高集装箱货物托运效率和流转速度有很大意义。集装箱多式联运场站收据包括发货人、收货人的联系方式，货物的具体情况描述，货物运输的要求等，见图3-1。

一般认为场站收据的功能作用有：

(1)承运人确认订舱并在场站收据上加盖有报关资格的单证章后，将场站收据交给托运人或其代理人，意味着运输合同开始执行；

(2)是出口货物报关的凭证之一；

(3)是多式联运承运人已收到托运货物并对货物开始负有责任的证明；

(4)是换取多式联运提单的凭证；

(5)是承运人、港口组织装卸、理货、配载的资料；

(6)是运费结算的依据；

(7)如信用证中有规定，可作为向银行结汇的单证。

Shipper （发货人）	D/R No. （编号）	联合远洋
Consignee （收货人）	场站收据正本联	第七联
Notify Party （通知人）		
Pre-Carriage By （前程运输） Place of Receipt （收货地点）		
Ocean Vessel （船名） Voy. No. （航次） Port of Loading （装货港）		
Port of Discharge （卸货港） Place of Delivery （交货地点）		Final Destination for the Merchant's Reference （目的地）

Particulars Furnished by Merchants （托运人提供详细情况）

Container No. （集装箱号）	Seal No.（封志号） Marks & Nos. （标记与号码）	No.of containers or P'kgs （箱数或件数）	Kind of Packages;Description of Goods （包装种类与货名）	Gross Weight 毛重（公斤）	Measurement 尺码（立方米）
TOTAL NUMBER OF CONTAINERS OR PACKAGES(IN WORDS) 集装箱数或件数合计（大写）					

FREIGHT & CHARGES （运费与附加费）	Revenue Tons（运费吨）	Rate（运费率）	Per （每）	Prepaid （运费预付）	Collect （到付）
Em Rate（兑换率）	Prepaid at（预付地点）	Payable at（到付地点）	Place of issue（签发地点）		
	Total Prepaid（预付总额）	No.of Original B(s)/L（正本提单份数）			

Service Type on Receiving □-CY, □-CFS, □-DOOR	Service Type on Delivery □-CY, □-CFS, □-DOOR	Reefer Temperature Required.（冷藏温度） ℉ ℃
TYPE OF GOODS （种类）	□ Ordinary,（普通） □ Reefer,（冷藏） □ Dangerous,（危险品） □ Auto,（裸装车辆） □ Liquid,（液体） □ Live Animal,（活动物） □ Bulk,（散货） □	危险品 Class Property IMDG Code Page UN NO

可否转船：	可否分批：	金额：	制单日期：
装　期：	效　期：		

图 3-1　集装箱多式联运场站收据

二、空箱的发放、提取及运送

1. 集装箱设备使用程序

多式联运中使用的集装箱一般应由经营人提供。这些集装箱来源可能有三个，一是经营人自己购置使用的集装箱；二是向租箱公司租用的集装箱，这类箱一般在货物的起运地附近提箱而在交付货物地点附近还箱；三是由全程运输中的某一分运人提供，这类箱一般需要在多式联运经营人为完成合同运输与该分运人（一般是海上区段承运人）订立分运合同后获得使用权。

如果双方协议由发货人自行装箱，则多式联运经营人应签发提箱单或者租箱公司或分运人签发的提箱单交给发货人或其代理人，由他们在规定日期到指定的堆场提箱并自行将空箱拖运到货物装箱地点，准备装货。如发货人委托亦可由经营人办理从堆场到装箱地点的空箱拖运（这种情况需加收空箱拖运费）。

如是拼箱货（或是整箱货但发货人无装箱条件不能自装）时，则由多式联运经营人将所用空箱调运至接受货物的集装箱货运站，做好装箱准备。

在多式联运中使用集装箱，涉及的单证是集装箱发放通知单、集装箱设备交接单。

2. 集装箱发放通知单

集装箱发放通知单（container release order）又称空箱提交单（equipment dispatch order），在多式联运中，通常由多式联运承运人提供空集装箱，借给发货人或集装箱货运站，供发货人或集装箱货运站将货物装箱。但是，一个集装箱的造价是相当高的，为了集装箱的安全，承运人不能只靠简单的口头指令，命令集装箱堆场将空集装箱交给发货人或集装箱货运站使用。为此，承运人须向发货人或集装箱货运站签发集装箱发放通知单，并通知集装箱堆场。在货主或集装箱货运站向集装箱堆场提取空箱时，须出示这种单证。而集装箱堆场只向持有本单证的人发放空箱。集装箱发放通知单一式三份，由承运人签发，除自留一联备查外，分送发货人或集装箱货运站及集装箱堆场各一联。集装箱发放通知单的格式见图 3-2。

3. 集装箱设备交接单

集装箱设备交接单（Equipment Interchange Receipt，EIR or E/R）简称设备交接单，是集装箱进出港口、场站时集装箱所有者（箱主或其代理人）与使用者（用箱人或运箱人）之间交接集装箱及设备的凭证。在集装箱运输各环节交接时均应制作并签收设备交接单，以划分、明确双方各自对集装箱或相关机械设备应承担的责任。集装箱设备交接单的格式见图 3-3。

（1）设备交接单的作用。设备交接单是集装箱运输的三大基本单证之一，它既是管箱人发放/回收集装箱或用箱人提取/还回集装箱的凭证，也是证明双方交接时集装箱状态的凭证及划分双方责任、义务和权利的依据，又有集装箱所有者掌握集装箱分布动态、加强箱务管理的功能。此单证通常由箱主或其代理人签发给用箱人，用箱人据此向场站领取或送还集装箱及设备。

（2）设备交接单的组成。各类管箱人（集装箱船公司、租赁公司等）一般都印制自己的设备交接单。其内容大同小异。设备交接单的正面填写内容有：用箱人/运箱人、提箱地点、发往

集装箱发放通知单

CONTAINER RELEASE ORDER

请凭签发的集装箱发放通知单办理集装箱及集装箱设备发放手续。

PLEASE RELEASE THE SPECIFIED CONTAINER & CONTAINER EQUIPMENT AGAINST THIS CONTAINER RELEASE ORDER

用箱人/运箱人(CONTAINER USER/HAULIER)	提箱地点(PLACE OF DELIVERY)

船名/航次(VESSEL/VOYAGE NO.)	提单号(B/L NO.)	集装箱经营人(CONTAINER OPERATOR)	集装箱号(CONTAINER NO.)

铅封号(SEAL No.)	尺寸(SIZE)	类型(TYPE)	状态(STATUS)	运载工具牌号(TRUCK, WAGON, BARGE NO.)
			□重箱 FULL □空箱 EMPTY	

发往地点(DELIVERED TO)	返回地点(PLACE OF RETURN)	免费使用期限(FREE TIME PERIOD)	外运签章 ISSUED BY
		月 日至 月 日	____年____月____日

出场目的(PURPOSE OF GATE-OUT)

□拆箱 DEVANNING	□重箱装船 FULL FOR LOADING	□检验 INSPECTION	□起租 ON-HIRE	□堆存 STORAGE	□熏蒸 FUMIGATION
□装箱 VANNING	□空箱装船 EMPTY FOR LOADING	□修理 REPAIRING	□退租 OFF-HIRE	□清洗 CLEANING	□

图 3-2 多式联运集装箱发放通知单

地点、返回/收箱地点、船名/航次、集装箱号、铅封号、提单号、进出场状态、出场检查记录等。设备交接单的背面印有划分管箱人和用箱人之间责任的使用或租用集装箱合同条款。条款的主要内容有:使用方、使用集装箱期间的费用;损坏或丢失时的责任划分;对第三者造成损害时的赔偿责任等。

集装箱发放/设备交接单

EQUIPMENT INTERCHANGE RECEIPT　　OUT 出场

NO.

用箱人/运箱人(CONTAINER USER/HAULIER)	提箱地点(PLACE OF DELIVERY)

发往地点(DELIVERED TO)	返回/收箱地点(PLACE OF RETURN)

船名/航次 (VESSEL/VOYAGE NO.)	集装箱号 (CONTAINER NO.)	尺寸/类型(SIZE/TYPE)	营运人(CNTR OPTR.)

提单号(B/L NO.)	铅封号(SEAL NO.)	免费期限 (FREE TIME PERIOD)	运载工具牌号 (TRUCK. WAGON, BARGE NO.)

出场目的/状态 (PPS OF GATE-OUT/STATUS)	进场目的/状态 (PPS OF GATE-IN/STATUS)	出场日期(TIME-OUT)
		月　日　时

出场检查记录(INSPECTION AT THE TIME OF INTERCHANCE)

普通集装箱 (GP CONTAINER)	冷藏集装箱 (RF CONTAINER)	特种集装箱 (SPECIAL CONTAINER)	发电机(GEN SET)
□正常(SOUND) □异常(DEFECTIVE)	□正常(SOUND) □异常(DEFECTIVE)	□正常(SOUND) □异常(DEFECTIVE)	□正常(SOUND) □异常(DEFECTIVE)

(1)外代留底

损坏记录及代号 (DAMAGE & CODE)

BR 破 损 (BROKEN)　D 凹 损 (DENT)　M 丢 失 (MISSING)　DR 污 箱 (DIRTY)　DL 危 标 (DGLABEL)

左侧(LEFT SIDE)　右侧(RIGHT SIDE)　前站(FRONT)　集装箱内部(CONTAINER INSIDE)

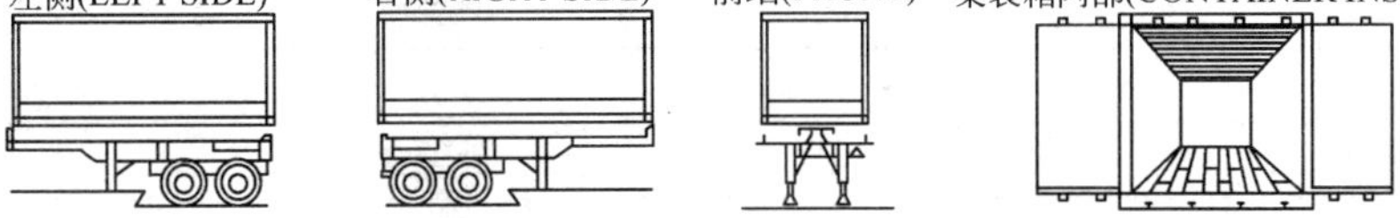

顶 部(TOP)　底 部(FLOOR BASE)　箱 门(REAR)

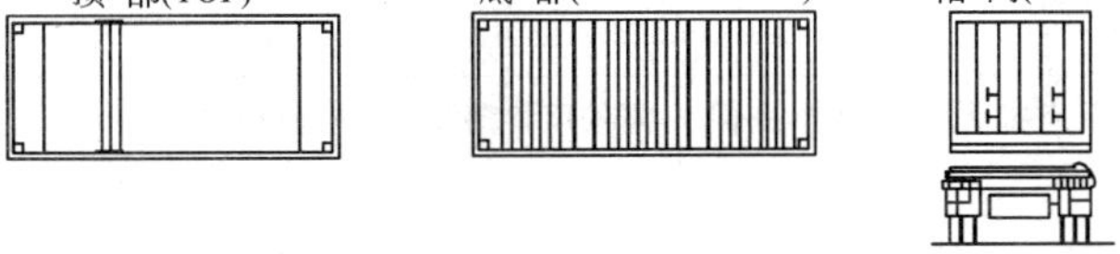

如有异状,请注明程度及尺寸(REMARK).

除列明者外,集装箱及集装箱设备交接时完好无损、铅封完整无误。

THE CONTAINER/ASSOCIATED EQUIPMENT INTERCHANGED IN SOUND CONDITION AND SEAL INTACT UNLESS OTHERWISE STATED

用箱人/运箱人签署 (CONTAINER USER/HAULIER'S SIGNATURE)　　码头/堆场值班员签署 (TERMINAL/DEPOT CLERK'S SIGNATURE)

图 3-3　多式联运集装箱发放/设备交接单

三、多式联运出口报关

若联运从港口开始，则在港口报关；若从内陆地区开始，应在附近的内陆地海关办理报关。

出口报关事宜一般由发货人或其代理人办理，也可委托多式联运经营人代为办理(这种情况需加收报关手续费，并由发货人负责海关派员所产生的全部费用)。报关时应提供场站收据、装箱单、出口许可证等有关单据和文件。海关出口和进口货物报关单见图3-4和图3-5。

中华人民共和国海关出口货物报关单

预录入编号： 海关编号：

<table>
<tr><td>出口口岸</td><td colspan="2">备案号</td><td>出口日期</td><td>申报日期</td></tr>
<tr><td>经营单位</td><td colspan="2">运输方式</td><td>运输工具名称</td><td>提运单号</td></tr>
<tr><td>发货单位</td><td colspan="2">贸易方式</td><td>征免性质</td><td>征税比例</td></tr>
<tr><td>许可证号</td><td colspan="2">运抵国(地区)</td><td>指运港</td><td>境内目的地</td></tr>
<tr><td>批准文号</td><td>成交方式</td><td>运费</td><td>保费</td><td>杂费</td></tr>
<tr><td>合同协议号</td><td>件数</td><td>包装种类</td><td>毛重(公斤)</td><td>净重(公斤)</td></tr>
<tr><td>集装箱号</td><td colspan="3">随附单据</td><td>生产厂家</td></tr>
<tr><td colspan="5">标记唛码及备注</td></tr>
<tr><td colspan="5">项号 商品编号 商品名称、规格型号 数量及单位 最终目的国(地区)单价 总价 币值 征免</td></tr>
<tr><td colspan="5"></td></tr>
<tr><td colspan="5"></td></tr>
<tr><td colspan="5"></td></tr>
<tr><td colspan="5"></td></tr>
<tr><td colspan="5">税费征收情况</td></tr>
<tr><td colspan="2">录入员 录入单位</td><td colspan="2">兹声明以上申报无讹并承担法律责任</td><td>海关审单批注及放行日期(签章)</td></tr>
<tr><td colspan="2">报关员</td><td colspan="2"></td><td>审单 审价</td></tr>
<tr><td colspan="2">单位地址</td><td colspan="2">申报单位(签章)</td><td>征税 统计</td></tr>
<tr><td colspan="2">邮编 电话</td><td colspan="2">填制日期</td><td>查验 放行</td></tr>
</table>

图3-4 出口报关单

中华人民共和国海关进口货物报关单

预录入编号： 海关编号：

<table>
<tr><td>进口口岸</td><td colspan="2">备案号</td><td>进口日期</td><td colspan="2">申报日期</td></tr>
<tr><td>经营单位</td><td colspan="2">运输方式</td><td>运输工具名称</td><td colspan="2">提运单号</td></tr>
<tr><td>收货单位</td><td colspan="2">贸易方式</td><td>征免性质</td><td colspan="2">征税比例</td></tr>
<tr><td>许可证号</td><td colspan="2">起运国(地区)</td><td>装货港</td><td colspan="2">境内目的地</td></tr>
<tr><td>批准文号</td><td>成交方式</td><td>运费</td><td>保费</td><td colspan="2">杂费</td></tr>
<tr><td>合同协议号</td><td>件数</td><td>包装种类</td><td>毛重(公斤)</td><td colspan="2">净重(公斤)</td></tr>
<tr><td>集装箱号</td><td colspan="3">随附单据</td><td colspan="2">用途</td></tr>
<tr><td colspan="6">标记唛码及备注</td></tr>
<tr><td colspan="6">项号　商品编号　商品名称、规格型号　数量及单位　最终目的国(地区)单价　总价　币值　征免</td></tr>
<tr><td colspan="6"></td></tr>
<tr><td colspan="6"></td></tr>
<tr><td colspan="6"></td></tr>
<tr><td colspan="6"></td></tr>
<tr><td colspan="6">税费征收情况</td></tr>
</table>

<table>
<tr><td>录入员　录入单位</td><td rowspan="2">兹声明以上申报无讹并承担法律责任

申报单位(签章)

填制日期</td><td colspan="2">海关审单批注及放行日期(签章)

审单　审价</td></tr>
<tr><td>报关员
单位地址

邮编　电话</td><td colspan="2">征税　统计

查验　放行</td></tr>
</table>

图 3-5 进口报关单

四、货物装箱及接收货物

1. 货物装箱程序

若是发货人自行装箱,发货人或其代理人提取空箱后在自己的工厂和仓库组织装箱,装箱工作一般要在报关后进行,并请海关派员到装箱地点监装和办理加封事宜。如需理货,还应请理货人员现场理货并与之共同制作装箱单。

如是拼箱货物,发货人应负责将货物运至指定的集装箱货运站,由货运站按多式联运经营人的指示装箱。

无论装箱工作由谁负责,装箱人均需制作装箱单,并办理海关监装与加封事宜。

对于由货主自装箱的整箱货物,发货人应负责将货物运至双方协议规定的地点(Door, CY),多式联运经营人或其代表(包括委托的堆场业务员)在指定地点接收货物。如是拼箱货,经营人在指定的货运站接收货物。验收货物后,代表联运经营人接收货物的人应在场站收据正本上签章并将其交给发货人或其代理人。

2. 装箱单

集装箱装箱单(Contain Load Plan,CLP)是详细记载每一个集装箱内所装货物的名称、数量及箱内货物积载情况的单证。每个载货集装箱都要制作这样的单证,它是根据已装进箱内的货物情况制作的,是集装箱运输的辅助货物舱单。集装箱装箱单是详细记载箱内所载货物情况的唯一单证,因此在国际集装箱运输中,集装箱装箱单是一张极为重要的单证。其作用主要体现在以下几个方面:

(1)是向承运人、收货人提供箱内货物明细的清单;

(2)是集装箱货物向海关申报的主要单证之一;

(3)是货方、港方、船方之间货、箱交接的凭证;

(4)是船方编制船舶积载计划的依据,单证上所记载的货箱重量是计算船舶积载性能数据的基本数据;

(5)是办理集装箱货物保税运输、安排拆箱作业的资料;

(6)是集装箱运输货物商务索赔的依据。

集装箱装箱单的主要内容包括:船名、航次、装卸港、发货地、交货地、集装箱箱号、集装箱规格、铅封号、场站收据或提单号、发货人、收货人、通知人及货物名称、件数、包装、标志、重量、尺码等。对特殊货物还需说明闪点(对危险品)、箱内温度要求(对保温或冷藏货)、是否检疫(对需检疫货物及器材)等内容,其格式见图 3-5。

五、订舱及安排货物运送

经营人在合同订立之后,即应制定该合同涉及的集装箱货物的运输计划。该计划应包括货物的运输路线,区段的划分,各区段实际承运人的选择确定及各区段间衔接地点的到达、起运时间等内容。这里所说的订舱泛指多式联运经营人要按照运输计划安排洽定各区段的运输工具,与选定的各实际承运人订立各区段的分运合同。这些合同的订立由经营人本人(派出机构或代表)或委托的代理人(在各转接地)办理,也可请前一区段的实际承运人作为代表向后一区段的实际承运人订舱。

CONTAINER LOAD PLAN
装箱单

Reefer Temperature Required 冷藏温度 ℃ ℉			
Class 等级	IMDG Page 危规页码	UN NO. 联合国 编号	Flash point 闪点

Ship's Name/Voy No. 船名/航次	Port of Loading 装港	Port of Discharge 卸港	Place of Delivery 交货地	SHIPPER'S/PACKER'S DECLARATIONS:		
Container No. 箱号	Bill of Lading NO. 提单号	Packages & Packing 件数与 包装	Gross Weight 毛重	Measure- ments 尺码	Description of Goods 货名	Marks & Numbers 唛头
Seal No. 封号						
Cont. Size 箱型 20′ 40′ 45′ / Cont. Type. 箱类						
ISO Code For Container Size/Type 箱型/箱类 ISO 标准代码						
Packer's Name/Address 装箱人名称/地址 TEL No. 电话号码						

Packing Date 装箱日期	Received By Drayman 驾驶员签收 及车号	Total Packages 总件数	Total Cargo Wt. 总货重	Total Meas. 总尺码	Remarks: 备注
Packed By: 装箱人签名	Received By Terminals/Date Of Receipt 码头收箱签收和收箱日期		Cont. Tare Wt. 集装箱 皮重	Cgo. Cont. Total Wt. 货箱总 重量	

图 3-5 多式联运集装箱装箱单

货物运输计划的安排必须科学并留有余地。工作中应相互联系，根据实际情况调整计划，避免彼此脱节。

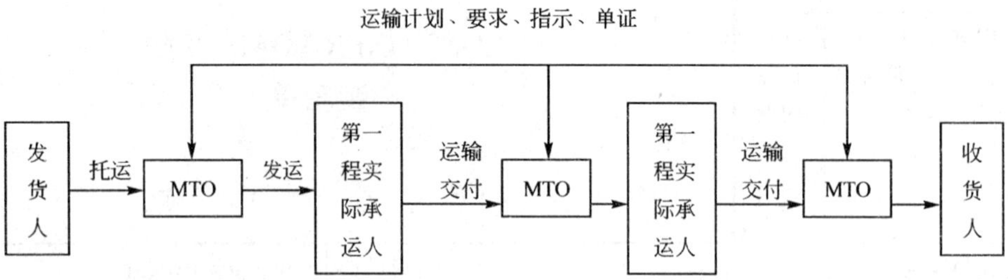

图3-6　多式联运流程图

使用多式联运形式运输成批或零星货物的发货人首先向多式联运经营人(MTO)提出托运申请，多式联运经营人根据自己的条件考虑是否接受，如接受，双方订立货物全程运输的多式联运合同，并在合同指定的地点(可以是发货人的工厂或仓库，也可是指定的货运站中转站、堆场或仓库)双方办理货物的交接，联运经营人签发多式联运单据。接受托运后，多式联运经营人首先要选择货物的运输路线，划分运输区段(确定中转、换装地点)，选择各区段的实际承运人，确定零星货物集运方案，制定货物全程运输计划并把计划转发给各中转衔接地点的分支机构或委托的代理人。然后根据计划与第一程、第二程等的实际承运人分别订立各区段的货物运输合同，通过这些实际承运人来完成货物全程位移。全程各区段之间的衔接，由多式联运经营人(或其代表或其代理人)采用从前程实际承运人手中接受货物再向后程承运人发运方式完成，在最终目的地从最后一程实际承运人手中接受货物后再向收货人交付货物。多式联运流程图见图3-6。

六、办理保险

在货主方面，应投保货物运输险。该保险由货方自行办理，或由货方承担费用由经营人代为办理。货物运输保险可以是全程，也可分段投保。

在多式联运经营人方面，应投保货物责任险和集装箱保险，由经营人或其代理人向保险公司或以其他形式办理。

七、签发多式联运提单，组织完成货物的全程运输

多式联运经营人的代表收取货物后，经营人应向发货人签发多式联运提单。在把提单交给发货人前，应注意按双方议定的付费方式及内容、数量向发货人收取全部应付费用。多式联运集装箱提单见图3-7。

多式联运经营人有完成和组织完成全程运输的责任和义务。在接收货物后，要组织各区段实际承运人、各派出机构及代表人共同协调工作，完成全程中各区段的运输、各区段之间的衔接工作，运输过程中所涉及的各种服务性工作和运输单据、文件及有关信息等组织和协调工作。

<table>
<tr><td colspan="2">Shipper</td><td>B/L No.</td></tr>
<tr><td colspan="2">Consignee</td><td rowspan="2">COMBINED TRANSPORT
BILL OF LADING

ORIGINAL</td></tr>
<tr><td colspan="2">Notify Party</td></tr>
<tr><td>Precarriage by *</td><td>Place of Receipt *</td><td rowspan="3"></td></tr>
<tr><td>Vessel Voy. No.</td><td>Port of Loading</td></tr>
<tr><td>Port of Discharge</td><td>Place of Delivery *</td></tr>
</table>

PARTICULARS FURNISHED BY THE MERCHANT

Container No. /Seal No. Marks & Numbers	No. of Containers or Packages	Description of Goods	Gross Weight	Measurement

TOTAL NUMBER OF CONTAINERS OR PACKAGES (IN WORD)

Freight & Charges	Rate	Unit	Prepaid	Collect

<table>
<tr><td colspan="2">Excess Value Declaration</td><td>Temperature Control Instructions</td></tr>
<tr><td>Prepaid at</td><td>Payable at</td><td rowspan="4">IN WITNESS of the number of original Bills of Lading stated above have been signed, one of which being accomplished, the other(s) to be void.

FOR THE CARRIER</td></tr>
<tr><td colspan="2">Number of Original Bills of Lading</td></tr>
<tr><td colspan="2">Place of issue</td></tr>
<tr><td colspan="2">Date of issue</td></tr>
</table>

图 3-7　多式联运集装箱提单

八、运输过程中的海关业务

按惯例国际多式联运的全程运输（包括进口国内陆段运输）均应视为国际货物运输。因此该环节工作主要包括货物及集装箱进口国的通关手续，进口国内陆段保税（海关监管）运输手续及结关等内容。如果陆上运输要通过其他国家海关和内陆运输线路时，还应包括这些海关的通关及保税运输手续。

这些涉及海关的手续一般由多式联运经营人的派出机构或代理人办理，也可由各区段的实际承运人作为多式联运经营人的代表代为办理。由此产生的全部费用应由发货人或收货人负担。

如果货物在目的港交付，则结关应在港口所在地海关进行。如在内陆地交货，则应在口岸办理保税（海关监管）运输手续，海关加封后方可运往内陆目的地，然后在内陆海关办理结关手续。

九、货物交付

1. 货物交付手续

当货物运至目的地后，由目的地代理通知收货人提货。收货人需凭多式联运提单提货，经营人或其代理人需按合同规定，收取收货人应付的全部费用。收回提单签发提货单（交货记录），提货人凭提货单到指定堆场和地点（CFS）提取货物。

如是整箱提货，则收货人要负责至掏箱地点的运输，并在货物掏出后将集装箱运回指定的堆场，运输合同终止。

2. 交货记录

交货记录（Delivery Record，D/R）是集装箱多式联运承运人把货物交付给收货人或其代理人时，双方共同签署的证明货物已经交付及货物交付时情况的单证，同时，它也证明承运人对货物的责任已告终止。交货记录的格式见图 3-8。

3. 交货记录的作用

交货记录是国际集装箱进口货运业务中的主要单证，在实际进口业务中又称小提单或提货单，但实际应用中交货记录或提货单所起的作用及其对不同当事人的责任划分不尽相同。对承运人来说，交货记录一经签发即已表明同意交货，尽管事实上并没有交付货物。对收货人来说，只要拿到交货记录即已表明具备提货条件，尽管实际上并没有提货。从另一层意义上去理解，交货记录则是承运人、收货人的责任转移，即交货记录签发等于承运人责任终止，收货人责任开始。

十、货运事故处理

如果全程运输中发生了货物灭失、损害和运输延误，无论是否能确定损害发生的区段，发（收）货人均可向多式联运经营人提出索赔。多式联运经营人根据提单条款及双方协议确定责任并作出赔偿。如能确知事故发生的区段和实际责任者时，可向其进一步进行索赔。如不能确定事故发生的区段时，一般按在海运段发生处理。如果已对货物及责任投保，则存在要求保险公司赔偿和向保险公司进一步追索问题。如果受损人和责任人之间不能取得一致，则需通过在诉讼时效内提起诉讼和仲裁来解决。

交　货　记　录

港区、场、站　　　　　　　　　　　　　　　　　　NO.

收货人	名称			收货人开户银行与账号
	地址			
船名	航次	起运港		目的地
提单号	交付条款	到付海运费		
卸货地点	到达日期	进库场日期		第一程运输

标记与集装箱号	货　名	集装箱数	件　数	重量(KGS)	体积(m^3)

交　货　记　录

日期	货名或集装箱号	出库数量			操作过程	尚存数		经手人签名	
		件数	包装	重量		件数	重量	发货员	提货人
						收货人章		港区场站章	
备注									

图 3-8　多式联运交货记录

第二节 整箱货运输条款与多式联运

一、整箱货运输条款

1. 门到门交接

该种货物的交接形式系指一个发货人、一个收货人。在由承运人负责内陆运输时,则在发货人的工厂或仓库验收后,承运人负责将货物运至收货人的仓库或工厂,门到门交接的货物为整箱货。

2. 门到场交接

这是一种在发货人的工厂或仓库接收货物,并负责运至卸船港集装箱码头堆场的交货的交接方式。门到场货物交接方式发生在承运人不负责目的地内陆运输的情况下。

3. 场至门交接

这是一种在起运地装船港的集装箱码头堆场接收货物,并将其运至收货人工厂仓库交货的交接方式,承运人不负责起运地发货人工厂或仓库至集装箱码头堆场之间的内陆运输。

4. 场到场交接

这是一种从装船港的集装箱码头堆场至目的港集装箱码头堆场的交接方式,通常是整箱货。

二、CY-CY 条款下运输方式的确定

CY-CY 是国际集装箱整箱货运输条款之一,《中华人民共和国国际海上集装箱管理规定实施细则》(以下称细则)第 59 条对 CY-CY 运输条款规定:"托运人负责装箱并运至装船港集装箱码头堆场交货,海上承运人在装货港集装箱码头堆场和卸货港集装箱码头堆场整箱提箱并交箱。收货人拆箱后应将空箱于规定时间内交至海上承运人指定的场所"。

1. CY-CY 运输条款下运输方式的确定

随着国际货物运输方式的根本性转变,传统经营海上运输业的承运人纷纷"上岸",向内陆运输区段延伸,并在内地建立自己的仓库、堆场,从而揽取更多的货源。由于承运人运输模式的变化,CY-CY 运输条款在实际应用中出现了一系列的问题,如:

(1)CY-CY 运输条款是指港口的集装箱码头堆场,还是内地集装箱堆场?

(2)CY-CY 运输条款是单一的运输方式,还是多式联运?

(3)CY-CY 运输条款下各当事人之间的责任、费用划分的依据是什么?

在实践业务中处理 CY-CY 运输条款时遇到最多也难以处理的问题是该运输条款下运输方式如何确定,现行 CY-CY 运输条款的应用,无论是运输方式的确定,还是当事人之间的责任、费用的划分,早已超出了 CY-CY 运输条款本身应包含的内容。同时,无论在概念上,还是实践业务应用中,均会带来模糊认识,从而加剧了当事人之间的责任纠纷。本节结合现行 CY-CY运输条款实务和有关提单制作规范,对 CY-CY 运输条款下的运输方式之确定原则作几种解释。

(1)运输条款是 CY - CY,但在提单上仅仅注明装船港、卸船港,此种运输说明是直达海运,即一个海上承运人、一张提单。

(2)运输条款是 CY - CY,提单上除了注明装船港、卸船港外,又注明了中转地,此种运输称海海转运,即由两个海上承运人使用同一种运输工具,完成海海全程运输。

(3)运输条款是 CY - CY,但在提单上注明装船港、卸船港、中转地,又注明前一承运人,此种运输称海海联运。

(4)运输条款是 CY - CY,提单上除注明装船港、卸船港外,又注明了提货地或交货地,或接货地和交货地,此种运输方式为多式联运。

有人会提出一个问题,既然 CY - CY 运输条款是从装船港到卸货港之间的货物运输,但是在提单上注明 CY - CY 运输条款,同时又注明货物交接地,显然,运输条款的记载与具体内容记载不符。此时,是以运输条款为准,还是以提单内容为准? 从现行实务操作和有关处理原则来看,提单注明的内容其法律效力大于运输条款。

为进一步说明 CY - CY 运输条款下运输方式之确定,举一案例说明。

案由:

杭州公司从国外进口 5 ×20′塑料粒子,进口提单上注明 FCL - FCL(整箱货交接),装船港神户,卸船港上海。卸船后,收货人与承运人就由谁负责内陆运输,并支付内陆拖运费产生争议。承运人的观点是:FCL - FCL 运输,承运人责任、费用终止为进口国集装箱码头堆场。而收货人的观点则认为:承运人责任、费用应终止在收货人仓库。该案事实并不复杂,因为:

(1)FCL - FCL 运输条件条款有:

①出口国码头堆场 - 进口国码头堆场;

②托运人门 - 进口国码头堆场;

③出口国码头堆场 - 进口国收货人门;

④托运人门 - 收货人门。

上述案件中,承运人认为由收货人承担内陆运输并支付费用,强调的是前两个运输条款。收货人认为由承运人承担内陆运输并支付内陆费用,强调的是后两个运输条款。

(2)尽管 FCL - FCL 有 4 个运输条款,但在确定由谁负责内陆运输,支付费用时应根据提单是否记载交货地,如提单记载 FCL - FCL,但同时又注明交货地杭州,则自然由收货人负责内陆运输并支付费用。

(3)CY - CY 运输条款除应特别注意信用证规定外,还应注意以下几个要点:

①提单上注明的是 CY - CY 运输条款,通常被理解为装船港码头堆场和卸船港码头堆场。

②提单上注明的是 CY - CY 运输条款,同时又注明交货地或接货地,可将 CY 理解为交货地 CY 或接货地 CY。

③提单上注明的是 CY - CY 条款,空箱回运由收货人负责,除非 CY 是内陆交货地。

④提单上注明的 CY - CY 运输条款,但没有注明货物交接地,则由托运人、收货人安排内陆运输,并承担费用。

第三节　拼箱货运输条款与多式联运

一、拼箱运输条款

在集装箱货物运输中，拼箱货的主要交接方式(运输条款)如下。

1. 站到站交接

这是一种从起运地集装箱货运站至目的地集装箱货运站的交接方式，通常是拼箱货交付，拼箱货接收。

2. 门到站交接

这是一种从发货人的工厂仓库至目的地集装箱货运站的交接方式，即通常是整箱接收，拆箱交付，也可理解为一个发货人，几个收货人。

3. 场到站交接

这是一种从装船港的集装箱码头堆场至目的地集装箱货运站的交接方式，经常发生在整箱接收，拆箱交付的情况下。

4. 站到门交接

这是一种从起运地集装箱货运站至目的地收货人的工厂或仓库的交接方式，经常发生在拼箱接收，整箱交付的情况下。

5. 站到场交接

这是一种从起运地集装箱货运站至目的地集装箱码头堆场的交接方式，也可理解为几个发货人、一个收货人。

二、集装箱拼箱操作要点

L/C CFS－CFS, B/L CY－CY 在集装箱运输业务中通常称为集拼箱运输条款，即对货主是拼箱交接形式，而对船公司却是整箱交接形式。就其运输条款本身而言，前者系指几个托运人与几个收货人，而后者系指一个发货人与一个收货人，尽管箱内货事实上属几个货主所有。集拼箱运输条款除国际贸易、国际运输方式的变化之外，主要原因是货运市场、航运市场的发展所致。集拼箱条款不仅可满足信用证结汇要求，而且可按实际托运的货物尺码支付运费。对签发 House－B/L(简称 H－B/L)的无船承运人来说，在收取货主支付的运费和支付给船公司的运费之中赚取运费差价、对签发 SEA－B/L(简称 S－B/L)的船公司来说，因签发整箱货提单而减少了诸多业务细节，减少了不应承担的责任。因此，当今集拼箱业务的发展可以说是方兴未艾，特别是进入国际多式联运与物流时代的今天。集拼箱运输是一个巨大的市场，其利润也为从事该项业务的人们所关注。

1. L/C CFS－CFS, B/L CY－CY 运输条款的应用

根据交通部海上集装箱运输管理规则规定，CFS－CFS 运输条款是指："发货人将不足以装满一个集装箱的货物运至出口国家集装箱货运站、由集装箱货运站装箱后交由承运人运到进口国家集装箱货运站，进口国家货运站在拆箱后将拼箱货交由收货人。"规则中对 CY－CY 运输规定是："发货人在自行装箱后，将整箱货运至出口国家集装箱码头堆场交由承运人在进

口国家集装箱码头堆场交收货人，并由收货人自行负责拆箱。”尽管规则对运输条款做了明确规定，但在具体运作中涉及问题较多，特别是信用证规定拼箱交接，而提单却注明整箱交接时，则通常涉及到两套提单的应用，即 H－B/L 和 S－B/L。前者指无船承运人签发的拼箱货提单，而后者指由船公司签发的整箱货提单，其具体操作如图 3-9 所示。

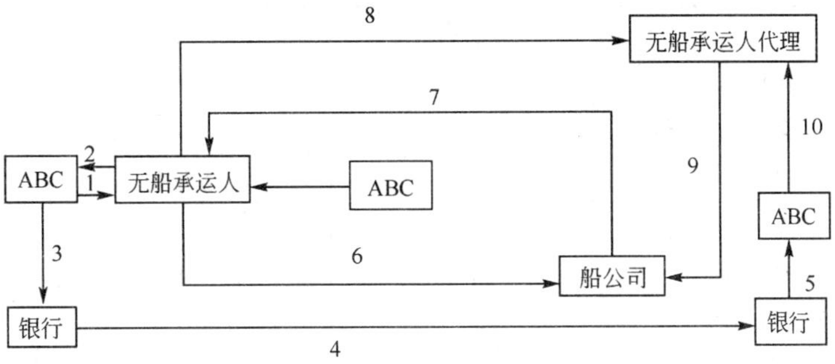

图 3-9　操作流程示意图

说明：

(1) A、B、C 为不同的货主将拼箱货交由无船承运人；

(2) 无船承运人在接收托运的拼箱货后签发自己的 House－B/L；

(3) 货主 A、B、C 持无船承运人的提单去银行结汇，因为信用证规定 CFS－CFS，而无船承运人提单也记载 CFS－CFS，即单单相符；

(4) 出口国银行将 H－B/L 转进口国银行；

(5) 进口国不同收货人 A、B、C 从银行取出 H－B/L；

(6) 无船承运人对 A、B、C 货主的货进行整理并装在同一箱内后，以整箱货方式交由船公司运输(对船公司而言，此时接受的是一个装载货物、外表状态良好、关封完整的整箱货)；

(7) 船公司在接受整箱货后，向无船承运人签发 S－B/L，并在 B/L 记载 CY－CY 运输条款；

(8) 无船承运人将整箱货提单(船公司提单)转国外代理；

(9) 在船公司将整箱货运进口国后，无船承运人代理凭 S－B/L 去船公司提货；

(10) 无船承运人代理在提取整箱货后拆箱，收货人 A、B、C 凭 H－B/L 去无船承运人代理那里提货。

在上述集拼箱运输业务中，对签发 H－B/L 的无船承运人其法律特征是非常明显的。对真正的托运人来说，由于他签发的 H－B/L 是一张全程提单，因而成为契约承运人，但又由于他自己并没有承担真正的运输，仅是将货物装箱后交由真正的拥有运输工具的船公司运输。因此，相对船公司而言，无船承运人又成了货物托运人，其法律特征可归纳为：

(1) 本人不拥有运输工具，但有权签发自己的提单(拼箱货提单)；

(2) 因签发自己的提单，而对货物运输承担责任；

(3) 因签发自己的提单，有权收取货物运费(拼箱货运费)；

(4) 具有双重身份，对货主是承运人，对船公司是货物托运人；

(5) 有权订立运输合同。

由于L/C是CFS－CFS运输条款、B/L是CY－CY运输条款同时使用到H－B/L，S－B/L，从事该行业的人员必须对两套提单的区别有准确认定，以保证业务的正常运作，表3－1说明了两套提单的区别。

两套提单的区别　　表3-1

提　　单		
内容区别	H－B/L	S－B/L
提单中的托运人	真正货主（通常为卖方）	无船承运人或代理
提单中的收货人	在提单不转让时，通常是买方	无船承运人代理
提单中的承运人	无船承运人	船公司
运输责任	对全程承担责任	对海上区段承担责任
运费收取	收拼箱货运费	收整箱运费
运输条款	CFS－CFS	CY－CY
提单流通途径	通过银行	通过无船承运人（或随船）
转让买卖	可转让买卖	不可转让买卖
提单当事人	托运人、无船承运人、收货人	无船承运人、船公司、无船承运人代理
证据效力	对托运人是初步证据，对收货人是最终证据	对托运人、收货人无证据效力

2. H-B/L，S-B/L同时应用案例分析

案由：上海一家公司（以下称货主）将价值5万美元的食品添加剂交由无船承运人运输，无船承运人在接货后签发H－B/L，无船承运人签发H－B/L后将食品添加剂交由一家物流公司装箱（以下称装箱人），并由装箱人出具S－B/L。

装箱人在装箱时，同一箱内除装载食品添加剂外，还装载了40桶樟脑粉，收货人在收到食品添加剂后做质检，质检报告认为食品添加剂已失去使用价值。该批出口货由中国人民保险公司（简称人保）承保。

处理：收货人凭保单向人保提赔，人保赔付后取得权益转让证书、代位求偿权向全程提单签发人，即无船承运人追赔。但无船承运人认为："即使签发全程提单，但食品添加剂失去使用价值属装箱过失所致，根据《中华人民共和国海上集装箱运输管理规则》规定，集装箱装箱不当产生货物损害，则应由装箱人承担责任。另外国际劳工装箱准则也规定：装箱人不应将性质不相容的货物装在同一箱内。因此，应由装箱人直接承担赔偿责任。"然而，装箱人认为："即使装箱过失造成食品添加剂失去使用价值，但装箱人与货主之间一无合同关系，二无提单关系，如提出赔偿在法律上构成侵权过失，而装箱过失，装箱人可按责任限制赔偿"。而人保认为："人保已赔偿给货主，并取得代位求偿权"。由于无船承运人、装箱人均不愿直接承担责任，人保向法院对无船承运人提出诉讼。同时，无船承运人也向法院对装箱人提出诉讼。然而，在开庭前2天，装箱人的联运保赔协会与人保达成协议庭外解决。此案的处理如图3-10所示。

流程说明：

（1）出口方将食品添加剂交由无船承运人运输；

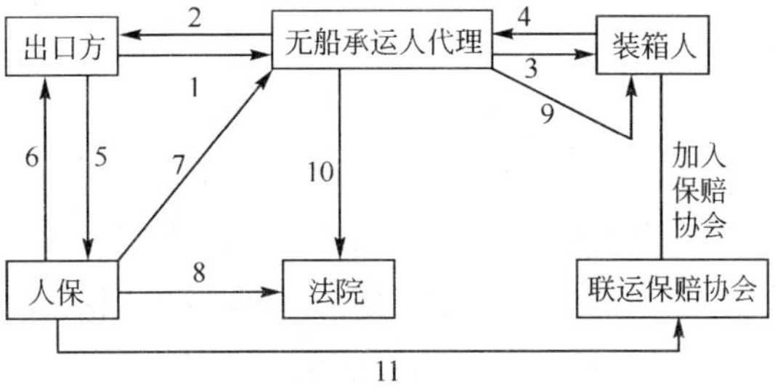

图 3-10　案件处理示意图

(2)无船承运人接受货物后签发 H－B/L;
(3)无船承运人将食品添加剂交由装箱人装箱;
(4)装箱人向无船承运人出具 S－B/L;
(5)出口方向人保买保险;
(6)人保赔付给出口方;
(7)人保取得代位求偿权向无船承运人追偿;
(8)无船承运人不赔,人保向法院诉无船承运人;
(9)无船承运人向装箱人追赔;
(10)装箱人不赔,无船承运人向法院诉装箱人;
(11)联运保赔协会与人保协议解决此案。

第四节　美国陆桥多式联运业务

美国幅员辽阔,内陆城市众多。目前,从远东运往美国中部、东部,以及美国湾各个港口的集装箱货物,一般都经美国内陆运输。美国内陆运输的方式大致分公路、铁路两种。运送距离也较远,其原因是美国以芝加哥、底特律等为中心的中西部经济圈距太平洋约 2000 公里,离大西洋约 1000 公里,这一经济圈占美国经济的 1/3,对外贸易也有 1/3。所以,与远东间的贸易,大部分要经过约 2000 公里的内陆运输,其中铁路运输比重较大。因此,远东—美国太平洋沿岸的集装箱运输,实际上已发展到可以经由美国太平洋沿岸,将集装箱货物运送至美国内地,特别是到美国中西部去的货物所采用的联合运输,也就是船公司可利用美铁(美国铁路)运输体系代替原来由收、发货人安排的货物由港口向铁路中转到内陆的运输。这种运输方式不仅可节省运输时间,方便货主安排内陆中转,而且发货量集中,有时可使货主享受铁路低运价的好处。

目前,在我国出口货运中,美国和加拿大一些商人开来的信用证中,有时会出现 OCP 一词,什么叫 OCP? 怎样使用 OCP? OCP 与美国小陆桥、微桥运输有何关系? 这是需要了解的。

一、内陆公共点运输

1. OCP 运输的概念

OCP 的英文全称为“OVERLAND COMMON POINTS”,即“内陆公共点”,也有称之“陆上公共点”,其含义是可享有优惠费率通过陆上运输可抵达的区域。从美国的北达科他州(NORTH DAKOTA)、南达科他州(SOUTH DAKOTA)、内布拉斯加州(NEBRASKA)、科罗拉多州(COLORADO)、新墨西哥州(NEW MEXICO)起以东的地区均属 OCP 地区,所有经美国西海岸转运往这些地区(或反向)的货物称 OCP 地区货物,并享有 OCP 运输的优惠费率。所谓 OCP 费率是太平洋航运公会为争取运往美国内陆地区的货物,途经美国西海岸转运而制订的一个较直达美国东海岸为低的费率。加拿大毗邻美国,贸易和运输与美国有密切关系,所以,也有一个 OCP 地区,自西向东的陆上运输实行与美国同样的优惠方法。

从远东地区向美国 OCP 地区运送的货物,可供选择的海运方式有两种,一种是以美国东海岸港口为卸货港,船舶过巴拿马运河由加勒比海通向美国大西洋港口。另一种是以美国西海岸港口为卸货港,然后通过陆上运输至 OCP 地区。后一种运输方式虽然通过海陆两种运输方式,但在正常情况下,运输时间较前一种为短,其主要原因:

(1)通过西海岸转运,航程较直达东岸为短。如上海到纽约经巴拿马运河,海运全程为10 580海里,而上海至美国西海岸的西雅图港口,海运全程为 5100 海里,两者相差 5480 海里,相当于 10 150 公里。从西雅图至纽约的陆运里程只有 4800 公里,两者相比较,海陆联运到纽约要比直达至纽约少 5300 公里。又如加拿大,加拿大东海岸主要港口蒙特利尔,海运从纽约向北还要延伸 1400 海里,如货物从西海岸港口温哥华或美国西海岸港口西雅图、波特兰陆运到蒙特利尔港,与海运直达相比较,缩短运程 8000 多公里,再者蒙特利尔每年有 3 ~ 4 个月的封冻期,在此期间,船舶只能停靠大西洋岸的哈利法克斯、圣约翰等港,再经陆运到蒙特利尔港。

(2)由于集装箱运输具有联合运输和机械化程度高等特点,使装卸时间和运输时间大为缩短。据有关资料统计,从波特兰港运至美国五大湖区的芝加哥陆运只需 3 天,到东部纽约只需 7 天,到南部的休斯敦只需 8 天。而且,在集装箱运输的条件下,货物受损、偷窃的可能性较少,加之陆上承运人提供的优惠费率,这多为 OCP 运输提供了有利条件。

由于 OCP 运输的便捷,使原来的海陆直达至美国东海岸各港的货物被吸引到美国西海岸港口,因此,经营该航线的船公司越来越多。现在,OCP 一词不仅是一个地理上的区域名称,而且意味着货物的陆上运输,成为当今国际贸易和国际运输的一个专用名词了。

2. OCP 的具体做法

(1)在成交订约方面。按 OCP 运输条件成交的货物,是指发货人将货运至收货人指定的西海岸港口后,发货人便完成了联运提单中的责任。货物在抵达西海岸港口后,由收货人委托中转商(负责内陆运输的人)持正本提单向船公司提货,通过内陆运输运至收货人指定的地点。因此,OCP 运输条件对发货人来说,实际上是买断西海岸港口,而不承担其他任何责任和风险。例如,原来成交价是 CIF 或 C&F 纽约,在了解了收货人的收货最终目的地是在 OCP 区域的,可改做 CIF 或 C&F 美国西海岸指定港口(US WEST COASTNAMED PORTS)。如在贸易合同中明确货物的运输方式是从中国口岸到美国、加拿大西海岸港口转运至 OCP 最后目的地的,则可写明 SHIPMENT FROM CHINA TO × × WEST COAST OCP NEW YORK,对加拿大则可写成 SHIPMENT FROM CHINA TO VAN-COUVER OCP MONTREAL。

(2)运输单证方面。在货物的运输标志内,把卸货港和 OCP 的最后目的地同时列明,如西雅图转纽约可定明 SEATTLE OCP NEW YORK。在提单卸货港一栏内应注明 OCP 字样。例如:以西雅图为卸货港可列明 SEATTLE OCP,同时,在提单正面的货物内容一栏内注明转至纽约(IN TRANSIT OF NEW YORK)字样。

(3)贸易合同和信用证方面。OCP 运输条件,在贸易合同和信用证目的港一栏内应加注 OCP 字样。如洛杉矶“LOS ANGELES OCP”。对于转运往 OCP 地区的货物,在签发提单时,应符合贸易合同及信用证的要求,以便结汇,最好在备注栏内注明哪一个城市,如 OCP CHICAGO,或把 OCP CHICAGO 加在货物标志唛头上,以便区别。

(4)保税运输申请手续方面。在美国,由集装箱海运至港口的货物,收货人在收到货物舱单后 10 天,必须申请进口,或要求保税运输,将货物运至最终目的地,如不按时申请,货物就会转到保税仓库,从而产生转仓作业费、保税仓库费、转运费等不必要的费用。为了避免这些不必要的费用,可将船公司签发的内陆公共提单、OCP 提单的副本提前送交铁路公司,请铁路公司代办运送 OCP 地区的“保税运输申请手续”。铁路公司在太平洋各港接受了运往内陆公共点地区的货物后,向海关提出申请,获得保税运输许可后,即可将货物运往内地,收货人凭 OCP 提单正本在当地申请报关,经海关验收后,凭正本提单向铁路公司提货,在到付运费情况下,支付清到付运费。

3. 使用 OCP 运输时应注意的问题

(1)若船公司美国航线专用提单格内只有“卸货港”和“最终目的港”两栏,OCP 货物在国内装船港签发提单时,目的港一栏内统一注明,如:LOS ANGELES OCP。

(2)为防止在西海岸销售和使用的货物假借 OCP 名义,享受优惠条件,所以,应明确规定:凡运往 OCP 地区的货物应在进口船卸货完毕后一定时间内(一般为 30 ~ 45 天),提供有关证明,如陆上运输单证、转运单、海关转口申报单等。在这些单证上应注明:进口船名、航次、提单号、启运港、货名、件数、重量、尺码、转运目的地、承运人名称、实际转运期等。如货主和其代理人不在规定期限内提供上述证明,船公司则要按本地运费率调整运费。

二、MLB 运输(小陆桥运输)

MLB 一词的英文全称为“MINI LAND BRIDGE”,其运输方式是使用海、陆运输方式将集装箱货物先运至日本港口,再转运至美国西海岸港口,卸船后交由铁路运抵美国东港口或加勒比海港口区域。我国出运到美国的集装箱货物,在使用小陆桥运输时可先将货物运日本港口,再转运美国西海岸卸船后,交铁路运抵美国东部海岸或加勒比海区域。使用 MLB 运输,对我国出口商、运输经营人来说,应注意以下问题:

(1)小陆桥运输是完整的多式联运,由运输经营人签发全程联运提单,并收取全程运费,对全程运输承担责任。

(2)小陆桥运输下的集装箱货物,其提单制作应分别注明:

卸船港:× ×港

交货地:× ×交货地

(3)小陆桥运输下成交的货物,卖方(发货人)承担的责任、费用终止于最终交货地。

(4)小陆桥运输下的集装箱货物,运费计收应根据运输经营人在美注册的运价本收运费,原则上无任何形式的运费回扣,除非运输经营人与货主之间订有服务合同,即在一定时间内提供一定货运量后,货主可享有一个较低运价。

(5)在按服务合同收运费,而货物托运人是无船承运人时,小陆桥运输的集装箱货物应出具两套提单,一套是无船承运人签发给货主的 HOUSE - B/L,另一套则是船公司签发给无船承运人的 MEMO - B/L,前者给货主用于结汇,后者供无船承运人在美国的代理凭其向船公司提货。

三、IPI 运输(内陆公共点多式联运)

IPI 运输一词的英文全称为"INTER POINT INTERMODAL"运输,与 MLB 运输相比较,小陆桥运输下的集装箱货物,其抵达区域是美国东海岸和加勒比海区域,而 IPI 运输方式则将集装箱货物运抵内陆主要城市。两者的运输方式、运输途径、运输经营人责任和风险则完全相同。但与 OCP 运输相比较,IPI 是完整的多式联运,而 OCP 运输则不是完整的多式联运。使用 IPI 集装箱多式联运方式时应注意的问题:

(1)在 IPI 运输方式下,其提单缮制时应写明:

卸船港:××港

交货地:××交货地

(2)运输经营人对货物承担的责任从接收货物时起至交付货物时止,即对全程运输负责。

(3)IPI 运输方式下的集装箱货物,在到岸价的情况下,卖方(发货人)承担的责任、费用终止最终交货地。

(4)IPI 运输尽管使用两种不同运输方式,但使用同一张货运提单,并收取全程运费。

为使我国出口商对美国航线集装箱货物的运输方式有所了解,并有利于具体业务操作,现将 OCP、MLB、IPI 三种运输方式列表 3-2 加以比较。

OCP、MLB、IPI 三种运输方式比较 表 3-2

	OCP	MLB	IPI
货物成交价	卖方承担的责任、费用终止美国西海岸港口	卖方承担责任、费用终止最终交货地	与 MLB 相同
提单签发	仅适用海上区段货物运输	适用全程运输区段	与 MLB 相同
运费计收	海、陆运输区段分别计收运费	收取全程运费	与 MLB 相同
保险区段	海、陆运输区段分别投保	可全程投保	可全程投保
货物运抵区域	内陆公共点	美国东海岸和美国湾	内陆公共点
多式联运方式	不具备完整的多式联运	具备完整的多式联运	具备完整有多式联运
空箱回运	船公司	收货人	收货人
运单使用	陆上用	不用	不用

四、铁路公司及多式联运的线路

美国私营铁路公司众多,各家提供服务的范围、种类和客户对象也不尽相同。大多从事国际物流业务的公司与以下几家大的铁路公司签订合同,其服务范围如下。

1. UP 铁路干线(Union Pacific)

从长滩港中转到/来自 El Paso、Houston、Dallas、New Orleans、Memphis、St. Louis 等美湾地

区的主要内陆中心及周边地区的货物。

从奥克兰中转到/来自盐湖城、丹佛等卡罗拉多河流域的主要内陆中心及周边地区的货物。

2. BN 铁路干线

从长滩港中转到/来自 Kansas、Omaha、Chicago 等中西部地区主要内陆中心及周边地区的货物。

从西雅图到/来自 Minneapolis、Milwaukee、Chicago、Detroit、Kansas City、Louisville、Omaha、St. Louis、Memphis 等中西部及田纳西州内陆主要枢纽及周边地区的货物。

3. CP 铁路干线

从温哥华中转到/来自 Calgary、Edmonton、Saskaton、Regina、Winnipeg、Toronto、Montreal 等东西线贯穿整个加拿大的货物。

从温哥华中转到/来自美国东北沿海及底特律、Cincinnati、Cleveland、Columbus、Milwaukee、Minneapolis 等中西部、俄亥俄山谷内陆中心及周边地的货物。

4. CSX 线

从纽约、巴尔的摩两港中转到/来自芝加哥、Columbus、Detroit、St. Louis、Cincinnati 等中西部地区及俄亥俄山谷内陆中心及周边地区的货物。

从查尔斯顿港中转到/来自 Atlanta、Houston、New Orleans、Jacksonville、Tampa、Miami 的东南沿海和美湾地区中心城市及周边地区的货物。

5. NS 线

从 Norfolk 中转到/来自 Kansas city、St. Louis、Louisville、Memphis 等中南部产粮区之中心城市和周边地区的货物。

并不是所有地区都用铁路运输，从纽约到波士顿，从巴尔的摩到诺福克，从查尔斯顿到威明顿，也可选择驳船运输。

在各港口地区的"门到门"运输以及在内陆中心点附近的"门到门"运输，可选择卡车运输方式。一般而言，在港口周边的 260 海里半径范围内，用卡车较火车运输来得经济和便捷（一天内卡车驾驶员可以来回）。

内陆运输方式的组合是由多式联运线路开发及成本运价来制定的，每条线路都是最佳运输线路及最低的运输成本，所有港口地区多式联运公司及内陆点多式联运分公司，在操作多式联运货物前，必须检查最佳线路是否存在，并严格按此规定的最佳线路通知有关的分段合同运输商具体承运。如线路不存在，应立即进行线路开发及成本运价分析，尽快规划新的运输线路。

五、内陆多式联运成本价组成

内陆多式联运的成本价只有多式联运公司才有权报价，其成本价是企业实际支出的费用，没有考虑任何商业市场的因素。同商务部门登记的 FMC 内陆运价本上的内陆运价是两回事，FMC 内陆运价已经考虑了市场的因素，有时比内陆成本高，有时比内陆成本低，具体运价定位要视市场而定。

在设定内陆多式联运成本价时，要考虑以下因素：

(1)港口到铁路站堆场的拖运费;

(2)铁路站的服务费用;

(3)铁路的运费成本;

(4)不连接铁路之间的转接拖运费;

(5)卡车运到内陆 CY 或 CY 到门的成本;

(6)在没有空箱堆场的地方,调空箱费或还回空箱附近内陆堆场的费用。

在设定内陆多式联运成本价时,下列因素没有考虑。

(1)底盘车的租金;

(2)码头操作费用(如吊上吊下费、TIR、堆存费等);

(3)因没有足够空箱而产生的空箱调运费。

不考虑上述三个因素,是因为这属海运价及商业市场考虑的范围。这也就是 FMC 运价本上的内陆运价同多式联运询价中的内陆成本价不一致的原因。

六、多式联运超重及大件的运输

美国的公路桥梁法规定,20 英尺箱的货重不得越过 38 千磅,40 英尺箱的货重不得越过 44 千磅。一旦超重被执勤的公路巡警抓住,卡车被罚款,并要求当场拆箱,减轻重量,给货主及船东都带来不可估量的损失。

尽管明确规定进出口美国货物的重量限制,但是超重现象仍时有发生。一方面是疏忽造成,另一方面是由于商业市场的需要不得不这样做。

(1)如果在码头堆场,船公司可以不管,由货主自己想办法解决。

(2)如果在港口,则是船公司的责任。可以用特别的底盘车,如 slider、X-10、tri-axle 或平板车运输。使用这些特别的底盘车要增加费用,如果是商业市场必须要做,则船公司自己支付,如果不是这个原因,则要让货主支付这笔增加的费用。

(3)如果特别底盘车也不能用,则唯一的办法是在堆场拆箱减载,所有费用由货主承担。

(4)对到内陆堆场去的超重箱,根据是否有 on dock rail 的卸港,如有可以接受到内陆堆场去的超重箱运输。如果到内陆 DOOR,则按到达最后的内陆堆场后的处理方法见上述(2)。

对于超重箱运输,建议客户一定要在内陆堆场清关。因为卸港后可直接装 on dock rail。若在港口清关,则清关后,要等下班船到了才能一起出运。若想尽早出运,必须拖运出码头到火车站集中出运,这样就和特别底盘车一样增加了费用。

关于大件货的多式联运,无论是火车还是卡车运输,基本的原则是不超过 9′宽,货物高度与设备高度不 13′6″。

在考虑设备的高度时,参考以下因素:底盘车高度 4′;框架箱平板高度 2′;开顶箱底座 1′。

所有的大件货内陆多式联运,必须征得 IBS(内陆运输公司)总部的批准并报价,超出以上尺寸的大件原则上是不接受的,特殊情况逐案处理。大件装运火车必须得到国家货物局的检验认可,并符合铁路上绑扎的规定,同时必须让货主出示甲板装载的保函。

七、危险品的多式联运

无论用火车还是卡车运输多式联运的危险品,运输之前一定要得到国家货物局或合格的铁路检验员对箱内货物绑扎情况的检验认可，并对箱外危险品识别标志的检验认可后方可出运。

无论是进口还是出口，在订舱时发货人都必须提供 IBS 和各区段运输公司的以下文件：

(1)托运单证：包括正确的托运名称、危险品等级、联合国编号、包装类别、发货人、24 小时服务的应急联系电话、危险物品的重量；

(2)发货人的危险品申报；

(3)其他法律上需要的资料；

(4)危险品案例资料说明书。

那么，哪些危险品多式联运是可以接受的呢？一般铁路公司不接受对身体和安全可能造成的任何原因伤害的危险货物。比如：爆炸品、压缩气体、易燃的物质、传染性、对有毒及放射性物质。

根据危险品的性质，制定了可以直接接受的多式联运危险品，以及需评估后才能接受的危险品清单。

八、进口多式联运的操作程序

一般而言，多式联运的货物要求在第一港卸下，并通过各种运输工具转运到目的地。因此在船舶的积载上，要求将属于多式联运的货分区积载，并能在卸港优先卸货。如港口有 on-dock 的车皮，从船上卸下后直接装双层列车出运。当然，各港口的工作方式以及铁路运输公司等的工作方式不尽相同，但在多式联运时，要求各港口的 IBS 分公司按下列清单一步步地完成内陆多式联运的工作程序。

进口单证部门收到 EDI 进口货物舱单后：

(1)打印出多式联运跟踪报告。

(2)打印出多式联运舱单报告，审核舱单并核查以下内容：

① 是否有超重货；

② 是否有危险货；

③ 是否有超长货、大件货。

如果发现以上这些货物，应作相关处理。

(3)审查舱单报告和跟踪报告，如有错误则改正。

(4)利用多式联运舱单或多式联运成本与路线查询表，核实所有路线是否正确。

(5)根据目的地选择承运人。

(6)呈送分派好的货运单证以便准备交货单和保税运输申请。

(7)发出多式联运通知给内陆点分公司。

(8)发出多式联运舱单给铁路，并得到铁路来的 EDI 发票，通知卡车公司工作计划。

(9)尽快接收到交货单和保税运输批准号。

(10)船舶到达港口，应每天监视提箱、交货和铁路车皮运输时间，并通知内陆公司。

(11)从收货人/经纪人处得到交货指示，并核实运费和清关情况后交货上门。

对内陆点分公司而言，检查卸港公司通知中所讲的多式联运货是否到达，每天检查其提箱、交货情况，若是上门交货条款，则安排“门到门”运输。

九、出口货多式联运的操作程序

在出口货物多式联运中，各分公司同主管公司代理之间的相互联系是非常重要的。为达到这样的效果，应做到以下几点。

(1)订舱前，有关内陆多式联运分公司应核实集装箱是否可用(特别是集装箱不足的地区)。

(2)订舱后，如果是上门提货运输条款，则要同托运人或发货人联系，安排好装箱计划，确定承运人并通知承运人客户装箱的计划。

(3)为了指示铁路出运，空箱提运后，卡车驾驶员要通知船公司每一个订舱号下的集装箱号。

(4)集装箱运到铁路堆场时，所有的动态必须输入管理系统以便跟踪。

(5)随后，内陆公司开始跟踪箱子动态并通知港口分公司，如无动态显示，同铁路管理部门联系要求解释并改正。

(6)港口分公司通过管理系统的多式联运跟踪，报告每天监督出口货的内陆运输，以确保有足够的时间去港口、火车站提箱送码头出口。

(7)如果在运输中有任何延迟，要立即通知相关承运人，并加以解决。

(8)港口分公司收到铁路承运人寄来的到达通知时，立即书面通知分配好的卡车公司提箱并送交码头。

(9)港口分公司跟踪动态，并在港口接收集装箱。

对出口货多式联运而言，一定要把握内陆 CY、铁路公司的最后结关时间。每条船舶在各内陆堆场，根据运输时间的不同，有不同的铁路结关时间。如果在铁路结关时间以前将集装箱送至内陆堆场，则该箱可以赶上在港口船舶的结关时间，否则难以配上预订的船。

十、开展上门交接货的服务

为方便客户，提高服务质量和竞争力度，在多式联运提单下，大多数船公司提供上门交接货的服务。

根据 FMC 的规定，船公司只要在 FMC 登记过内陆运价本费率的和/或服务合同中列明地点的上门交接服务才可以做上门交接货的服务。

在上门交接货的多式联运中，主要提供以下服务：

(1)在货主准备就绪的情况下交接货；

(2)给客户运至客户工厂或仓库提供 2 小时的免费装卸时间；

(3)集装箱货物在重量不得超过 20′/38 000lbs，40′/44 000lbs。

在上门交接货的多式联运中，不提供以下服务：

(1)将箱子拖运至客户工厂或仓库，拖头离开，等装箱完毕，再回来拖箱的服务；

(2)超重货(除非发货人支付特殊底盘车费用)；

(3)驾驶员协助装卸货；

(4)需要特殊底盘车或特殊操作(除非愿意支付特别底盘车和特别操作费)；

(5)停靠 2 个以上的装箱点；

(6)装卸货超过2小时;
(7)油罐运输;
(8)严格限制的危险品。

案例一　保险人诉多式联运经营人代位求偿案

要点提示:本案一审判决承运双方所签合同为多式联运合同,多式联运经营人对全程运输享有承运人的权利,承担承运人的义务。因此该运输公司对本案的货损负有赔偿责任。原告与某船公司之间无合同关系,无权对某船公司提出合同违约索赔。在原告第一次起诉运输公司时,运输公司完全可以提起追偿之诉以避免追偿时效丧失的风险。

一、基本案情

2000年7月,某公司"S轮"将2 000吨货物从台中港经过上海、重庆运至自贡,并同时投保了某保险支公司的海洋货物运输保险和国内水路、陆路货物运输综合险。该批货物国内运输区段由某运输公司承揽,某运输公司委托某船公司及其上海分公司所属船队负责上海到重庆的江段运输,2000年7月4日,船队行使到三峡一带,突遇上游普降暴雨导致涨水后发生断缆沉驳,导致1 344吨货物沉没灭失。

某保险支公司支付某公司保险赔偿后,依据某港监的《关于三峡船队断缆沉驳重大事故的调查处理通知》于2000年11月27日在武汉海事法院起诉某船公司、某船公司上海分公司、某运输公司,要求赔偿损失共7 361 197元人民币。2002年5月16日武汉海事法院一审判决称某公司作为托运人,将货物交给被告某运输公司承担水路和陆路全程运输,双方所签订的合同,其实质为多式联运合同。某公司与某船公司之间构成多式联运经营人和区段承运人的关系。依照《中华人民共和国合同法》关于多式联运合同的规定,多式联运经营人对全程运输享有承运人的权利,承担承运人的义务,因此某运输公司对本案的货损负有赔偿责任。原告与某船公司、某船公司分公司之间无合同关系,其无权对某船公司和某船公司上海分公司提出合同违约的索赔主张。判决某运输公司赔偿原告某保险公司损失5 977 799.62元人民币;驳回原告对某船公司和某船公司上海分公司的诉讼请求。

二、处理结果

某运输公司和某船公司在一审判决后均向湖北省高级人民法院提出上诉。经过二审法院的开庭后,运输公司方面考虑到二审结果的不确定性,以及将来追偿船公司的困难,最后进行了三方的庭后调解,本案最终得以在三方各自让步的基础上和解解决;运输公司赔偿原告50万元人民币,船公司赔偿150万元人民币,原告保险支公司放弃其他诉讼请求。

三、法律分析

1. 是否构成不可抗力

就事故的发生是否是不可抗力造成的,各方的观点不同。我们认为不可抗力成立与否要对港监调查处理通知中所认定的船方单方责任进行具体分析。一般来说单方责任并不代表一定是船方有过失,因为出险的因素有的时候不是人为因素而是自然因素。但是事故发生后,船公司和运输公司均没有向有关的港监部门申请行政复议,从而间接上同意了港监事故报告的责任认定结论。

原告认为港监报告是有行政拘束力的，通过该报告已可认定事故原因是船公司的船员操作失误因素造成的。被告认为港监报告仅仅是作为行政责任的认定，并不能成为法院判决的依据，其之所以认定船方的单方责任也主要是为了加强航行安全管理，其结论不能作为定案依据，而且港监后来的复函已说明"S 轮"没有违章的行为。运输公司认为港监的报告不是民事诉讼法中的法定证据材料，如果其他的材料与事实相符合，也应作为定案依据，不能单凭港监报告认定承运人有过失存在。总而言之，各方在一审和二审时大部分的辩论都围绕在该报告是否可以作为定案依据，以及港监的结论是否正确上。

2. 责任分担

对于承运人和实际承运人之间责任分担问题，各方的意见均不一样。船公司认为应以《合同法》中的规定为准。《合同法》并没规定在不能免责的情况下，多式联运经营人和实际承运人要承担连带赔偿责任。承运人需要先行承担违约责任。原告认为承运人本案中不能免责，承运人和实际运输的区段承运人应承担连带责任。运输公司的观点是：本案中如果是承运人不能免责的原因造成的货损，也应该由直接责任人船公司承担责任。因为本案中船公司不是案外人也不是后来追加的第三人，而是本案被告方。

由于出险的"S 轮"属于船公司所有，在船上工作的船长、船员也均由船公司委派，因此很明显"S 轮"在航行方面的控制权在船公司手里，运输公司是不可能直接控制船舶的营运和驾驶的。从法院所认定的事实来看，即使货损是人为因素造成，也应该与运输公司没有直接关系。但是因为货方和运输公司之间有货物运输合同关系，根据法律规定其要对全程运输负责，运输公司在船公司被认定有责任的情况下仍然要承担赔偿责任。

3. 责任限制

船公司方面认为应该适用 1959 年交通部颁布的《关于海损赔偿的几项规定》或者 1995 年《水上货物运输规则》的保险和负责运输相结合的补偿制度的规定。运输公司认为可以适用 1994 年的《关于不满 300 总吨船舶及沿海运输、沿海作业船舶海事赔偿限额的规定》，而且计算时仅仅计算"S 轮"本身吨位的赔偿责任。不包括驳船吨位，照此计算，责任限额在 110 万人民币左右。原告某保险支公司认为不应适用任何责任限制。而且《关于不满 300 总吨船舶及沿海运输、沿海作业船舶海事赔偿限额的规定》仅仅适用沿海运输，不适用内河运输。

四、经验教训

1. 提起行政复议或行政诉讼的必要

在出现港监对己方不利的结论时，应及时提起行政复议或行政诉讼。本案一审中之所以开始十分被动，主要原因在于船公司和运输公司方面一开始都没有对不利的港监事故报告提出任何异议，包括提起行政复议或行政诉讼，以推翻港监作出的所谓船方单方责任的责任认定，导致在一审当中法院根据港监报告得出的结论认定承运人承担货损的全部责任，因为是船方的单方责任造成的事故。

如果船公司或运输公司在收到港监的事故报告后立刻提出异议，例如提出行政复议申请或提起行政诉讼，则在一审时就不会如此被动。本案结果可能会大不一样。虽然在一审后船方曾找过港监部门进行交涉，但是也是于事无补，港监的事故报告认定的结论没有改变。

2. 追偿问题

(1)追偿权。在原告第一次起诉的时候，运输公司应及时在一审的法院单独提起对船公司的诉讼。因为很明显本案中如果是承运人不能免责的原因造成的货损,也应由本次事故直接的责任人船公司和该船公司的上海分公司承担最终赔偿责任。因为船公司和船公司分公司既不是案外人也不是后来法院追加的第三人,而是案件的第一被告和第二被告。因此运输公司完全可以在一审原告保险公司起诉时,以一审第一被告和第二被告为被告,提起追偿之诉。即使因为法院认为没有实际损失而中止诉讼,也可以在一审败诉后,提起追偿之诉恢复审理,从而可以避免追偿时效丧失的风险。

另外"S轮"属于船公司所有,在船上工作的船长、船员也均由船公司委派,因此很明显"S轮"在航行方面的控制权全部在船公司手里,运输公司是不能控制船舶的营运和驾驶船舶的。因此从有关事实来看,即使货损是人为因素造成的,也应和运输公司没有任何关系,运输公司方面完全有理由在一审被诉后向船公司及其上海分公司提起诉讼,要求其承担因其船只沉没后造成货损而使运输公司被保险公司索赔的损失。

(2)追偿时效。《民法通则》规定的诉讼时效是"向人民法院请求保护民事权利的诉讼时效期间为2年,法律另有规定的除外。……诉讼时效期间从知道或者应当知道权利被侵害时起计算。"由于我国法律中没有对内河运输当中承运人承担赔偿责任后,向实际负有责任的实际承运人进行追偿的诉讼时效有明确规定,因此适用《民法通则》中2年诉讼时效的规定,从承运人知道或应当知道权利被侵害时起计算。

对于如何认定权利人知道或应当知道权利被侵害,应当从权利人能够实际行使请求权为标准界定,本案中承运人运输公司从一审中被原告某保险支公司起诉并且被法院判决承担赔偿责任,应视为知道或者应当知道权利被侵害了,因此通常可以理解作为追偿诉讼时效的起算点。此时运输公司就完全有可能因为船公司的沉船事故导致的货物损失按照法律规定赔偿给保险公司,从而其权利受到了侵害。所以此时运输公司就可以向船公司单独提起追偿之诉。

在二审开庭时,某运输公司在上诉状里明确提出了因为船公司的问题导致了运输公司有可能承担赔偿责任,同时要求二审法院在审理当中,在责任原因能够查明的情况下,直接判决责任人船公司或船公司上海分公司承担责任。这个时间在2002年11月27日前,按照《民法通则》中当事人一方提出要求,提出主张可以中断诉讼时效的规定,运输公司已经中断了向船公司追偿的诉讼时效。而且当时运输公司也单独向船公司正式提出了索赔,应该中断了时效。因此至少从2002年11月28日,诉讼时效应重新起算。

总结各方面对于追偿时效何时开始起算的意见,就一方当事人因第三方的原因被索赔后,什么时候可以采取向第三方的追偿行动,目前有三种观点:第一种是在一方被原告起诉后即可向有赔偿责任的第三人进行追偿;第二种观点是要在一审判决下来后才能采取追偿行动;第三种观点是在终审判决下来并且已经被执行完毕后才能向第三方采取追偿措施(其实这样的看法已经和当时立法者的立法意图相违背了,因为时效的立法本意就是不能将争议纠纷无限期地拖延下去不能处理)。鉴于目前的各种意见分歧,以后为了保险起见,在具体操作时最好按照第一种办法进行处理。

当然前面的追偿时效和追偿权利问题因为本案最终和解解决了,因此没有一个明确的结论。但是不管怎样,本案争议的处理过程和最终解决都给我们带来了深刻经验和教训,值得大家在今后的案件处理中深思。

案例二　国际货物多式联运合同滞箱费纠纷

要点提示：在多式联运业务中，因货物受阻而滞留途中，实际承运人向契约承运人索要集装箱超期使用费，并要求其返还集装箱，法院审理认为，集装箱超期使用费的诉讼时效为两年，契约承运人须承担返还集装箱的责任；托运人承担支付集装箱超期使用费的责任，契约承运人对此承担连带责任。最终，契约承运人与实际承运人、托运人达成一揽子和解协议。

一、基本案情

2001年2月19日，某机电设备总公司（简称机电公司）与某运输公司签订《多式联运合同》，委托运输公司负责承办全套2×3000kW火力发电站设备从黄埔经曼谷至缅甸大其力市的全程运输工作。运输合同于2001年3月20日向其签发了某国际联运公司的多式联运提单。提单规定合同争议适用中国法律，管辖机构为机电公司所在地人民法院。

2001年3月7日，运输公司与某国际货运有限公司（简称货运公司）签订《海运出口货物运输合同》，双方约定由运输公司委托货运公司办理其出口电力设备的出口订舱、运输业务，负责将货物从黄埔运至曼谷。货运公司应按运输公司规定的时间并按要求的数量向运输公司提供足够的空集装箱，以便装箱，并应在货物出运后两个工作日内，按运输公司的要求向运输公司提供海运提单。货运公司于3月22日向运输公司提供了由某公司签发的某集装箱运输有限公司（简称集装箱公司）的海运记名提单，收货人为泰国巴帕玛公司（简称巴帕玛公司）。《海运出口货物运输合同》约定争议适用中国法律，管辖机构为中国海事仲裁委员会。

2001年3月8日，运输公司与巴帕玛公司签订《国际联运合同》，委托其将上述货物从曼谷港的CY堆场运至缅甸的大其力市火力发电站工地。合同争议适用中国法律，管辖机构为中国海事仲裁委员会。

2001年4月2日，货物运抵曼谷港，巴帕玛公司接货并安排货物在泰国境内的进出口报关及转运至缅甸大其力的运输工作。4月20日，本案所涉44个集装箱及其货物在运往缅甸大其力途中的泰国湄赛并准备报关时，湄赛地区数以千计的群众进行示威游行，以在缅甸大其力建设火力发电站将会对湄赛地区造成环境污染为由，阻挠货物出关。4月21日，示威群众企图迫使海关和当地政府当着民众的面开箱，以证实究竟是发电机还是制造毒品的机器，若不愿开箱，示威群众扬言要将这44个集装箱放火烧毁。鉴于示威群众的偏激，为了保证货物的安全，减少可能造成的更大损失，巴帕玛公司于21日下午4点，在政府和有关人员和军方的配合下将全部44辆集装箱拖车拖离现场，运回曼谷免税仓库存放。

事件发生后，运输公司及时通知了机电公司，双方一起请求中国政府通过外交途径帮助解决。经过多方努力，泰国政府同意减免45%已发生的未付仓储费，并同意在适当的时候将货物转移至泰国政府指定地点免费存放。

由于货物原因导致运输合同不可能得到履行，运输公司以不可抗力因素为由于2001年6月25日书面通知机电公司，提出解除合同。机电公司于同年7月30日发来电报，答复同意解除合同，但保留向运输公司的索赔权。

2001年4月23日，货运公司向运输公司出具运输结算单，运输公司因此向货运公司支付了全部运费，并得到货运公司出具的4份国际货物运输代理业专用发票，发票载明所收款项为“海运费”。

集装箱公司由于一直未能收回集装箱，于是多次要求运输公司和机电公司承担集装箱返还和支付超期使用费的义务，但遭到拒绝。2002年9月23日，集装箱公司向广州海事法院提起诉讼，要求运输公司和机电公司共同返还44个集装箱和承担集装箱超期使用费70多万美元。

二、处理结果

关于滞箱费和返还集装箱纠纷，广州海事法院于2003年9月22日作出一审判决：(1)运输公司返还集装箱公司44个集装箱；(2)机电公司支付原告集装箱超期使用费747 184美元，运输公司承担595 136美元的连带责任。

运输公司与集装箱公司、机电公司三方达成一揽子解决方案：运输公司向集装箱公司支付180万人民币；集装箱公司放弃对运输公司和机电公司的索赔权利；机电公司放弃对运输公司的索赔权利。

三、法律分析

运输公司涉及到两个争议：与集装箱公司的滞箱费及集装箱返还纠纷；与机电公司的多式联运合同纠纷。

1. 滞箱费和集装箱返还纠纷

本纠纷涉及标的74万多美元，主要有以下争议点：

1)运输公司与集装箱公司之间的法律关系

法院认为双方之间存在海上货物运输合同关系，理由是：

(1)原告提单上“SHIPPER”记载的是运输公司；

(2)运输公司与货运公司签订的《海运出口货物运输合同》虽然合同名称是货物运输合同，但从合同中载明的“甲、乙双方经友好协商，就甲方(运输公司)委托乙方(货运公司)代理其出口货物的运输事宜达成如下合同”以及“以便乙方尽早订舱”等字样，可以确认其真实意思表示是货运公司作为被告运输公司的货运代理安排货物运输事宜；

(3)货运公司出具的收费发票虽然载明是海运费，但结合《海运出口货物运输合同》的上述内容可知货运公司是代收运费而不是实际收取运费。

另一种观点则认为，集装箱公司既不是承运人，也不是实际承运人，与运输公司不存在海上货物运输合同关系，理由如下：

(1)从运输公司与货运公司签订的《海运出口货物运输合同》的实质内容考察：

①货运公司收取了海运运费；

②货运公司负责将货物经海路“运至目的港”(合同第1条第2款)；

③合同当事双方签字和盖章。

上述特征完全符合《海商法》第四十一条关于海上货物运输合同定义的规定：“海上货物运输合同，是指承运人收取运费，负责将托运人托运的货物经海路由一港运至另一港的合同”，同时也符合《合同法》第三十二条关于合同成立的要件：“当事人双方采用书面合同书形式订立合同的，自双方当事人签字或盖章时合同成立”。

(2)货运公司以承运人的代理人身份签发的集装箱公司的提单，是作为运输公司与货运公司运输合同不可分割的一部分(合同第10条)，同时具有货物收据的功能。

(3)对于运输合同当事方的识别，尤其对承运人的识别，提单上的记载只可以为识别承运人提供线索，不是确定何者为承运人的唯一标准。承运人的确定应当以提单签发以前订立的运输合同为准。本案中，提单系2001年3月22日签发，但《海运出口货物运输合同》于2001年3月7日即已成立。签字的当事方：一方为运输公司，其作为货物运输的委托方—托运人（提单也是如此记载）；另一方是货运公司，承诺将甲方（运输公司）的货物运至约定的目的港，并收取运费，显然这是承运人的身份，而不是运输公司的货运代理人。

（4）集装箱公司也不能以运输船舶为其所属为由主张实际承运人的资格。《海商法》第四十二条第二款规定，实际承运人是指接受承运人委托或转委托从事货物运输或部分运输的人。本案中，提单签发人与货运公司的关系不明，是否存在委托关系不清，所以集装箱公司作为实际承运人缺少承运人—货运公司的委托或转委托要件。

2）货物已交付的情况下，记名提单项下的托运人是否应当承担集装箱返还和集装箱超期使用费用的责任

法院认为，托运人应当承担责任，理由是依据原告的提单条款规定：

第1条第2款载明：货方包括发货人、收货人、受货人、货主、该提单的合法持有人或受背书入，或与货物或该提单具有现时或未来利益关系的任何人，或被授权代表前述任何一方行事的任何人；

第12条第1款载明：所有货方均应就其根据本提单所应承担的全部责任之认真履行而对承运人负连带责任。

另一种观点则认为，托运人不应对此负责，理由是：

（1）提单作为格式合同，其条款不得违反法律，《海商法》第四十四条及《合同法》第四十条及第五十二条、第五十三条对格式条款均有强制性规定，提单条款违反这些规定是无效的。

（2）《海商法》对托运人、收货人及提单持有人的定义（第四十二条）、权利、义务（第七十八条）和责任（第三节）均有专门条款作出规定，既不存在相互包容的关系，更不存在相互间的连带责任。本案所涉提单上述条款用“货方”的概念包容所有的与货物相关的利益方，并且相互间承担连带责任。这种规定违反了上述法律规定，加重了托运人的责任，应属无效条款。

（3）货物交付后，通常情况下，托运人履行运输合同的义务即已终结。返还集装箱和支付滞箱费的义务主体应是收货人。理由是：

①《海商法》第八十六条规定：“在卸货港无人提货或者收货人迟延、拒绝提货的，船长可以将货物卸在仓库或其他适当场所，由此产生的费用和风险由收货人承担”。

②《中华人民共和国海上国际集装箱运输管理规定》第十九条第二款规定：“收货人超过规定期限不提货或不按期归还集装箱的，应当按照有关规定或者合同约定支付货物、集装箱堆存费及支付集装箱超期使用费。”

上述规定可以引申出这样的结论：除非法律另有规定或合同另有约定，卸货港产生的费用和风险，包括滞箱费和不按期返还集装箱的风险，应由收货人承担，托运人无义务与之承担连带责任。

3）归还集装箱请求权的诉讼时效是一年还是两年

本案基于两个诉讼请求涉及两种不同的诉讼时效。第一，滞箱费的诉讼时效；第二，返还集装箱的诉讼时效。

关于滞箱费即集装箱超期使用费的诉讼时效，各方无异议，均同意时效为一年。

但就请求返还集装箱的诉讼时效问题,各方存在争议。法院认为,该时效为两年,理由是该请求权不属于“承运人就海上货物运输向托运人、收货人或提单持有人要求赔偿的请求权”,而是物上请求权,应适用《民法通则》第一百三十五条规定的两年时效。

另一种观点则认为,返还集装箱请求权的诉讼时效为一年。理由是:

(1)基于承运人提供的集装箱,视为货舱的延伸,收货人继续占有使用集装箱不能消灭原来的运输关系,也不足以与承运人形成新的法律关系。根据《海商法》第七十八条规定,收货人同承运人的权利、义务关系依据提单规定来确定。本案提单第9条规定了集装箱返还义务和责任,当收货人未按期归还、超期使用集装箱时,构成对运输合同的违反。

(2)双方并未就继续使用集装箱有关事项进行重新约定,达成一个新的协议而形成一个新的法律关系。

(3)司法实践:2003年7月31日,最高人民法院对“中国外运山东公司诉某公司海上集装箱货物运输滞箱费案”作出终审民事判决。该判决认为:“集装箱由承运人提供,此时的集装箱就是船舶属具,视为货舱的延伸,构成船舶的组成部分,其功能相当于我国《海商法》第四十七条中的‘其他载货处所’。但与船舶货舱不同的是,这种载货处所可以与船舶分离。在承运人与托运人、提单持有人之间发生的与集装箱有关的一切纠纷,均属于海上货物运输合同法律关系,受《海商法》调整”,并最终根据《海商法》第二百五十七条第一款和最高人民法院《关于承运人就海上货物运输向托运人、收货人或提单持有人要求赔偿的请求权时效期间的批复》对海上货物运输合同纠纷诉讼时效期间的规定均为一年。

2. 多式联运合同纠纷

本纠纷涉及标的300多万美元,包括货价、回运费、仓储费、滞箱费等。运输公司与机电公司没有对簿公堂,双方花了两年多的时间进行了一次又一次的谈判。双方的主要争议是:

(1)货物不能运抵目的地是否因不可抗力因素所导致?

按照我国法理解释和司法实践,不可抗力必须符合三个条件,即不可遇见、不可避免、不可克服。一般来说,当事人对不可遇见、不可避免这两种情况的争议相对比较少,毕竟当事人在订立合同时一般都会对合同履行的外部风险有一个预估,谁也不会轻易忽视显而易见的外部风险。容易出现分歧的就是对不可克服构成的理解。如何才算是不可克服呢?

一种观点认为,合同一方在没有过错或过失时因外部因素导致无法履行合同,或者履行合同将会超过合同一方在订立合同时可以预见的合理的经营成本即构成不可克服。另一种观点则认为,不可克服的构成与合同履行方的经营成本无关,不可抗力作为法定的免责事由,应当对其作出绝对的严格限制,只有合同履行方通过其他途径包括作出超过经营成本的行为仍不能实现合同目的的,方能构成不可克服。

本案中,货物滞留泰国的原因系由货物自身原因造成的,但是,机电公司坚持认为运输线路是运输公司选择的,如果选择其他线路将不会使合同受阻,运输公司应当为签发全程的多式联运提单而承担交付货物并因货物滞留而产生的全部责任。

(2)运输公司与机电公司的多式联运合同是否终止?

运输公司在货物受阻事件发生后,以不可抗力为由向机电公司提出解除合同。机电公司给运输公司发来电报,同意解除合同,事后又反悔,要求运输公司继续履行多式联运合同。

我国合同法规定,当不可抗力事件发生后,合同一方可以提出解除合同,自通知抵达另一方时合同终止。本案中,如果当地群众示威游行阻止货物过境事件属于不可抗力,合同将自运输公司通知机电公司解除合同之日起终止。

此外,合同法第九十三条规定,当事人协商一致,可以解除合同。本案中,如果货物受阻不构成不可抗力事件,那么机电公司发出的电报属于"当事人协商一致"的结果,合同自然终止,理由是:①机电公司发出电报是对运输公司解除合同通知的回复;②电报内容是机电公司的真实意思表示;③电报内容中机电公司"保留索赔权利"与"同意解除合同"并不矛盾,"同意解除合同"是电报的中心内容。

四、经验教训

企业在经营活动中难免遇到风险,国际运输业务因环节多、当事方多、单证多等因素,风险更易发生。高明的企业会尽量做到将风险扼杀在萌芽状态,规范的业务流程、专业的从业人员是防范经营风险的基本保证。

通过对本案的分析,我们可以得出一些教训,也能总结一些经验:

1. 选择好的合作伙伴

选择一个好的合作伙伴,是求得业务成功和企业发展的根本所在。反之,则是企业的失败隐患。本案中,如果泰国巴帕玛公司是一个好的合作伙伴。他应当能够提前预见到货物在泰国湄赛遇到的风险,也应当在货物遭受到风险后,能够认清自己的责任,积极与各方商讨解决方案,而不是一味地推卸自己的责任,并任凭货主的损失不断扩大。选择合作伙伴应当把握以下四个原则:

一是可信,就是说,合作伙伴应当是一个让人"信得过"的诚实正直的人或公司;

二是可服,就是说,合作伙伴具备较高的合作能力,具有过硬的专业素质,或拥有充足的技术条件和资金实力,让人认可、佩服。

三是可用,就是说,您选择的合作伙伴能够与您配合默契,成为再好不过的搭档。也就是说,要选择非用不可的人。

四是签订好合作协议,以便界定好双方之间的权利义务关系。

2. 订立一份好的合同

(1)明确合同性质,避免使用易混淆词汇。比如本案中涉及的运输公司与货运公司签订的《海运出口货物运输合同》,虽然合同名称是货物运输合同,却在合同中使用"代理运输"等字样。使得负责运输的合同方的法律地位不清晰,导致承担运输责任的合同方以代理的身份规避责任。在无船承运业务已很普遍的今天,我们在租船订舱时,一定要格外小心中、外文词汇的运用。

(2)明确合同各方的权利义务。比如本案涉及的运输公司与机电公司签订的《多式联运合同》,如果运输公司在合同中增加"如果货物自身原因导致合同受阻,本合同自动终止"和"该运输路线由机电公司确认,在该运输路线中发生的非运输公司过错或过失导致的任何合同受阻事件并由此而产生的任何风险、责任和费用,由机电公司自行承担"。

在订立合同时,我们应当避免隐患条款,力求内容具体,责权明确。

3. 直面纠纷,避免损失扩大

本案发生后,运输公司根据事态发展,在充分准备的基础上积极与机电公司、巴帕玛公司进行多次谈判,在集装箱公司提起诉讼后,一方面积极应诉。另一方面与机电公司积极磋商,最终达成一揽子解决方案，避免了损失的扩大，解决了全部争议。

国际海运纠纷往往耗时很长，在提交诉讼或仲裁之前，有的企业可能会漠然对待，不注意搜集证据，如此一段时间后，一旦对方采取法律措施，则显得手忙脚乱。

思考题

1. 多式联运出口业务中，常用的单证有哪些？
2. 多式联运进口业务中，常用的单证有哪些？
3. HOUSE—B/L 和 SEA—B/L 的主要区别有哪些？
4. 多式联运经营人在运输中所承担的责任是什么？
5. OCP 运输的主要特点是什么？
6. 美国大陆桥运输包括哪些运作方式？

第四章　集装箱提单与多式联运提单

第一节　集装箱提单正面条款

目前,国际航运界比较有影响的集装箱提单有英国"OCL"(英美体系);北欧五家联营公司的"SCAN DUCH"(大陆体系);日本大阪三井、川崎等联营公司的"K LINE"等,这些提单正面记载事项内容的格式在国际上是统一的,其目的是便于计算机打字,通常记载的内容有:

(1)运输联运经营人的姓名、地址;

(2)发货人的姓名、地址;

(3)提单的签发日期、地点;

(4)接受、交付货物的地点;

(5)识别货物的标志;

(6)有关货物的详细情况(件数、重量、尺码等);

(7)货物外表状况;

(8)提单的签发份数等。

集装箱提单一般都应注明上述各项内容,如缺少其中一项或两项,只要所缺少内容不影响货物的安全运输和各当事人之间的利益仍然有效。

集装箱提单除正面内容外,通常还订有正面条款,这是集装箱货物运输的特点所要求的。正面条款由"确认条款"、"承诺条款"、"签署条款"组成,其内容是:

确认条款:表明承运人是在箱子外表状况良好下,铅封号码完整下接货、交货,同时说明该提单是一张收货待运提单。

承诺条款:表明正式签发的正本提单是运输合同成立的证明,对双方都有约束力。

签署条款:指签发正本提单的份数,凭其中一份正本交货后,其余作废。

第二节　集装箱提单的作用

集装箱提单是集装箱货物运输下主要的货运单证,由负责集装箱运输的经营人或其代理人,在收到货物后签发给货物托运人的货物凭证,其作用和法律效力:

(1)集装箱提单业经签发,则表明负责集装箱运输的人已收到外表良好,铅封号码完整的集装箱货物,其责任已开始;

(2)集装箱货物运至目的港地,提单持有人将提单交还给目的港地集装箱运输经营人的代理人,以取得提货的权利,因此,集装箱提单是交货的凭证;

(3)集装箱提单业经签发,负责集装箱运输的经营人凭其收取运费,完成或组织完成集装

箱货物的运输。所以,该提单是集装箱运输经营人与货物托运人之间的运输合同订立的证明;

(4)集装箱提单是代表货物所有权的凭证,即货物的物权凭证,可自由转让买卖。

第三节 集装箱提单主要条款

一、承运人的责任期限

集装箱运输下,负责集装箱运输的承运人接货、交货地点往往是距离港口很远的内陆货运站或货主仓库,这样,普通船提单中对承运人规定的责任期限不再适用了,因此,集装箱提单将承运人的责任期限规定为:"从收到货开始至交付货物时止",以代替普通船提单下的"钩至钩原则"。如英国 OCL 公司的集装箱提单对承运人责任期限规定为:"承运人对自接货之时起至交货时止期间所发生的货损事故应承担责任"。中国远洋运输公司联运提单采用前后条款(before after clause),也就是说,承运人对收货前,交货后的货物损害不负责任。

开展集装箱运输最终之目的,是通过多种运输方式实行门到门运输,但目前实行门到门运输的集装箱货物由于诸多原因其比例不大。因为,作为集装箱的经营人在实行门到门运输时,不仅有进口国、出口国有关法令是否允许的问题。而且,实行门到门运输承运人负责内陆运输还必须做到:

(1)进口国或出口国有关法令是否允许海上承运人充当内陆或内河承运人;

(2)海上承运人必须对全程运输负责,也就是说,海上承运人与内陆或内河承运人订立分运合同,内陆或内河承运人作为海上承运人委托的实际承运人。

在实际上,集装箱运输下承运人的责任期限完全是根据集装箱货物的交接方式或运输条款来决定的,而什么样的交接方式或运输条款也就决定了承运人对货物负责的时间或期限。根据集装箱货物的交接地点,其交接方式有:

(1)发货人门至收货人门;

(2)发货人门至卸船港集装箱码头堆场;

(3)装船港集装箱码头堆场至收货人门;

(4)装船港集装箱码头堆场至卸船港集装箱码头堆场。

整箱货接收、拼箱货交付:

(1)发货人门至进口国集装箱货运站;

(2)装船港集装箱码头堆场至进口国集装箱货运站。

拼箱货接收、整箱货交付:

(1)出口国集装箱货运站至卸船港集装箱码头堆场;

(2)出口国集装箱货运站至收货人门。

根据上述集装箱货物的交接方式,承运人或其代理人签发集装箱提单地点:

1. 发货人门(工厂或仓库)

在发货人门签发的集装箱提单则表明货物系由发货人自行装箱,集装箱运输经营人或其代理人在接收货物后,签署场站收据(相当于普通货运输下的大副收据),并负责安排内陆运输,发货人凭场站收据换取提单。

2. 集装箱码头堆场

所谓集装箱码头堆场签发的提单,则表明发货人在装箱后,自己负责安排内陆运输,发货人和集装箱运输经营人接受货物的地点以码头堆场为界,严格来说,以堆场大门为界。集装箱运输的经营人或其代理人在收到货物后,签署场站收据,发货人凭其换取提单。

3. 集装箱货运站

在货物不足以装满一整箱。而贸易合同又规定货物要用集装箱来运输时,发货人则将货物运至集装箱货运站,由货运站负责装箱。拼箱货的交接与普通货运输下的无多大区别,则是普通货运输下的货物交接以大副收据为凭证,而拼箱货以场站收据。

上述情况下签发的提单均属待装船提单。

二、舱面货选择权条款

现行的海上运输法规定,如承运人将货物装载甲板运输,此种运输仅限于该种货物根据航海习惯可装载甲板运输,或事先征得货主同意,并在提单上记载"装载甲板运输"字样。反之,如承运人擅自将货物装载甲板运输而导致货物损害,则构成根本违反运输合同的行为,随之运输合同中给予承运人的一切抗辩理由、免责事项等均无效,由此而产生的一切损失承运人必须负责赔偿。

但由于集装箱船舶构造的特殊性和经济性,要求有相当数量的集装箱装载甲板运输,通常,一艘集装箱船在满载时有30%左右的货箱装载甲板运输。然而,在实际业务中要决定将那些货箱装载甲板不可能的,因此,集装箱提单中规定了一条舱面货(甲板货)条款,规定装载舱面运输的集装箱与舱内集装箱享有同样权益,集装箱提单就有这样的规定:"本公司有权将集装箱货物装载甲板下运输,或甲板上运输,如货物装载甲板上,对包括共同海损在内的一切利益来说应认为是甲板上"。又如中国远洋运输公司联运提单条款第十七条第(1)款规定:"集装箱(平板、托盘或其他装运工具除外)中所装的货物,不论是由承运人,或由货方装载,都可做舱面装运或舱内装运,而无需通知货方。此种货物(牲畜和植物除外),不论装载舱面或舱内,就本提单所载包括共同海损在内的所有情况,都视做舱面积载"。

三、承运人的赔偿责任限制

所谓承运人的赔偿责任限制是指:"承运人对每一件或每一货损单位负责赔偿的最高限额",各国的法律和船公司的提单对承运人的赔偿责任限制都有明确规定,有的按照《海牙规则》,有的按照国内法。

在集装箱运输下,如货物由承运人或其代理人负责装箱,即拼箱货运输,承运人的责任与普通货提单规定的责任一样,按件或单位数负责赔偿,或每公斤毛重。但在整箱货运输下,承运人收到的仅仅是外表良好,铅封完整的集装箱,至于内装什么货,多少件、包装如何等,承运人只能从有关单证上知悉。为此,《维斯比规则》对《海牙规则》修改时,对集装箱、托盘,或类似的运输工具在集装时作了这样的规定:"如在提单中已载明这种工具内的货物件数或单位数,则按所载明的件数或单位数赔偿,如集装箱、托盘,或类似的运输工具为货主所有,赔偿时也作为一件"。将货主所有的集装箱、托盘,或类似的装运工具也作为赔偿,这是因为集装箱提单对货物下的定义是:"货物是指从货物托运人处接受的货物,包括不是由承运人或代表承运人提供的任何集装箱,集装箱包括任何种类的集装箱、拖车、平板、集装油罐、托盘或类似的装运工具。"

现行的海上运输法规对承运人规定的最高赔偿责任限额每一件或每一货损单位:《海牙规则》100 英镑,《维斯比规则》10 000 金法郎,或每公斤毛重 30 金法郎,《汉堡规则》835 个 SDR,或每公斤毛重 2. 5SDR,并按其中高者计算。中国远洋运输(集团)总公司联运提单条款规定:

(1)当承运人应对货物的灭失或损害负责赔偿时,此种赔偿应根据该货物的发票价值加上运费、保险费(如已支付)计算。

(2)如无货物发票价值,此项赔偿则应根据该项货物交付地点和交付货方当时的价值,或应已如此交付时的价值计算。货物价值应根据商品交易价值计算,而在无此项价格时,则按现时市场价格计算,如无商品交易价格或现时市场价格,则应根据相同品种及质量货物的正常价值计算。

(3)赔偿金额不得超过灭失或损害时货物的每公斤毛重 2 个 SDR。

(4)只有在承运人的同意之下,托运人所宣布的超过本提单规定限制的货物价值已在提单上记明时,才能要求赔偿较高的金额,在此情况下,宣布的价值便作为赔偿限额。任何部分灭失或损害,都应在此宣布价值的基础上按比例调整。

(5)如经证明,货物的灭失或损害是发生在海上或者内陆水路,承运人的责任限额定为每件或每一计费单位 666. 67 SDR。

四、制约托运人的责任条款

1. 发货人装箱、计数或不知条款

《海牙规则》规定如承运人、船长,或其代理人有适当依据怀疑货物的任何标志、号码,数量、重量不能确切代表其实际收到的货物,或无适当的方法进行检验,便没有必要在提单上将其注明或标明。根据《海牙规则》的这一规定,承运人可以在提单上拒绝载明箱内货物的详情。但是,如果提单上缺少这些记载,势必会影响提单的流通性,因此,在实际业务中又不得不根据货主的通知内容予以记载。但另一方面,如果承运人默认了货主提供的集装箱内的件数,则会在能否享受最高赔偿限额等责任限制方面带来不利。因而,承运人应根据货主提供的内容如实记载于提单同时,又保留"发货人装箱、计数"或"不知条款"。以最大限度达到免除责任的目的。如日本邮船公司集装箱提单规定:"如货物件数是由发货人或其代理人装箱并加封,该种集装箱又为本公司接受运输的,则本提单正面所列的内容(有关货物的重量、尺码,件数、标志、数量等),本公司均不知悉"。在提单中订有不知条款,从表面上看能保护承运人的利益,但其保护范围也有一定的限度,如货主能举证说明承运人明知货物详细情况,且又订上不知条款,承运人仍不能免责。特别是集装箱运输下的整箱货,承运人收到的仅是外表状况良好,铅封完整的集装箱,对里面所装的货物一无所知,所以,有必要加注这样的条款。

2. 铅封完整交货条款

集装箱提单中这一条款的规定仅适用于整箱货交接,也就是说,承运人在铅封完整下接货、交货,业已认为承运人完成货物运输,并解除所有责任。因此,从某种程度上说,集装箱运输下的整箱货交接是以铅封完整与否来确定承运人责任的。如货物受损人欲提出赔偿要求,不仅需举证说明,还应根据集装箱提单中承运人的责任形式来确定。

3. 货物检查权条款

所谓货物检查权条款是指:承运人有权,但没有义务在任何时候将集装箱开箱检验,如对其所装载的货物经过查核,发现所装载的货物全部或一部分不能适合运输,承运人有权对该部分货物放弃运输,或是在由托运人支付合理的附加费后完成这部分的货物运输,或存放在岸上或水上具有遮蔽的或露天的场所,这种存放业已认为提单交货,即承运人的责任已告终止。

集装箱提单上订有货物检查权条款,是为了承运人对箱内货物的实际状况怀疑,或积载不正常时启封检查。承运人在行使这一权利时,无需得到托运人的预先同意,当然一般来说,对由货主自己装载的集装箱启封检查时,原则上应征得货主同意,其费用由货主负担。

4. 海关启封检查条款

根据《国际集装箱海关公约》的规定,海关有权检查集装箱,因此,集装箱提单中都规定:"如果集装箱的启封是由海关当局认为检查箱内货物内容打开而重新封印,由此而造成、引起任何货物灭失,损害,以及其他后果,本公司概不负责"。在实际业务中,尽管提单条款作了这样的规定,承运人对这种情况还应做好记录,并保留证据,以使其免除责任。

5. 发货人对货物内容准确性负责条款

集装箱提单中所记载的内容,通常由发货人填写,或由负责集装箱运输的承运人或其代表根据发货人所提供的有关托运文件制成。在集装箱运输经营人接受货物时,发货人应视为他已向承运人保证,他在集装箱提单中所提供的货物种类、标志、件数、重量、数量等概为准确无误,或系危险货物,还应说明其危险特性。

如货物的损害系由于发货人提供的内容不准确或不当所致。发货人应对承运人负责,即使发货人已将提单转让于他人也不例外。集装箱货物在由货主自行负责装箱时,货主对承运人造成的损害负责赔偿内容有:

(1)由于货主自己装载不当;

(2)集装箱内的货物不适合装载集装箱运输;

(3)集装箱内货物包装不牢,标志不清;

(4)集装箱之前未对箱子作合理检验;

(5)运输途中承运人非能控制的原因;

(6)应保证货物内容的准确、完整;

(7)对第三者生命,财产负责;

(8)负责对由于自己搬运,运输造成的损害等。

五、危险货物运输

运输集装箱危险品时,对货物托运人来说,必须在货物外表刷上清晰地,永久性的货物标志,并能提供任何适用的法律、规章,以及承运人所要求的文件或证明。集装箱提单条款规定:

(1)承运人在接受具有爆炸性、易燃性、放射性、腐蚀性,有害性、有毒性等危险货物时,只有在接受由货主为运输此种货物而提出的书面申请时方能进行。

(2)承运人或其代理人对于事先不知其性质而装载的具有易燃、爆炸,以及其他危险性的货物,可在卸货前任何时候,任何地点将其卸上岸,或将其销毁,或消除其危害性而不予赔偿。该货物的所有人对于该项货物所引起的直接或间接的一切损害和费用负责。

(3)如承运人了解货物的性质,并同意装船,但在运输过程中对船舶和其他货物造成危害可能时,也同样可在任何地点将货物卸上岸,或将其销毁,消除危害性而不负任何责任。

因此,在托运危险品货物时,托运人应保证:

(1)提供危险品货物详细情况;

(2)提供运输注意事项,预防措施;

(3)满足危险品货物有关运输、保管、装卸等要求;

(4)货物的包装外表应注有清晰、永久性标志;

(5)在整箱货运输时,箱子外表(四面)应贴有危险品标志。

六、承运人的运价本

由于集装箱运输的特点,特别是涉及有关集装箱运输术语,具体交接办法,计费方法、货物禁运规定,以及交货方式等问题,均无法一一在提单上列举说明,这时则需要运价本补充予以详述。在国际货运业务中,各船公司一般均将运价本的主要条款装订成册,必要时对外提供,以弥补提单条款规定之不足。集装箱提单中有关承运人的运价本是提单的组成部分,运价本与提单发生矛盾时,以提单为准。如中国远洋集装箱运输公司联运提单条款第四条规定:"在装运时使用的承运人运价本的条款与条件,已载入本提单。因与此种运价本之间发生矛盾时,应以本提单规定为准"。

七、索赔与诉讼

现行的海上货运公约规定,根据运输合同或提单有权提取货物的人,在收货时发现货物业已发生灭失或损害,或损害不明显,最迟不超过从收货之日起 15 天内以书面通知承运人或其代理人,这种交接应作为承运人已按照提单规定交付货物的初步证据。如货物的状况在货物交接时已经双方联合检验或检查,则无需书面通知,除非从货物交付之日或应交付之日起 2 年内提出诉讼。

现行的集装箱提单对于拼箱货损事故处理,即索赔要求和诉讼时效基本上与普通船提单的规定相同。但在整箱货运输下,由于整箱货在卸船港交付后一时并不拆箱,因此,只能根据表面状况交货,如箱子外表状况良好,铅封完整,承运人的责任即告终止。如货物或箱子外表状况并不良好,考虑到集装箱运输的特点,有的提单条款规定收货人应在一定时间内以书面通知承运人。对于诉讼时效,有的规定为 1 年,有的为 2 年,如属全损,有的提单仅规定为两个月,超出规定期限,承运人将解除一切责任。通常联运提单有关索赔、诉讼条款规定:

(1)如货物损坏明显,收货人在收货时当场提出;

(2)如在收货时没有当场提出,则在从提货之日起子 15 天内提出索赔;

(3)如承运人的责任期间是从装船港至卸船港,诉讼从收到货 1 年内提起,否则,承运人解除一切责任;

(4)如承运人的责任期间从装船港码头或紧邻码头至卸船港码头或紧邻码头,诉讼从收到货 2 年内提起,否则,承运人解除一切责任;

(5)在货物全部发生灭失时,自该货物发生灭失时两个月内提起诉讼;否则,承运人将解除一切责任。

八、货主自行装载集装箱责任

在由货主自行装载集装箱，以集装箱作为运输单元交承运人运输时，集装箱提单一般均订有：

(1)承运人接收的是外表状况良好，铅封完整的集装箱，有关箱内货物的详细情况概不知悉；

(2)货主应向承运人保证集装箱，以及箱内货物适应装卸、运输；

(3)当集装箱由承运人提供时，货主有检查集装箱的责任；

(4)当承运人在箱子外表状况良好，铅封完整下交付时，业已认为承运人完成交货义务；

(5)承运人有权在提单上作出类似："由货主装载并计数"，或"据称内装"等字样的保留文字。

九、首要条款

集装箱提单中的首要条款内容系指：

(1)凡提单中所涉及的海上或内陆水路运输的货物而言，提单内容受制于《海牙规则》或《海牙—维斯比规则》，即使除《海牙规则》或《海牙—维斯比规则》的其他任何法规被强制适用于本提单，事实上，将受制于《海牙规则》或《海牙—维斯比规则》内容的管辖。如提单中已有的条款在任何程度上被认为与其他任何法规内容相抵触，或其他任何法律、法令或法规强制性适用于提单所证明的合同，提单条款内容将视为无效。

(2)凡提单所涉及的航空货物而言，提单内容则受制于1929年的华沙航空货运公约，以及1955年经修改的海牙议定书。

(3)如提单被用于多式联运时，则应视为具体体现了1980年已通过的多式联运公约的内容，如提单内容与多式联运公约内容不符时，提单条款仍然有效。

十、强制性法律，管辖权、限制性法令

提单所证明的或包含的合同将受提单签发地法律、法令或法规的管辖，如当地法律另有规定时则除外。但提单并不限制或剥夺任何国家的现行法律，法令或法规对承运人所认可的任何法定保护、有关事项的免责或责任限制。

十一、提单可转让性

除非提单正面已注有"不可转让"，否则一旦接受提单，提单出让人，受让人，以及提单签发人一致同意提单可转让性，并通过背书或无须背书转让，提单持有人有权接受或转让本提单所记载的货物。

第四节　多式联运提单应用

一、多式联运单据的定义

在国际多式联运过程中，其运输合同，即多式联运合同应是由多式联运经营人与发货人订

立的，因此，有必要对运输合同作进一步说明。虽然多式联运公约第一条第2款对多式联运合同规定为，“多式联运合同是指多式联运经营人凭其收取运费，负责完成或组织完成货物运输的国际多式联运合同”。但该合同的成立必须具备下列条件：

(1)至少使用两种或两种以上运输方式完成货物运输；

(2)必须是对货物的运输，而且是国际间的货物运输；

(3)接受货物运输，因有合同而对货物进行运输和保管的责任；

(4)该合同必须是一种承揽、有偿、不要式的合同。

多式联运公约对运输合同的规定，与华沙公约、铁路货运公约，公路货运公约中对运输合同的规定有根本的区别。

根据华沙公约的规定，合同的形式表现为书面的运输单证，即空运货运单(Air Way Bill)，海牙议定书又将其称为空运单或空运路单。

而在铁路，公路货运公约中，合同的形式也是以所使用的运单(Way Bill)，发货人与承运人在运单上业经签字，即已认为双方之间缔结了运输合同。

可以这样说，多式联运公约对单据所下的定义与《汉堡规则》中对提单所下的定义是一致的，即：“提单是指用以证明海上运输合同和承运人接管或装载货物，以及承运人保证据以交付货物的单证。单证中关于货物应按记名人的指示或者不记名人的指示交付，或者交付给提单持有人的规定，便是这一保证”。可见，即使是多式联运单据，其作用也是：

(1)多式联运合同的证明；

(2)多式联运经营人收到货物的收据和凭其交货的凭证。

(3)是物权凭证，可转让买卖。

二、多式联运单据的签发

多式联运经营人凭收到货物的收据在签发多式联运单据时，可根据发货人的要求签发可转让与不可转让多式联运单据中的任何一种。

如签发可转让的多式联运单据：

(1)应列明按指示交付或向持票人交付；

(2)如列明按指示交付，须经背书后才能转让；

(3)如列明向持票人交付，无须背书即可转让；

(4)如签发一套一份以上的正本，应注明正本份数；

(5)如签发副本，每份副本应注明“不可转让副本”字样。

在实践业务中，对多式联运单据正本和副本的份数规定不一，主要视发货人要求而定。正本单据签发一份以上的目的在于保护收货人的合法权益。如在单据的转送过程中，有时会发生空难、海难、盗窃、遗失等，有几份正本单据便可通过多种方法向发货人递送。同时，为了防止一票货物多提的可能性，因而多式联运经营人只要按正本单据中一份完成。交货后，便履行了其交货责任，其余各份正本单据即失去效力，而且，凭其中一份正本提货仅在单据中指定的交货地点有效。副本在法律上是没有效力的，主要是为了业务上的需要。

多式联运单据的背书转让有两种，一种是详尽背书，另一种是空白背书。按指示交付的单据在转让时要经过背书手续，向持票人交付的单据无需背书即可转让。

如货物的托运人要求多式联运经营人签发不可转让的多式联运单据时，多式联运经营人或经他授权的人在单据的收货人一栏内，注明具体的收货人姓名，货物在运抵目的地后，多式联运经营人向该单据中记明的人交货后，便业已履行其交货责任。

如该单据中记明的收货人以书面的形式通知多式联运经营人，要求将单据中记载的货物交给他书面通知中指定的其他收货人时，而且，在事实上多式联运经营人也这样照做了，也业已认为多式联运经营人已履行其交货的责任。

三、多式联运单据的签发时间、地点

集装箱货物在国际多式联运下，多式联运经营人收到货物的时间、地点有时不在装船港，而在集装箱码头堆场，或货运站，甚至发货人的工厂、仓库。这样，从接收货物到货物实际装船有一待装期。场站收据（相当于传统班轮运输下的大副收据）要求多式联运经营人签发提单时。由于货未装上船舶，因而在这种情况下签发的提单为待装船提单（待运提单），而待装船提单在结汇上是有困难的，多式联运下签发待装船提单种类有：

(1)在发货人工厂或仓库收到货后签发的提单（从发货人工厂或仓库装船港的内陆运输由多式联运经营人负责）；

(2)在集装箱货运站收到货后签发的提单；

(3)在码头堆场收到货后签发的提单（内陆运输由货主自己负责）。

为了适应信用证规定下的集装箱运输，以及多式联运下结汇的需要。《跟单信用证统一惯例》1974 年修订本专门增列了第二十三条关于“联合运输单证”（多式联运单据）的规定。如信用证需要联合运输单证（指使用至少两种不同运输方式，自接管货物的地点运至指定交付货物地点的货运单证）或规定的联合运输，但未指定所需要单证形式或该项单证的开户人，银行当按照所提交的该项单证予以接受。同时规定，如联合运输包括海运，即使单证中未表明货物已装上指明船舶，或即使单证上订有如有集装箱运输，货物可能载于舱面的条文，但未特别表明该货物已装于舱面者，该项单证银行均予接受。

四、多式联运单据的制作

多式联运单据的制作，习惯上由多式联运经营人或其代理人签发多式联运单据交发货人，由发货人通过银行转让给收货人。因此，多式联运单据上的收货人或发货人，确系实际的收、发货人。而多式联运单据上的通知方，则是目的港或最终交货地点收货人指定的代理人。在国际多式联运下，对货主来说，关键是能找一个可靠的多式联运经营人，由其对全程运输负责。该多式联运经营人与各承运人（实际承运人）之间均订有协议（分包合同），并就有关提单的制作，货物交接，双方责任的划分，费用的支付、赔偿等均在协议中作明确规定。目前，单据习惯做法是：

(1)签发海陆联运提单，将货物从中国港口起运至目的港以外的某一交货地点，这种做法是在货物运至目的港后由船公司代理人（或货主指定的二程代理人）安排内陆运输，将货运抵目的地交货。

(2)签发货运代理人提单（FORWARD—B/L），由货运代理人安排把货物运至目的地交货。

五、多式联运单据应记载的内容

多式联运单据是多式联运经营人、实际承运人、发货人、收货人等当事人之间进行业务活动的凭证,起货物的收据和交货凭证的作用,证明货物的外表状况、数量、品质等情况。提单的内容准确、清楚、完整与否,对保证货物正常交接、安全运输有着重要意义,多式联运单据应记载的主要内容有:

(1)货物的外表状况;

(2)多式联运经营人的名称和主要营业所;

(3)发货人、收货人名称;

(4)多式联运经营人接管货物的地点和日期;

(5)交付货物的地点;

(6)经双方明确协议,交付货物的时间、期限;

(7)表示提单为可转让或不可转让的声明;

(8)多式联运单据签发时间、地点;

(9)多式联运经营人或经授权人的签字;

(10)有关运费支付的说明;

(11)有关运输方式和运输路线的说明;

(12)有关声明等。

多式联运单据一般都应注明上述各项内容,如缺少其中一项或两项是否可以呢?一般认为,只要所缺少的内容不影响货物运输,以及各当事人之间的利益,那么,多式联运单据仍然有效。

此外,除按多式联运公约条款规定的内容填制外,还可根据双方的实际需要和要求,在不违背提单签发国的法律时,可加注其他项目。如:有关特种货物的运输说明,对所收到的货物批注说明,不同运输方式下承运人之间的临时洽商批注等。

多式联运单据所记载的内容,通常由托运人填写,或由多式联运经营人或其代表,根据托运人所提供的有关托运文件制成。但在多式联运经营人接管货物时,发货人应视为他已向多式联运经营人保证,他在多式联运单据中所提供的货物品类,标志、件数、重量、数量概为准确无误,如系危险货物,还应说明其危险特性。

如货物的灭失、损害系由于发货人提供的内容不准确或不当所致,发货人应对多式联运经营人负责,即使发货人已将多式联运单据转让于他人也不例外。而且,多式联运经营人取得这种赔偿权利,也并不限制他按照多式联运合同对发货人以外的其他任何人应负的赔偿责任。当然,如货物的灭失、损害系由于多式联运经营人意图诈骗,在提单上列入有关货物的不实资料或漏列有关内容,该多式联运经营人则无权享受本公约规定的赔偿责任限制,而应按实际损害负责赔偿。

六、多式联运单据的证据效力与保留

除非多式联运经营人已在多式联运单据上作了保留,否则多式联运单据一经多式联运经营人或经他授权的人签发,便作为:

(1)多式联运经营人收到货物的初步证据;

(2)多式联运经营人对收到的货开始负有责任;

(3)多式联运单据在以可转让的方式签发时,并已转让给相信货物说明,包括收货人在内的善意的第三方时,多式联运经营人提出的相反证据无效。

因为多式联运单据是多式联运经营人已收到该提单上所记载的货物的初步证据,当然这是对发货人而言。假如该提单已由发货人转让给善意的第三方后,提单上所记载的内容不再是初步证据,而是终局性的证据。多式联运经营人不能对该提单的受让人,就提单中记载的事项提出异议。因为提单的受让人在购买提单时,并没有机会检查货物,而只相信提单上所记载的内容事实,多式联运经营人也不能对该提单的受让人提出抗辩。多式联运公约的这一规定不仅保护了提单受让人的利益,而且,只有这样,才能使提单更能成会做买卖的工具,使提单具有流通性的作用。如美国、英国的法律均规定,对于提单的受让人,提单是承运人凭其交货的终局性证据。为了能保证做到这一点,多式联运公约规定多式联运经营人或其代表在接受货物时,对于货物的实际情况与提单中所注明的有关货物的种类、主要标志、包数或件数,重量或数量等事项有怀疑,而此时又无适当方法进行核对,或检查时,多式联运经营人或其代表可在多式联运单据中提出保留、注明不符的地方、怀疑的根据等。

与此相反,如多式联运经营人或其代表在接受货物时未在多式联运单据中作出任何批注,则表明他所接受的货物外表状况良好。货物一俟运抵目的地,多式联运经营人或其代表也应在外表状况良好下交货。任何有关货物的灭失、损害均由多式联运经营人负责赔偿。否则,应举证说明货物的灭失、损害并非由于他或他的代理人的过失所致。

可见,多式联运单据的效力如何,取决于提单中所记载的事项是否准确。这是因为提单中所记载的内容是法定的。而且,提单又是要求具备一定格式的有价证券,如在这些事项方面有遗漏则提单的效力将在判例中无效,除非该种遗漏并不危害货物或影响多式联运合同的执行。

七、多式联运单据与《跟单信用证统一惯例》

集装箱货物在多式联运下,特别是整箱货由发货人或其代表自行装箱,即多式联运经营人或其代表未在场的情况下,多式联运经营人或其代表在收货时无法对已加铅封的货物进行核对、查验,从而也无法判断所接受的货物是否真正具备“外表状况良好”。针对这种情况,国际商会根据集装箱运输的特点,在跟单信用证统一惯例 1974 年修改本中增加了第十七条,明确规定除信用证另有规定外,表面附有如“发货人装载、计数”,或“内容据发货人所称”或“不知条款”等或其他类似文字的货运单证,当予接受。这一规定不仅认可了上述声明或文字的货运单证,也明确了该种单证不应视为“不清洁单证”。

在集装箱运输业务中,银行与信用证的受益人常常会在这些问题上产生争议,即在信用证上没有规定货物是否可用托盘和集装箱运输的情况下,银行对于出口方提交的托盘或集装箱提单是否接受。对于这一问题,《跟单信用证统一惯例》1974 年修改本第 29 条第 2 款作了明确规定,对由船公司或其代理人签发的成组化货运提单,银行当予接受。这一规定较好解决了银行与信用证受益人之间的争议。

此外,对于集装箱运输下,货载舱面运输这一问题不仅涉及承运人的责任问题,而且在银行结汇中也常引起纠纷。为此,在关于承运人责任方面,多式联运公约作了特别规定,而在结汇方面,《跟单信用证统一惯例》设有专门条款。

第22条b项规定:“提单上订有货物可能装于舱面运输的条文,但未特别声明货物已装于舱面者,银行当予接受”。

第23条b项规定:“如联合运输包括海运,即使提单上订有如集装箱和货物可能载于舱面的运输条文;但未特别声明该货物已装载舱面者,该项单证当予接受”。

上述两个条款所适用的对象是不同的,第22条b项是从海运方面来规定的,而第23条b项是从多式联运方面予以规定的。

国际商会在《跟单信用证统一惯例》中订立上述两个条文的目的在于:

(1)为了约束银行必须接受集装箱专用船装载舱面货运的单证,以满足集装箱运输的需要;

(2)为了维护银行的利益,避免因接受“载于舱面”批注的单证,从而防止承运人援用《海牙规则》的规定,借口舱面货不属“货物”一词而不承担货损的责任。

八、多式联运单据与联运提单

前面已述,多式联运与联运是两个不同的概念,前者系指两种或两种以上运输方式间的联合运输,而后者系指同一种运输工具间的联运。

但在目前的实际运输业务中,多式联运似乎与1969年3月20日至4月4日在东京召开的国际海事委员会第28次大会上,其通过的第9次多式联运公约草案(《东京规则》)中的有关规定大有类同之处。《东京规则》对多式联运的方式组成有严格限制,规定:“如在两国之间至少以两种运输工具进行运输时,其中至少一种是海上或内地水路运输”。这种规定下的多式联运虽然也使用两种不同的运输工具,但其中有一种必须是船,而且,船又通常为第一程运输,显然,这样的规定把不包括海上或水上运输的多式联运方式排除在多式联运之外,不能满足任何两种运输方式间的多式联运。

多式联运公约对多式联运下所使用的运输方式不加以限制,可以是两种以上任何运输工具,这与东京规则有着根本的区别。此外,无论从责任形式、提单的签发看,多式联运单据与联运提单不同点有:

1. 责任形式

联运提单对承运人规定的责任形式为“单一责任制”或“网状责任制”,前者系指各承运人对自己运输区段内的货物灭失,损害负责,对货物从他的运输工具卸离后所造成的货损概不负责,这种规定在实践业务中极易产生纠纷。如发货人与第二承运人发生有关货损的争议,则产生了该承运人与发货人是否合同当事人的问题,因而在当前集装箱联运提单中已很少使用该种责任形式,后者虽有签发提单的人对全程运输负责,但损害赔偿却仍按造成货损区段的法规。如有的联运提单采用的责任形式为“双重责任制形式”。即在损害不明时采用单一责任制,如货主能确定造成货损的损害区段时,采用网状责任制。多式联运公约规定的多式联运单据采用统一责任制,即由签发提单的多式联运经营人对全程运输负统一责任,即受损方只需向多式联运经营人提出索赔,如这一索赔成立,即可得到赔偿。

2. 提单签发人

从现行的运输业务看,联运提单习惯上由拥有运输工具的海上承运人或其代理人签发,而多式联运单据的签发人不一定是运输工具的所有人，凡有权控制多式联式并对运输负有责任的人都可签发，诸如无船承运人，国际货运代理人等。

3. 提单签发时间、地点

习惯上，联运提单在货物的装船港，且货物实际装船后签发，而在进行多式联运时，多式联运经营人对货物的接收有时在内陆集装箱货运站、码头堆场、发货人的工厂或仓库。而且，当发货人将货交给多式联运经营人后，多式联运经营人即签发场站收据。因此，多式联运单据的签发有时不在装船港，而且，接收货后至实际装船有一“待装期”。随之，提单签发的时间也并不一定在货物实际装船后。

九、多式联运单据与海上货物保险单

多式联运公约通过后，曾有人认为，一旦公约生效，国际多式联运采用统一责任制的提单，随之便可取代传统的海上货物保险单，即货物没有进行保险的必要了。显然，这种观点和认识是错误的。因为，不管多式联运单据采用什么样的责任形式，多式联运单据与海上货物保险单有着本质上的区别，主要表现在：

1. 有关责任期限的起止

目前，在集装箱货物的多式联运中，承运人的责任期限大多限制在从装船港的码头堆场和货运站，终止于卸船港的码头堆场和货运站，而海上货物保险单则通常载明收、发货人的仓库，即库至库保险。如货物不交至收货人的仓库，保险人对货物负责的时间则以卸离船舶 60 天后止。所以，两者的责任期限是由区别的，海上货物保险单的责任起止要比采用统一责任制后的多式联运单据有所延长。当然，如货物实行门到门运输则不存在这一问题了。然而在进行站至站，场至场交接运输时，便出现了从发货人门至站、场，以及从场、站至收货人门这一区段保险的问题。也就是说，在多式联运下，如实行装船港货运站交货，那么，从发货人门至货运站这一区段承运人不负责任，如在码头堆场交货，承运人对从发货人门至码头堆场这一区段不负责任，同样，在卸船港也是如此。

2. 赔偿责任限制

货物在办理保险后，运输途中一旦发生了属承保责任范围内的损失，保险人予以赔偿。全损时，按保险金额，部分损失时，按保险金额与损失比例赔偿。而多式联运单据则不同，因为提单中对多式联运经营人有一责任限制，超出这一责任限制，多式联运经营人则不予以赔偿。

3. 隐藏损害的处理

集装箱货物在国际多式联运中，有些货损的发生往往很难确定在哪一运输区段、什么原因造成，这种货物损害称作“潜在损害”或“隐藏损害”，目前在集装箱多式联运中一旦发生这种损害，通常则按海上运输法规处理，其理由是海上运输区段在国际多式联运中，其运输区段最长，运输时间也长，因而相对来说，货物遭受的风险也大。从现行的国际货运公约看，海上运输法规对货物的损害赔偿是最低的，但货物在办理保险后，这一问题也不再存在。

十、多式联运单据与单一运输方式下单证比较

多式联运单据是多式联运公约的主要内容之一，该提单既要满足同一票货物在不同运输方式间换装而不必另行签单，且又要符合各当事人之间的需要。在现行的国际货物运输中，主

要使用两种性质不同的货运单证，即海上运输采用海运提单，陆上或航空运输采用货运单，这两种单证所记载的内容、形式和其法律效力截然不同。虽然多式联运方式的综合性一体化运输为货主提供了理想的门到门运输，由多式联运经营人签发一份多式联运单据完成全程运输，但该提单能否满足多种运输方式的需要呢？

20 世纪 60 年代出现的海运集装箱提单，虽然在其实际业务中已发展到包括陆路运输在内所需要的记载事项，但该种提单条款一般都规定承运人只负责自己运输区段所发生的损害责任，货物从他的运输工具卸离后，责任即告终止。从某种意义上说，这种提单之性质与转船提单无多大区别。而且，该提单的签发人必须是掌握运输工具的海上承运人，联运中其中一种运输方式必须是海运。所以，实际上将不包括海运在内的其他方式间的联运排除在多式联运之外，这不是完整的国际多式联运。

相反，部分国际货运代理人，无船承运人将其业务由陆上扩展至海上，并通过自己签发提单进行陆海、陆海陆的运输，该种提单的业务范围比海运提单有所扩大。而且，在提单的签发人，签发时间，采用的责任形式上都较优越，与多式联运的要求更为接近。可见，不同运输单证的职能与该运输公约是分不开的，虽然多式联运公约对制订的多式联运单据作了较详尽的规定，但仍存在：

(1)公约对单证的标题为“多式联运单据”，这是否意味着将该运输方式下的单证独立于其他运输方式下的单证之外，即独立于海运提单、货运单、空运单。现行的联运或多式联运业务中所使用的单证都谓之联运提单或多式联运单据，这从根本上限制了适用国际多式联运的所有场合。从公约对单证规定的职能和内容看，在各方面都接近于海上货物运输提单。所以，公约对单证的规定是说明国际多式联运是由海上运输向陆上两端运输的延伸，随之单证的适用也有所扩大。从某种意义上说，多式联运公约规定的单证，即是目前业已使用的多式联运单据。

(2)多式联运公约对多式联运单证的赔偿责任采用统一赔偿责任制，而联合运输统一规则对多式联运单证则采用网状责任制，这种差别直接影响到多式联运中众多当事人的利益和其业务的开展。从目前和今后一段时间看，在国际多式联运中从根本上否定网状责任制是不可能的。因为，网状责任制采用了网状赔偿责任和特殊赔偿责任相结合的赔偿责任制度，特别是对货物的隐藏损害也视为由海运区段造成时适用该区段的法规。

多式联运单据是集装箱运输出现后，为适应国际多式联运的需要制定的一种新的运输单证。由于多式联运是将各单一运输方式组合成综合性的一体化运输，因此，在单证的内容、职能、形式等方面不可能不存在若干差别的问题。

1. 与海运提单的不同点

《海牙规则》没有对提单作任何定义规定或解释性说明，但在长期的国际航运业务中，各海运国家一般都认为提单有三个作用。

(1)提单是承运人收到货物的收据和凭其交付货物的凭证；

(2)提单作为有价证券，可背书或无需背书转让买卖；

(3)提单是货物运输合同的证明。

提单作为有价证券，可转让买卖这一特点是其他运输方式下所使用的单证所没有的。由于提单代表了货物所有权，转让提单也就转让了货物所有权。

2. 与空运单的不同点

1929 年的华沙公约，将该运输方式下使用的单证称空运托运单，按该公约的规定，承运人有权要求托运人填写空运托运单，而承运人则应接受托运人填写的空运托运单。该托运单是订立运输合同，接受货物运输的凭证。1955 年议定书修改的《海牙规则》将空运托运单改为空运单，并在单证所记载的内容方面有删减。

由货物托运人填写的空运单有三份正本，并与货物一起提交承运人，第一份应注明"交承运人"，由托运人签字，第二份注明"交收货人"，由托运人签字后随同货物运送，第三份在货物接受承运后由承运人签字，交由托运人留底。

与多式联运单据主要不同点在于，在实际业务中，空运单一般都注有"不可转让"的字样，货物运抵目的地后，收货人凭承运人的到货通知及有关证明提货，并在提货时在随货运到的空运单上签收，而不要求收货人凭空运单提取货物。

3. 与铁路货运单的不同点

国际间的铁路货物运输受制于《国际铁路货物运输公约》，铁路货物运输使用的单证为运单。发货人在进行货物托运时，应填写运单和其副本，并应对运单中申报、填写的内容正确性负责。如由于所记载的内容不清楚，不完整，以及由于未填写应申报，记载的内容而发生的一切后果，均由发货人自负。

当发货人在运单上签字并向始发站提出，并经始发站接受，业已认为运输合同已订立。运单随同货物从始发站运至终点站，最后交收货人。运单不是物权凭证，不能转让。

运单与提单不同之特点反映在：

1. 交货方面

(1)运单。收货人在目的地提取货物时，无需提交货运单即可提取货物，不但可节省仓储费和其他有关费用，也没有必要与银行洽商出具保函或保证金。

(2)提单。收货人在目的港提取货物之前，必须出具正本提单，如正本提单未到，或遗失则只得求助于银行，由银行提供保证金或担保，方可提取货物。同时，对未凭单据要求提货引起的后果由收货人负责，并支付保证金的利息。

2. 风险方面

(1)运单。运单不是物权凭证，因此即使遗失，或为第三者得到，由于运单不可转让，所以对收货人不存在风险。

(2)提单。由于提单不仅可转让，且是物权凭证，因此，如遗失或被第三方所得到，对正当的收货人则有一定的风险。

3. 合同性质方面

(1)运单。当货物托运人与承运人在运单上签字后，业已认为双方订立运输合同。

(2)提单。虽然承运人在收到货物后即签发提单给货物托运人，但它只能作为运输合同的证明。

4. 收货人注明与否

(1)运单。习惯上，运单必须详尽记载收货人的名称，地址，除注明的收货人外，他人不得提货。当然，如收货人有指示，他人也可提货。

(2)提单。除记名提单外，则不必记明具体收货人名称。

5. 流通性方面

(1)运单。运单不是物权凭证,因而不能转让买卖。

(2)提单。提单作为有价证券,可通过背书或无须背书转让买卖。

第五节　联运提单与多式联运单据的区别及应用

联运提单和多式联运单据的研究在国际贸易、运输迅速发展的今天可以说是方兴未艾,但人们对这两种提单的认识则存在着实质性的差异,加之不同国家、地区的法律规定和长期形成的惯例,致使联运提单、多式联运单据在理论上难以得到统一,实践应用中未能普遍接受,本节试图通过这两种提单不同之性质,乃至与转运提单不同之特点,以及国际跟单信用证统一惯例对不同运输方式下所使用的提单结汇之要求,力求在理论上对联运提单、多式联运单据的正确认识作一论述,且指导在实践业务中如何区别和应用。

一、联运提单与多式联运单据

尽管集装箱多式联运的发展有几十年的历史,但许多人对这两张提单的认识仍停留在表面字义上,没有从实质内容上去认识这两张有着根本不同性质的提单,从而也不会知悉这两张提单随着国际贸易、运输发展的演变过程。自1983年6月公布了定名为《跟单信用证统一惯例,1983年修改本,国际商会400出版物》(已于1984年10月1日实施),以及1980年5月于日内瓦通过的《联合国国际货物多式联运公约》,人们似乎对这两张提单有了新的认识。在理论上人们对这两张提单的认识观点正趋向一致,但在实际应用中又因各自的利益和多种客观存在的因素而把握不住,就是一些从事具体业务的人也因认识上的差异对事务的处理带来截然不同的结果,从而在另一方面造成人们对联运提单,多式联运单据的认识不足。

诚然,从联运提单、多式联运单据各自具备的条件和性质看,似乎仅是在运输方式的组成和提单之名称上有所区别,人们也曾多次在学术上去讨论,争论这两张提单,但却忽视了这两张提单在提单签发地点提单的签发时间,提单性质,提单责任形式等至关重要的问题上的研究。在现实的联运或多式联运业务中,大多情况下使用的提单仍是联运提单,即使事实上货物运输全过程由两种或两种以上运输方式组成。人们总以为在实际业务中难以将两者断然区分,习惯以兼而有之而认可。甚至,将联运与转运视为同一种运输方式。事实上,这三种提单的不同特点见表4-1。

不同提单特点　　表4-1

提单种类 / 区别内容	联运提单	转运提单	多式联运单据
运输方式	同一种运输方式间(目前实际开展的业务有例外)	同一种运输方式间	不同运输方式
责任形式	单一责任制或网状责任制	单一责任制(同一船公司之间转运例外)	网状责任制,或同一责任制

续上表

提单种类 区别内容	联运提单	转运提单	多式联运单据
提单签发人	通常由掌握海上运输工具的承运人签发	由掌握海上运输工具的承运人签发	对全程负责，并有权签发提单
提单签发地点	在货物装船港签发	在货物装船港签发	在接收货物后（目前实际做法有不同）
提单结汇	已装船提单	在货物装船后	待装提单可结汇（信用证有规定除外）
责任期限	装上船～卸下船	装上船～卸下船	接收货物～交付货物
货物保险区段	仓库～仓库	仓库～仓库	全程保险或各区段保险
运费计收	海运运费，或全程运输，或包干运费	海运运费分别计收，或由提单签发人一起计收	全程运费计收，或包干运费，或不同运输区段各自计收
适用的价格条件	适用 FOB、CIF、C&F	适用 FOB、CIF、C&F	适用 FRC、DCP、CIP、FOB、CIF、C&F，变形
银行对提单处理依据	根据跟单信用证第 19～22 条	根据跟单信用证第 29 条	根据跟单信用证第 23 条
买卖双方风险转移	装船港船舷	装船港船舷	货交第一承运人前后

二、《跟单信用证统一惯例》与联运、多式联运单据

由于联运提单、多式联运单据有着根本的区别，因而在选用这两种运输方式时，如对信用证规定的单据不够明确，出口方往往有可能将这两种提单混淆，即使在明知的情况下，也希望将其理解为多式联运单据，其目的是希望在将货交多式联运经营人或其代理人后，尽快得以结汇。

从《跟单信用证统一惯例》第 19 条对联运提单的解释看，较符合目前实际做法，因为长期的贸易惯例将由承运人或其代理人签发的联运提单理解为，如信用证上没有相反的证明，银行当予接受这种提单，即使事实上货物系由多种运输方式完成全程运输，也并不妨碍此种提单的性质，因此，《跟单信用证统一惯例》对联运提单规定的性质可理解为：

(1)全程运输可以是海与海，也可以是海与其他运输方式的组合。

(2)虽然全程运输使用联运提单，并用以证明运输合同，但并不强调运输合同的形式。

对上述可理解为即使货物托运人与各运输区段的承运人各自订立运输合同，或由全程运输经营人与各运输区段承运人订立运输合同，但不妨碍提单签发人签发可以涉及多种运输方式的联运提单。

对于多式联运单据结汇问题，《跟单信用证统一惯例》专门作了规定：

(1)如信用证需要多式联运单据，或规定多式联运，但均未指定所需单据的形式，或该项单据的开立人，银行应按照所提出的该项单据予以接受。

(2)如多式联运包括海运,即使单据未表明货物已装上指定船舶,或即使单据上订有如用集装箱装载,或货物有可能装载甲板的条文,但未特别注明该货物已装载甲板运输,对此项单据银行仍予接受。

从《跟单信用证统一惯例》对多式联运单据的规定看,较确切的理解是多式联运单据是多式联运合同的证明,而并不作为划分多式联运经营人与各运输区段承运人之间的责任依据。这是因为多式联运允许多式联运经营人将一部分运输委托他人来完成,但并没有排除多式联运经营人对货物托运人唯一承担责任的合同主体。因此,《跟单信用证统一惯例》对多式联运单据的性质可理解为:

(1)必须是由多种运输方式完成货物全程运输;

(2)以多式联运合同作为全程运输的合同主体,多式联运单据作为合同证明。

对《跟单信用证统一惯例》就联运、多式联运单据的规定见表4-2。

跟单信用证统一惯例对提单的规定　　表4-2

提单种类 / 区别内容	联运提单	多式联运单据
提单签发人	如信用证未证明,则是船公司或其代理人,第19条	如信用证未证明,对运输负责的人,第23条a款
证明是否装载	除非信用证规定,否则必须载明,无须证明,第20条	信用证必须证明,第23条b款
单证格式	必须是提单格式	除提单格式外,还可以其他单证开工
舱面货选择权条款	或已装载,第20条	或已装载,第23条b款

近10多年来,国际商会对国际贸易术语、《跟单信用证统一惯例》的修改和补充,以及联合国国际贸易法委员会制订的国际货运公约,各政府间缔结的一些新的海关公约,均与国际集装箱多式联运的发展有着密切的关系,从而也在一定程度上指导着联运提单,多式联运单据的发展,因此,学习和研究有关国际贸易、货运公约对加深理解联运提单、多式联运单据条款,并指导其应用是十分有益的。

案例一　国际货物多式联运合同无单放货案

要点提示:包含海上运输方式的国际货物多式联运,如海上运输部分仅为国内沿海运输,则适用《合同法》而非《海商法》。此提单作为多式联运单据,是否具有可转让性,是否可以作为提取货物的凭证应当依据双方的约定。国际货物多式联运末段是铁路运输时,多式联运经营人往往不能实际控制货物的交付。在这种情况下,多式联运经营人为保护自身利益,不应该签发具有提货凭证功能的多式联运单据。

一、基本案情

根据与朝鲜真诚公司签订的国际货物买卖合同,仁和贸易公司于2000年6月7日书面委托天华运输公司向朝鲜出运印染布,委托书载明:发货单位为仁和贸易公司,收货人为朝鲜真诚公司，装货港天津，卸货地朝鲜新义州。同年6月8日，仁和贸易公司与天华运输公司签订了多式联运合同，合同明确约定：承运人天华运输公司负责将托运人仁和贸易公司托运的货物由天津经海运运至大连，经大连运至丹东，经丹东出境由铁路运抵朝鲜新义州。承运人的责任区间为自接货开始至交货为止。同年6月20日，托运人仁和贸易公司向天华运输公司出具声明。声明中指定朝鲜真诚公司为唯一收货人，提单只作议付单据。同年6月26日，天华运输公司签发了国际多式联运提单，提单载明：托运人为仁和贸易公司，指示人为“TO ORDER OF THE CHINA STATE BANK LTD.，HONGKONG（凭香港中行指示）”，细目一栏中注有“FOR NEGOTIABLE ONLY（仅作议付用）”，货物品名为印染布，运费预付。天华运输公司如约将货物从海路运至大连后转公路运至丹东，天华运输公司的丹东代理人于6月27日安排货物铁路运输出境，铁路运单载明装货地为丹东，卸货地为朝鲜新义州，收货人为朝鲜真诚公司。6月28日，朝鲜铁路部门凭铁路运单记载将货物交付朝鲜真诚公司。货物出境后，朝鲜真诚公司拒付货款，仁和贸易公司结汇未果，遂以天华运输公司未凭正本提单放货给朝鲜收货人为由提起诉讼，要求天华运输公司赔偿其货物损失约20万美元。

二、处理结果

本案天华运输公司一审胜诉，二审败诉。申诉后，最高人民法院判定天华运输公司已经完成运输合同且无凭正本提单放货的义务，天华运输公司不对仁和贸易公司承担赔偿责任。

三、法律分析

本案的争议焦点同时也是核心问题有三个：第一个是法律适用问题，具体说，就是适用《海商法》还是适用《合同法》的问题，第二个是天华运输公司是否有凭正本提单放货的义务，第三个是货物交付收货人的举证责任、举证期限问题。

1. 本案是适用《海商法》还是《合同法》

本案中天华运输公司作为多式联运经营人签发多式联运提单，货物先后以海运、公路、铁路的方式运抵目的地。根据《海商法》，提单是海上货物运输合同的证明，况且本案运输中包含海运方式，所以一审、二审法院均认为本案应当适用《海商法》。最高法院认为：本案应当以《合同法》的有关规定作为确定本案当事人的权利义务和承担责任的法律依据。一审、二审法院适用法律不当。

《海商法》是专门调整海上运输关系和船舶关系的法律，是特别法。《海商法》对多式联运合同有明确的规定，即多式联运经营人以两种以上不同的运输方式运输，其中一种是海上运输方式，并收取全程运费的合同。多式联运合同定义中的“海上运输”并不是泛指所有的“海上运输”，而是有特别限定的，《海商法》第二条第二款规定：“本法第四章海上货物运输合同的规定，不适用于中华人民共和国港口之间的海上货物运输”，由此可见，《海商法》规定的多式联运要件中的“海上运输”是指非中国港口间的国际海上运输。本案多式联运业务涉及的海运段是天津至大连，属国内沿海运输，不是《海商法》中多式联运合同所指的“海上运输”，因此，涉案运输业务虽然是包括“海上运输方式”的“多式联运”，但是不能被认为是《海商法》中规定的“多式联运”，本案也就不能适用《海商法》的规定。本案发生时，《合同法》已经生效，《合同法》对多式联运合同有明确的规定，本案在不能适用特别法《海商法》的情况下，应当适用普通法《合同法》。

2. 天华运输公司作为多式联运经营人是否有凭正本提单放货的义务

本案中,一审、二审、再审均认定天华运输公司不具有凭正本提单放货的义务,只是三审的适用法律不同、法律关系分析的切入点不同。一审法院根据《海商法》的规定,认为:提单是运输合同的证明,多式联运经营人在提单上"仅作议付用"的批注以及托运人关于"指定唯一收货人为朝鲜真诚公司"的声明都是多式联运合同的组成部分,正是基于双方的合意,提单不再具有物权凭证的功能,多式联运经营人因此也无凭提单正本交付货物的义务。再有,本案货物是以海路、公路、铁路联运形式运输,最终由铁路运输交付,根据《铁路货物运输规则》,承运人将货物交付给货物运单记载的收货人,即为正确交付。领货凭证或者其他有效证明文件均可构成承运人凭以交付货物的依据。二审法院认为:多式联运经营人在提单上"仅作议付用"的批注改变了提单物权凭证的性质,托运人"指定唯一收货人为朝鲜真诚公司"的声明视为托运人对多式联运经营人交付货物的指令,多式联运经营人没有凭正本提单放货的义务,但应当向托运人指定的收货人交付货物。最高法院认为,根据《合同法》,本案双方当事人签订的多式联运合同、提单等均合法有效,货物出口委托书和托运人签署的声明均可以作为合同的组成部分,其中的提单为不可转让的单据。依据合同中关于朝鲜真诚公司为收货人的约定,以及托运人"指定唯一收货人为朝鲜真诚公司"的声明,多式联运经营人仅负有将货物交付朝鲜真诚公司的合同义务。托运人主张多式联运经营人负有收回正本提单的义务依据不足。

由于适用法律不当,一审及二审法院进入了"提单是否具有物权凭证效力"的误区,他们都是通过否定提单物权凭证效力的方式否定承运人凭正本提单放货的义务。虽然部分论述以及结论是正确的,但由于其适用法律的根本性错误而不能代表本案的正确分析和判断。

本案中,由于适用《合同法》,分析双方权利和义务的依据应当是《合同法》的有关规定以及双方所签"多式联运合同"的约定。多式联运经营人在提单上"仅作议付用"的批注以及托运人"指定唯一收货人为朝鲜真诚公司"的声明应当作为多式联运合同的组成部分,视为双方对多式联运合同的补充约定。本案中,多式联运经营人虽然签发提单,但该提单不是《海商法》规定意义下的提单,除非双方另有约定,该提单自始不具有《海商法》意义上的合同证明、交货凭证的效力。提单不能作为确定双方权利义务的依据。《合同法》第三百一十九条规定:"多式联运经营人收到托运人交付的货物时,应当签发多式联运单据。按照托运人的要求,多式联运单据可以是可转让单据。也可以是不可转让单据"。本案中多式联运经营人签发的提单是《合同法》规定的多式联运单据,该提单由于托运人"指定唯一收货人为朝鲜真诚公司"的声明而丧失了可转让性,是不可转让的多式联运单据。根据双方签订的《多式联运合同》以及双方的补充约定,多式联运经营人仅负有将货物运抵目的地并交予托运人指定的收货人的义务,而且双方也并未特别约定多式联运经营人一定要凭正本提单放货并收回提单,因此,多式联运经营人不负有凭正本提单交付货物的义务。

3. 货物已经交付收货人的举证责任、举证期限等相关问题

本案托运人以多式联运经营人无单放货为由提起诉讼,一审中,托运人声称货物已经由多式联运经营人交付其指定的收货人,同时主张多式联运经营人未凭正本提单放货而应承担违约赔偿责任。二审中,托运人突然改变诉讼请求,强调多式联运经营人未能将货物交付其指定收货人,并要求多式联运经营人就货交收货人的事实举证。二审法院认定多式联运经营人对此负有举证责任,同时限定举证时间为一周,否则将承担举证不能的责任,视同多式联运经营

人未能履行运输合同义务并因此承担赔偿责任。由于托运人突然改变诉讼请求,而且距事发时间已久,又由于朝鲜方面调查取证存在障碍,多式联运经营人未能在一周内提交证据。多式联运经营人经过努力终于在两周后向法院提供了中国铁道部致朝鲜铁路当局就涉案货物去向的查询函以及朝鲜铁路当局就货物已经交付收货人为朝鲜真诚公司的复函,由于是铁道部内部文件,多式联运经营人仅提供了未加盖铁道部印章的复印件,但多式联运经营人同时递交了提请法院到铁道部核查的申请。但是,法院以多式联运经营人举证超过其规定的一周举证期限而且该证据未有铁道部签章为由认定多式联运经营人举证不能,多式联运经营人也因此败诉。最高法院认为:在托运人对自己的主张没有提供充分证据的情况下,二审法院要求多式联运经营人提供交付货物的证据不当。同时,给予多式联运经营人的举证时间不合理,对直接影响判决结果的证据没有进行进一步调查。根据再审中多式联运经营人提供的经中国铁道部有关部门出具的加盖发电专用章的电报,可以证明货物已经由铁路运输交付给收货人。因此,多式联运经营人已经履行了运输合同约定的义务,对于托运人的货款损失不应承担责任。

本案审理时,最高人民法院《关于民事诉讼证据的若干规定》(以简称《证据规定》)尚未出台,根据《民事诉讼法》第六十四条第一款的规定:当事人对自己提出的主张,有责任提供证据,这就是民事诉讼中"谁主张、谁举证"的基本举证原则。二审中托运人突然改变诉讼请求,提出多式联运经营人未能按合同约定将货物交与其指定收货人的主张,根据"谁主张、谁举证"的原则,托运人负有举证责任,应当提交证据支持自己的主张。二审法院认定多式联运经营人应当承担举证责任是不合理的。同时根据《民事诉讼法》第六十四条第二款,"当事人及其诉讼代理人因客观原因不能自行收集的证据,或者人民法院认为审理案件需要的证据,人民法院应当调查收集"的规定。多式联运经营人在二审中提交了铁道部及朝鲜铁道部门的往来函电,虽然是未加盖印章的复印件,但可以初步证明涉案货物已由收货人妥善收取,而且因客观原因当事人也的确不可能提供原件或加盖铁道部印章。对于这样足以影响本案事实认定以及判决结果的重要证据,二审法院却未能给予足够的重视,未能应多式联运经营人的申请做进一步的核查,明显不当。另外,本案是涉外案件,二审法院限定一周的举证时限明显太短,于当事人不公。

本案如果适用最高法院的《证据规定》,关于举证责任以及举证期限等问题都迎刃而解。假如本案托运人从一审开始一直主张多式联运经营人未能将货物交付其指定收货人而应承担违约责任,那么证明货物已经交付托运人指定收货人的举证责任的确应当由多式联运经营人承担,《证据规定》第五条第二款规定:"对合同是否履行发生争议的,由负有履行义务的当事人承担举证责任",本条规定不符合"谁主张,谁举证"的举证基本原则,是举证责任分配的特别规定,这种规定是具有科学性和合理性的:当合同权利人主张合同权利时,抗辩和否定合同权利的途径是主张合同权利已经消灭,而证实合同权利人的合同权利是否已经消灭,取决于合同履行人是否按照合同的约定完全的履行了合同的义务。也就是说,合同履行人只要举证证实已经按照合同的约定完全的履行了合同项下的义务,就能证明合同权利已经消灭,从而说明合同权利人已经丧失了合同权利。合同履行人较合同权利人而言更能轻易的、直接的或者理所当然的获取或占有证实合同已经履行的证据,由合同履行人承担履行合同义务的举证责任更加符合"公平原则"。这就是所谓的"反主张,反举证"的举证责任分配规则。本案是多式联运合同纠纷,根据合同约定,多式联运经营人负有运输货物并将货物交付托运人指定收货人的义务,因此,多式联运经营人应当承担货物已经交付收货人的举证责任。

本案中,作为原告的托运人在一审起诉状以及庭上陈述中均承认货物已经交付其指定收货人的事实,二审中,托运人突然否定上述事实,但却未提供任何相反的证据。《证据规定》第七十四规定:“诉讼过程中,当事人在起诉状、答辩书、陈述及其委托代理人的代理词中承认的对己方不利的事实和认可的证据,人民法院应当予以确认,但当事人反悔并有相反证据足以推翻的除外。”根据本条的规定,本案托运人在一审中承认的事实法院应当予以认定,而对其在二审中的反悔因其没有提供相反证据支持而不应当予以认可,多式联运经营人也无须就货物已经交付收货人进行举证。

《证据规定》中规定法院指定的举证期限不得少于30天,相比之下,本案二审法院限定一周的举证期限明显不当。

四、经验教训

本案中,多式联运经营人在业务操作中的严谨是值得赞许的,不仅签订了书面的多式联运合同,要求托运人提供书面的明确的“指定唯一收货人”的声明,而且还在提单上附加批注,限定了提单的提货以及转让效力。但是,多式联运经营人还是有纰漏的,很明显,本案中,多式联运经营人在交货地并没有安排自己的代理,想当然的认为既然提单已经不具有提货凭证的作用,而交货地铁路当局也一定会按照国际铁路作业规则将货物交付运单上记载的收货人,那么只要货物交给铁路部门发运,多式联运经营人的责任就可以终止,正是基于这种心态,多式联运经营人没有及时查询货物的交付信息,导致事发后迟迟不能提供货物已经交付收货人的证据,以至在诉讼中被别人利用并大做文章。多式联运经营人对全程负责,其责任区间是从接到货物开始到交付货物为止,而不是将货物送上铁路发运为止,尤其是在交货地没有安排代理人的情况下,多式联运经营人有义务监督和保证铁路部门将货物交付与托运人约定的收货人,而不是装上铁路就置之不管,多式联运经营人应当注意跟踪货物的去向,收集和保存货物已经交付收货人凭证。

现行的《国际铁路货物运输规则》要求在运单上注明实际收货人,铁路当局凭收货人的身份证明文件向收货人交付货物,收货人凭铁路运单报关。这表明。国际货物多式联运经营人在最后一段运输为铁路运输方式的情况下。在货物装车出运后就丧失了对货物的实际控制权,因为铁路当局凭运单记载交付货物而不是听从多式联运经营人的指示。多式联运经营人要对全程运输负责,但在铁路段运输中又被动的丧失了对货物的控制权,这本身就是矛盾的。在这种矛盾现实存在并且暂时无法解决的情况下,多式联运经营人要特别注意学会保护自己的权益,在业务中应当清楚货物的运输和交付是否可以完全控制,正本提单是否能够收回,如果无法做到上述两点,多式联运经营人则不能签发具有提货凭证功能的多式联运单据。如果托运人基于结汇需要要求多式联运经营人必需签发多式联运单证,多式联运经营人则不仅应当与托运人在合同中定明提单不具有提货凭证的效力,同时还应当在提单上加附批注,限制提单的效力,防止提单作为物权凭证进行转让。

案例二　集装箱装载羽绒滑雪衫货损

1988年6月,中国土产畜产进出口公司S畜产分公司(简称S畜产)委托S对外贸易运输公司(简称S外运)办理333只纸箱的男士羽绒滑雪衫出口手续。S外运将货装上S远洋运输公司(简称S远洋)所属"汉江河"轮,并向S畜产签发了北京对外贸易运输总公司的清洁联运提单,提单载明货物数量333纸箱,分装3只集装箱。6月29日,该轮抵达目的港神户,同日,集装箱驳卸到岸。7月6日,日方收货人Phenix Co. Ltd在港口开箱,日本快船公司出具的"拆箱报告"称箱号为FELU－9301197集装箱下的11只纸箱中,5箱严重湿损,5箱轻微湿损。7月7日,3只集装箱由卡车运至东京Phenix CO. Ltd仓库,同日由新日本商检协会检验。该协会于10月11日出具商检报告:11只纸箱有不同程度的湿损,将湿损衣物的残值冲抵后,实际货损约为1 868 330日元,湿损系FWLU9301197箱里档左侧顶部破损所致。在东京进行货损检验时,商检协会曾邀S远洋派人共同勘察,被S远洋以"出港后检验无意义"为由拒绝。

Phenix CO. Ltd依商检报告从货物保险人AIU保险公司得到赔偿,随后AIU取得代位求偿权,先后通过其在香港,北京的代理人与S外运联系,S外运未提出赔偿处理意见。1989年9月25日,AIU保险公司以货运代理人S外运和实际承运人S远洋为被告,向上海海事法院提起诉讼。

AIU诉称:作为承运人的S外运,S远洋因过错造成其承运的集装箱内服装湿损,货损发生在承运人的责任期间。根据S外运签发的清洁提单,请求判令两被告赔偿损失1 868 330日元及利息,并承担律师费,诉讼费等。

S外运辩称:S畜产的服装是由实际承运人S远洋承运,货损的原因是集装箱有裂痕,雨水进入箱内造成服装损坏。根据S外运与S远洋1982年签订的集装箱运输协议规定:"S远洋应提供清洁、干燥、无味、完好无损的集装箱,……如铅封脱落或箱体破损,集装箱内货发生损坏,则由S远洋承担一切责任"。因此,S远洋应对货损承担全部责任。

S远洋辩称:在正常情况下,S远洋所属船舶(包括"汉江河"轮)由S外轮代理公司签发提单,S外运在没拿到场站收据及在未经授权条件下签发提单,应由S外运承担其后果和责任。

两被告在诉讼中均提出:"汉江河"轮于6月25日在S港装货,29日抵神户卸货,前后5天,而日方商检则是7月7日在东京进行的,即使集装箱有裂痕漏水,也不可能在短时间内造成箱内有良好包装的衣服损坏到如此程度。故要求原告进一步举证采取减少货损的合理措施。如果赔付,要求根据中远提单条款,按船东责任限制,每件赔付人民币700元。

上海海事法院认为:根据两被告1982年签订的集装箱运输协议"……若造成对货方的损害,先对外赔偿,后再内部分担责任……",两被告对11只纸箱服装的湿损有相当的责任牵连。但Phenix Co. Ltd与S远洋在开箱交货时交割不清,聘请的商检又在港口外进行,故原先对货损索赔及所损害的确切数额的请求举证不力。

上海海事法院在查明事实、分清责任的基础上主持调解。1990年3月28日,三方达成协议:

(1)被告S外运和S远洋根据损害事实及提单条款规定,赔付原先AIU人民币8000元(其中300元为补偿原先诉讼费);

(2)赔偿由契约承运人S外运先行给付,再与实际承运人S远洋自行协商解决;

(3)本案受理费1961.44元则由AIU负担。

分析:

(1)货损货差是对外贸易运输中经常发生的。随着国际集装箱化的进一步开展,集装箱运输对提高货运质量有明显的成交,但并不能完全消除运输过程中的货损货差事故。

本案中,根据清洁提单及目的港收货人聘请的新日本商检协会作出的商检证书结论(From what we have surveyed, we are of the opinion that the damage to the cargo was caused by contact with rain water which entered the container through the breakage on it's front roof at Kobe)中可知,货损的原因是由于该集装箱前面顶部有裂痕,雨水进入箱内造成纸箱内衣服损坏,此外,还可以从进出神户港场站的集装箱设备交接单上得到佐证,在其 Inspection of Container 栏中,均有集装箱前面左侧顶部"Broken"(破损)的批注。按照索赔、理赔的近因原则(Proximate Cause)本案货损的近因集装箱箱体的裂痕,属"船残"。可以推断造成裂痕有两种可能性:(1)该集装箱在 S 港装货前就存在裂痕,船方未提供适载集装箱;(2)该集装箱的裂痕是因为船方在海上运输过程中未能恪尽职责,由管货过失造成的。因此,船方应对货损承担赔偿责任。

(2)理赔是一项涉及面广、情况复杂、政策性很强的工作,理赔须细心研究案情,熟悉国际贸易合同条款、国际货运法规、提单条款内容、货物保险合同,商品检验法规、国际航运惯例等,这样,才可作出正确处理。

本案中,由于 AIU 的索赔是依据新日本商检协会作出的残损鉴定,我方律师在诉讼中认真仔细地研究了对该案起关键作用的商检证书,发现日方申请商检验残的时间和地点存在缺陷。按商检惯例,日本 Phenix CO. Ltd 发现有批注集装箱设备交接单和载明货物湿损的拆箱报告后,就应及时在卸货港当地申请神户口岸商检机关鉴定,而不应把货运到东京,再向商检机构申请鉴定。因此,可以得出这样的结论:日方收货人对易扩大损失的残损商品没有立即申请鉴定检验,也没有采取有效合理的施救以减少货损。因此,对扩大残损应自负责任。

(3)从近年来发生的集装箱货损事故看,由于集装箱本身的原因,如自身不水密、箱子老龄化等而造成货物污损、污染、泄漏损等有上升趋势。在集装箱多式联运过程中,尽管最终承运人交付给收货人的是一个外表状态良好、铅封完整的集装箱,但有时却发现箱内货物已经受损,且难以确定货损区段及货损原因。

我国的《海上国际集装箱运输管理规定》第 12 条规定:"用于海上国际集装箱运输的集装箱,应当符合国际集装箱标准化组织规定的技术标准和有关国际集装箱公约规定。集装箱所有人、经营人应当做好集装箱的管理和维修工作,定期进行检验,以保证提供适宜于货物运输的集装箱。违反本条第 2 款规定,造成货物损坏或短缺的,由责任人按照有关规定承担责任。"第 17 条规定:"托运人或承运人在货物装箱前应当认真检查箱体,不得使用影响货物运输、装卸安全的集装箱"。据此,集装箱运输各有关业务环节应依法行事,把好供箱关,同时各有关方也应认真进行集装箱交接手续并注意以下几点:①重箱:箱体完好,箱号清晰,封志完整无误;②空箱:箱体完好,水密,无漏光,清洁、干燥、无味,箱号及装载规范清晰;③凡箱号及装载规范不明、不全、封志破损、脱落、丢失、无法辨认或进出口文件记载不符,箱体结构不符 ISO 标准,擦伤、割伤、破洞、漏光、不水密、箱门无法关启等,均应在《进出场集装箱设备交接单》上注明。只要业务人员依照规范操作,是能减少、避免集装箱货损事故发生的。

(4)集装箱运输商务中发生事故的原因是多方面的,现结合有关责任方分析如下。

①装箱、封箱不当。集装箱运输必须做到安全积载、堆装,适当封箱,操作不当会造成货损,如货物在箱内应均匀分布,不同性质货物应避免混装等。如果是 CY 交付或整箱交付的,装、封箱不当应由发货人或货运代理人负责;如果是 CFS 交付的,装、封箱不当应由集装箱运

输经营人或其代理人指定的货运站负责(当然,如果发货人委托代理人办理CFS交付的除外)。

②装卸、搬运等不当。集装箱的装卸、搬运操作必须谨慎小心,若违章操作,粗暴搬运,使用工具不当等原因造成箱内货物残损的,属“工残”,其货损责任由装卸部门承担。

③堆放、保管不当。指卸货港的码头、仓库(场/站)对集装箱及拆箱后箱内货物的堆放、保管不善,造成货损,属“港残”,是港方责任范围。

④船方积载不当。集装箱船舶的结构要求是将大量的箱子装载甲板运输,风险较大。若承运人没有牢固的装置设备或没有科学积载,或者在航行中船方对载运货物谨慎处理,使集装箱被海浪打入大海或打破造成货物灭失、损害的事故,属“船残”,由船方负责赔偿。

⑤集装箱不适载。在箱子交接方面,船方提供给发货人的箱子应完整无损,清洁干燥,并且有合格的检验证书,如果船方提供的自有箱或租箱不适货运,则货损属“船残”,也由船方负责。

除此之外,还有其他原因,如提单上已有注明的残损,属“原残”,由发货人负责。

思考题

1. 多式联运提单和港到港提单的主要区别是什么?
2. 多式联运提单包括哪些内容?
3. 银行在接受多式联运提单时,对于提单的要求有哪些?
4. 多式联运提单的作用是什么?
5. 多式联运提单和联运提单的主要区别是什么?
6. 多式联运提单和运单的主要区别是什么?

第五章　集装箱多式联运运费

第一节　集装箱多式联运运费基本结构

集装箱货物在国际多式联运下，由于承运人对货物的风险和责任有所扩大，因此，集装箱的运价一般包括从装船港承运人码头堆场或货运站至卸船港承运人码头堆场或货运站的全过程费用，如由承运人负责安排全程运输，所收取的运价中还应包括内陆运输的费用。多式联运的集装箱运价，除包箱费率（Box Rates）外，拼箱货一般按所装箱内货物的重量或尺码计收，但对整箱货则有最高运费和最低运费之分。

一、运费基本结构的组成

1. *海运运费*

从集装箱船舶运输公司的优越性看，如将海上运费当作运输的等价物，那么，集装箱船可收取高于普通船运输的运费。但从目前的收费情况看，除有特殊规定外，基本上仍是按所运货物的运费吨所规定的费率计收，这与普通船货物运费的计收方法基本相一致。目前，集装箱货物运费计收所依据的运价本主要有两种：一种是班轮公会运价本，另一种是船公司运价本。

2. *堆场服务费*

堆场服务费也叫码头服务费，包括在装船港堆场接收出口的整箱货，以及堆存和搬运至装卸桥下的费用。同样，在卸船港包括从装卸桥下接收进口箱，以及将箱子搬运至堆场和堆存的费用，也一并包括在装卸港的有关费用内。堆场服务费一般分别向发货人、收货人收取。

3. *拼箱服务费*

拼箱服务费包括为完成下列服务项目而收取的费用：

（1）将空箱从堆场运至货运站；

（2）将装好货的实箱从货运站运至堆场（装船港）；

（3）将实箱从堆场运至货运站（卸船港）；

（4）理货；

（5）签发场站收据、装箱单；

（6）在货运站货物地正常搬运；

（7）装箱、拆箱、封箱、做标记；

（8）一定期限内的堆存；

（9）必要的分票与积载；

（10）提供箱子内部货物的积载图。

4. 集散运输费

集散运输又叫支线运输(Feeder Service),是由内河、沿海的集散港至集装箱出口港之间的集装箱运输。一般情况下,集装箱在集散港装船后,即可签发集装箱联运提单,承运人为这一集散而收取的费用称集散运输费。

5. 内陆运输费

内陆运输费有两种情况,一种由承运人负责运输,另一种由货主自己负责运输。如由承运人负责内陆运输,其费用则根据承运人的运价本和有关提单条款的规定来确定,主要包括:

(1)区域运费。指承运人按货主的要求在所指定的地点间进行实箱或空箱运输所收取的费用。

(2)无效拖运费。在承运人将集装箱按货主要求运至指定地点,而货主却没有发货,且要求将箱子运回。一旦发生这种情况,承运人将收取全区域费用,以及货主宣布运输无效后可能产生的任何延迟费用。

(3)变更装箱地点。如承运人应货主的要求同意改变原集装箱交付地点,货主要对承运人由此而引起的全部费用给予补偿。

(4)装箱时间与延迟费。装箱时间的长短与延迟费的大小,主要视港口的条件、习惯、费用支付情况而定,差别甚大。

(5)清扫费。使用箱子结束后,货主有责任清扫箱子,将清洁无味的箱子归还给承运人。如此项工作由承运人负责,货主仍应负责其费用。

如果内陆运输由货主自己负责时,承运人则可根据自己的选择和事先商定的协议,在他所指定的场所将箱子或有关机械设备出借给货主,并按有关规定计收费用。在由货主自己负责内陆运输时,其费用主要包括:

(1)集装箱装卸费。货主在承运人指定的场所,如集装箱码头堆场或货运站取箱时,或按照承运人指定的地点归还箱子时,或将箱子装上车辆,或从车上卸下的费用均由货主负担。

(2)超期使用费。货主应在规定的用箱期届满后,将箱子归还给承运人,超出时间则为延误,延误费用计收的标准按每箱每天计收,不足一天以一天计。

(3)内陆运输费。货主对其从得到集装箱时起至归还箱子时止整个期间所产生的费用负责。

集装箱运费结构如下:

内陆运输	港区运输	海上运输	港区运输	内陆运输
(1)	(2)	(3)	(4)	(5)

整个运输过程包括:

(1)发货地国家内陆运输费及其有关费用;

(2)发货地国家港区(码头堆场)费用;

(3)海上运费;

(4)收货地国家港区(码头堆场)费用;

(5)收货地国家内陆运输及其有关费用。

但由于集装箱运输，特别是国际多式联运不仅存在由谁负责内陆运输的问题，且还有整箱货、拼箱货之分。因此，费用的结构和分担较复杂，见表 5-1。

多式联运费用结构　　表 5-1

装　港				运输方式	卸　港					费率组成
承运人运输 FCL	A	B		E	承运人运输 FCL	B			A	ABEBA
承运人运输 FCL	A	B		E	货主运输 FCL	B	C			ABEBA
承运人运输 FCL	A	B		E	LCL			D		ABED
货主运输 FCL		B	C	E	承运人运输 FCL	B			A	BCEBA
货主运输 FCL		B	C	E	货主运输 FCL	B	C			BCEBC
货主运输 FCL		B	C	E	LCL			D		BCED
LCL			D	E	承运人运输 FCL	B			A	DEBA
LCL			D	E	货主运输 FCL	B	C			BEBC
LCL			D	E	LCL			D		DED

表中：A 表示内陆运输费（INLAND TRANSPORTATION CHARGE）；

B 表示堆场服务费（TERMINAL HANDLE CHARGE）；

C 表示装卸费（车辆）（TRANSFER CHARGE）；

D 表示拼箱服务费（LCL SERVICE CHARGE）；

E 表示海上运费（OCEAN FREIGHT）。

二、各种交接方式下的费用结构

在集装箱整箱货、拼箱货流转过程中，其货物的交接方式有 9 种，每一种交接方式下的费用结构也有所不同。

1. 拼箱货—拼箱货（LCL—LCL）

拼箱服务费	堆场服务费	海运运费	堆场服务费	拼箱服务费

其运费为：拼箱服务费＋装船港堆场服务费＋海运运费＋卸船港场服务费＋拼箱服务费

2. 整箱货—整箱货（FCL—FCL）

（1）门—门：

集散运输费	堆场服务费	海运运费	堆场服务费	集散运输费

其运费为：集散运输费＋装船港堆场服务费＋海运运费＋卸船港堆场服务费＋集散运输费

（2）门—场：

集散运输费	堆场服务费	海运运费	堆场服务费

其运费为:集散运输费+装船港堆场服务费+海运运费+卸船港堆场服务费

(3)场—场:

堆场服务费	海运运费	堆场服务费

其运费为:装船港堆场服务费+海运运费+卸船港堆场服务费

(4)场—门:

堆场服务费	海运运费	堆场服务费	集散运输费

其运费为:装船港堆场服务费+海运运费+卸船港堆场服务费+集散运输费

3. 拼箱货—整箱货(LCL—FCL)

(1)站—场:

拼箱服务费	堆场服务费	海运运费	堆场服务费

其运费为:装船港拼箱服务费+装船港堆场服务费+海运运费+卸船港堆场服务费

(2)站—门:

拼箱服务费	堆场服务费	海运运费	堆场服务费	集散运输费

其运费为:装船港拼箱服务费+装船港堆场服务费+海运运费+卸船港堆场服务费+进口国集散运输费

4. 整箱货—拼箱货(FCL—LCL)

(1)门—站:

集散运输费	堆场服务费	海运运费	堆场服务费	拼箱服务费

其运费为:集散运输费+装船港堆场服务费+海运运费+卸船港堆场服务费+拼箱服务费

(2)站—场:

拼箱服务费	堆场服务费	海运运费	堆场服务费

其运费为:拼箱服务费+装船港堆场服务费+海运运费+卸船港堆场服务费

必须说明,上述是集装箱运费组成的一般概念。目前,有些港口习惯上对整箱货在堆场至堆场交货时不另收堆场服务费，因为，在实际上这部分费用已加到海运运费里了。此外，在集装箱运价中，某些航线还出现总包干费率（All Inclusive）的计算方法，即在该费率中包括了一切附加费用，方便了运费的计算。

另外，有些航线采用包箱费率（Box Rates），即按箱子的类型规定每一种箱的包干运价。这种包箱费率一般分商品包箱费率（Commodity Box Rates）和均一包箱费率（FAK Box Rates）两种。前者按不同商品和不同类型的箱子规格规定各种不同的包箱费率，后者不管箱内装什么商品（危险品除外），按不同类型箱子规定包箱费率。应说明的是包箱费率为整箱货，其运价可以是总包费率，也可以是包箱费率加各种附加费。包箱费率是国际航运竞争的产物，这种费率较低，是对货主在托运整箱货运输时的一种优惠，也是作为船公司揽货的一种手段。

第二节　集装箱多式联运运费计算的基本方法

一、拼箱货

目前，各船公司对集装箱运输下的拼箱货运费计算方法，基本上依据件杂货运费计算标准，但应掌握这样几个基本要点：

（1）船公司或其他承运人对拼箱货运费的计算则依据其所承担的责任和费用。由于拼箱货由货运站负责装箱、拆箱，而且，承运人的责任系从出口国货运站至进口国货运站，当然，这一货运站应为承运人所拥有或管辖，对于交货前和交货后所发生的责任、费用均由货主自负。

（2）拼箱货海运运费的计收方法类同班轮运输下的件杂货运费计算方法，只是加收集装箱有关费用，如拼箱服务费等，但不再收取件杂货下码头的收货费用。这些运费和有关费用的计算依据，则是船公司制订的运价本所规定的每一件货物的重量或尺码。但计价货物的拼箱服务费则根据货物重量或尺码（W/M），按其中高者计收。

（3）拼箱费的起码运费，按每提单计收。

（4）由于拼箱货涉及到不同的收货人，因而，拼箱货不能接受货主提出的有关选港，或变更目的港的要求。所以，也没有拼箱货的选港附加费和变更目的港附加费。

二、整箱货

（1）整箱货运输下，承运人接受货箱和交付货箱的责任期限习惯上于码头堆场至码头堆场，因此，承运人收取的运费和有关费用也仅包括堆场至堆场范围内的费用，对于两端码头堆场外的费用由货主自负。

（2）整箱货运费计算如使用的箱子为船公司所有，则规定有最高运费和最低运费计收办法，如该箱子为货主所有，则另有规定。

三、超重货、超长货以及超大件附加费

（1）整箱货不加收超重、超长、超大件附加费。

（2）拼箱货按运价本的规定，对超重、超长、超大件货物加收其附加费。

（3）如系整箱货接受，拼箱货交付；或拼箱货接收，整箱货交付，则按运价本的规定，对超

重、超长、超大件加收50%附加费。

四、集装箱内的成组货物

(1)对符合运价本有关成组货物的规定和要求,并按拼箱货托运的成组货物,可以与件杂货同样处理,给予运费优惠,但如按整箱货托运的成组货物,则不能享受优惠运价。

(2)不论是拼箱货,还是整箱货托运的货物,在计算运费时均应扣除托盘本身的重量或尺码,但这种扣除不得超过成组货物(货物加托盘)重量或尺码的10%,超出部分仍按托盘上货物所规定的费率计收运费。但也有的航线习惯上对整箱货的托盘在计算运费时不扣除其重量或尺码。

五、集装箱内的家具和行李

集装箱内装载的是家具或行李,除组合成箱子再装入集装箱者外,均按箱子内容积的100%计收费用和其他与集装箱有关的费用,该办法一般适用于搬家的物件。

六、滞期费

集装箱运输下,如货主未在规定的免费期内前往承运人的堆场提取货箱,或者货运站提取货物,承运人对超出的时间则向货主收取滞期费。一般地说,整箱货的免费堆存期系从货箱从卸下船时起算,其中包括星期天、节假日,这一免费堆存期视不同港口的规定,习惯有2、3、4、5、7天不等。滞期费按天计算,一旦进入滞期时间,便按连续计算,即在滞期时间内若有星期天、节假日,该星期天、节假日也就应计入滞期时间。

不同货箱的免费堆存期也有所不同,冷藏箱、散装液体箱的免费堆存期比干货箱要短,卸船后要求收货人尽快提取。如有的规定为24小时,也有的为48小时,超出规定时间,则计收滞期费。

应注意的是,在规定的免费堆存期内如货主没有提取货箱,承运人有权将货或箱子另行处理,费用和责任由货主自负。

对于拼箱货则在货运站规定的免费堆存期内,收货人仍未前来提取货物,承运人对超出免费堆存期的时间按运费吨向货方收取滞期费。

七、延期费

如货主所使用的箱子和有关设备为承运人所有,而货主又未能在免费使用期届满后将箱子,或有关设备归还给承运人,或送交承运人指定地点,承运人则按规定对超出时间向货主收取延期费。

八、服装运费计收

对于服装系挂载集装箱内运输的,计收运费应注意:

(1)承运人仅接受整箱货堆场至堆场运输,但特殊情况例外。

(2)运费按箱子内容积85%计算,衣架及其他必要的装箱物料由货主提供。

(3)货主可在同一箱内挂载服装和其他货物,运费按箱子内容积的85%加上装载同一箱内所装的其他货物的实际尺码计收，但总的运费尺码不得超过箱子内容积的100%，在这种情况下，货主应提供经承运人同意的公证单位出具的货物衡量证书。

第三节　集装箱多式联运货物运费计收

一、最低运费计收

集装箱运输下的最低运费规定，不是普通船运输下所规定的最低运费金额，而是规定一个最低运费吨，也叫计费吨，是计收每一种货物运费时所使用的计算单位，运费吨包括重量吨和尺码吨两种，每一件货物都有它的重量和尺码，在确定按哪一种标准作为运费吨时，一般可按高者为准。例如某种货物重量4吨，尺码为6立方米，在既可按重量，又可按尺码计收运费时，该件货物的运费按6尺码吨计收。

不同的船公司对不同类型、不同用途的集装箱分别确定了他们各自的最低运费吨。由于航运是国际性的，所以，尽管不同的船公司对最低运费的计算都有自己的规定，但基本上是比较接近的，差异较小。

规定最低计费吨的目的在于，如货物系由货主自己装载时，箱内所装的货没有达到所规定的最低运费时，货主应支付亏箱运费，以确保承运人的利益。显然，最低运费吨乘上费率得出的全部运费中已包括了亏箱运费。

二、最高运费计算

普通船货物运输中没有最高运费的概念，货主要求托运多少货，承运人则按该货种所规定的费率收取运费。最高运费的计收只出现在集装箱整箱货运输下，其含义是，即使货主实际装箱的货物尺码吨超出箱子规定的计费吨，承运人仍按箱子所规定的计费吨收取运费，超出部分免收运费。但有些船公司则进一步规定，免收运费的货物以箱内货物低费率为准。

如20英尺干货集装箱最高计费吨21.5立方米，而箱内实载10级货物28立方米，超出部分6.5立方米免收运费（船公司对箱子规定的最高计费吨习惯按箱子内容积85%计算），因此，当货物的装箱系数与箱子积载系数接近时，实际装载箱内的货物尺码会超出箱子所规定的计费吨，但超重是绝对不允许的。

在计算整箱货最高运费时应注意，如整箱货是以整箱交接，或整箱接收、拆箱交货的情况下进行运输，运费则按发货人填制的装箱单内详细列明的不同货种，根据各自适用的费率分别计收运费。如在每包或每捆内装有不同等级的货物时，运费则按装在里面的货物所适用的最高运费计收。如发货人没有按照承运人的明确规定，详细申报箱内所装货物的情况，运费则按箱子的内容积计收，而且，费率按箱内货物所适用的最高费率计。假如箱内的货物有一部分没有申报衡量，那么，没有申报或衡量的部分计费标准是箱子可装内容积与已申报的货物运费吨之间的差数。

在远东至美国、加拿大的航线使用一种按商品规定的最高计费吨的集装箱特种运价，即对某一特定的商品按集装箱种类、规格公布一个特种运价和最高计费吨，适用于堆场至堆场间一个发货人、一个收货人的集装箱货运运输。在计算运费时，根据公布的特种运价加上费率表中规定的各种附加费，该运费的计收有两种方法：一种是根据每一集装箱内实载货物的运费吨计收，但收费不超过适用于该特种运价的最高运费吨。

第四节　集装箱多式联运运费计收有关的条款

一、货主使用承运人箱子

当货主在使用承运人的集装箱时，则应遵守下列有关规定：

(1)货主或其代表为装箱或拆箱，将货箱拖至承运人的码头堆场时(如附带集装箱设备时也一起包括在内)，除非承运人另外指定归还地点，否则，货主或其代表应在事毕后将箱子(如附带集装箱设备时也一起包括在内)归还承运人码头堆场。

(2)货主或其代表应对集装箱和其附属设备在使用期间安全负责，并在良好状态下将箱子归还给承运人，一旦发生损害、灭失，货主对其或其代表的过失负有修理或赔偿责任。

(3)承运人码头堆场的免费堆存期和延滞费同样适用于使用承运人的集装箱。

(4)如货主在承运人堆场提交空箱、实箱，或在承运人所管辖的货运站以外地点装、拆箱所引起的费用应予以承担。

二、集装箱内装货限制

(1)对于危险品和其他有异议的货物，只有在事先已进行订舱，并已取得承运人的同意之下，才有可能被接受运输。但即使在接受订舱申报手续后，承运人对此类货物在不适宜继续运输，或有可能损害船、货、码头等事宜时，仍可加以拒绝运输。此外，装运危险货物的集装箱在货物标记、标签、装箱要求，以及吊箱、积载、搬运等方面，都必须符合国际海事组织和有关港口的规定。

(2)承运人习惯上不接受装载平台集装箱或托盘上的松散货物，除非托运人与承运人之间事先订有协议。

(3)所托运的货物，在其重量、高度、长度、宽度等方面超出承运人与其有关设备能力时，承运人则不予接受。

(4)对冷藏箱，或装入通风设施，或绝缘的集装箱货物进行运输时，不得要求对其采取加温，或降温的保护措施，除非另有协议或按特别费率计费。

(5)承运人习惯上不接受因货物，或箱子(货主箱)本身缺陷而有可能浸污，或损害承运人的箱子，或其他一起运输的货物，除非托运人与承运人事先订有协议，并做好安排外。

(6)除订有协议，或按特殊费收计算运费外，承运人不接受价值贵重的货物、文件、证券等。

三、货主装箱并计数

当承运人或其代理人在接受由货主自行装载的货箱时，承运人或其代理人应在提单上加注“由货主装箱并计数条款(Shipper Load & Count)”，此外，还应符合下列一些规定：

(1)货主必须向承运人提供箱内所装货物的清单，列明货名、毛重、体积，以及公证机关发出的衡量证书,证书上应注明箱内货物的毛重和每件货物的重量和尺码。

(2)承运人不接受超过有效负荷的集装箱。

(3)同一集装箱内不得装入一个以上卸货港的货物。

(4)货主应对由于不适应装箱、绑扎、加固,或混装,或因托运人采取不适当的防护措施,加固材料所造成的任何损害负责。

(5)承运人仅在箱子外表状况良好下收货、交货。

(6)对托运的集装箱货主可自己加封,以及承担因加封而引起的费用和风险。

(7)不得在承运人的集装箱上贴附货主的姓名或有关标志。

四、由货主提供的箱子

(1)由货主提供的箱子应符合ISO标准,以及满足装、卸港和国际上的有关法律规定。

(2)对由货主提供的箱子在接受运输前,承运人或其代理人应在装船前对箱子进行检查,对任何不适合海上运输的集装箱则不予接受。

(3)对每一箱内的货物均应按运价本规定的费率和其他有关规定计收运费。

(4)对货主提供的集装箱,习惯上只接受堆场至堆场的运输条款。

(5)必要时,货主应根据承运人的要求提供箱子所有权的书面证明。

(6)承运人对由货主提供的箱子,不支付任何经济补偿和有关租费。

五、使用承运人集装箱运输干散货物

(1)除另有费率规定外,干散货物的费率同样适用于使用承运人的集装箱运输干散货物,但仅接受堆场至堆场运输条款,特殊情况例外。

(2)集装箱运输干散货物不另加收超重附加费。

(3)如原干散货物的费率为FI,或FO,或FIO,则要求货主节省的装、卸费用加在运价内,但仍计收堆场服务费或拼箱服务费。

(4)运费按装载集装箱内的重量计收。

(5)承运人提供干杂货集装箱干散货物时,承运人应提供干散货物用的设备,或向提供者支付费用。

六、承运人自行将件杂货载入箱

如由承运人自行将件杂货装入集装箱内,则由承运人自行负责装箱费,也不能另向货主收取拼箱服务费,而且:

(1)件杂货改装集装箱,应在船舶所靠码头、驳船(靠在大船边),或在其船上进行,也可以在承运人的货运站内进行。

(2)提单上不得注明货已装箱,但在舱单上必须注明。

(3)拆箱应在船舶所靠码头、驳船(靠在船边),或在其船上进行,也可在承运人的货运站内进行。

(4)在目的港按件杂货条款交货。

(5)按件杂货的费率和规定计收运费,包括收、交货费用,即从船边到库场,或从库场至船边的费用。

七、集装箱内加载

对由货主装载的集装箱，但该箱子为承运人所有，在装船之前，承运人可在集装箱内加载其他货物，但必须在承运人的集装箱货运站内进行。不论承运人或托运人都不得在堆场对货主装载的箱子另外加载其他货物（此项规定仅适用远东至美国、加拿大航线）。

八、中途港拼装货物

集装箱在中途港拼装货物时应注意：

(1)对在装船港码头堆场接受装船的货主集装箱，在未运抵目的港地之前，不得卸离船舶，或在船上加载其他货物。

(2)承运人可将其所有的集装箱和除货主以外的其他集装箱在将其运抵目的港地之前卸离船舶加载其他货物（此项规定仅适用于远东至美国加拿大航线）。

九、整箱货改为拼箱货交货

在整箱货改为拼箱货交货时，货主至少于船舶预计抵港前通知承运人，并经承运人同意之后，可按正本提单持有人的书面要求，在卸船港或为卸船港服务的集散港口的承运人的货运站，将整箱货改为拼箱货交货，由此而增加的费用，其中包括拼箱服务费、滞期费等，均由正本提单持有人承担。

十、拼箱货改为整箱货交货

在拼箱货改为整箱货交货的情况下，货主至少于船舶预计抵港前通知承运人，并经承运人同意后，根据交回全套的正本提单，可将原拼箱货改为整箱货提交，原收的拼箱服务费退回。

十一、更改目的港堆场

集装箱运输下更改目的港只适用于整箱货交货，经承运人同意并经目的地海关允许，可以凭正本提单更改目的港堆场，但应按下列规定进行：

(1)更改目的港堆场的要求应在船舶到达本航次第一靠港前通知承运人并经承运人同意。

(2)一旦发生更改目的港堆场，则应按不同种类、规格的集装箱收取附加费，或按因更改目的港堆场实际发生的费用计收，习惯按计费高的收取。但也有的为收费方便，规定出更改目的港堆场的包干附加费，在更改目的港堆场时，应适当调整运费和其他。

十二、选择堆场

选择堆场只适用于整箱货，并且应注意：

(1)经承运人同意，货主可在两个或两个以上承运人堆场中选择接收箱子（货箱由承运人交收货人，即堆场条款）。

(2)一旦发生选择堆场，则应加收选择堆场费，但如选择堆场的费用低于原费率时，则由承运人与提单持有人适当调整。

(3)货主应在船舶到达本航次第一靠港前宣布最后卸箱港,否则承运人可将该集装箱卸在他认为方便的港口。

(4)选择堆场的附加费按不同类型的集装箱和运费一起收取。

十三、额外服务和费用

如承运人为货主提供了额外服务,在货主提取货物时,应按实际情况支付承运人下列费用:

(1)由承运人执行因检疫如卫生当局颁布的规定(或指令)而发生的此项费用。

(2)由于海关或其他行政机构所颁布的规定或指令发生的,并由承运人执行的任何额外工作的费用。

(3)根据货主要求,提供特殊设备或额外劳务。

(4)任何因货主原因而增加的任何额外工作所发生的费用。

案例一　多式联运经营人有权向托运人收取运费

要点提示:本案历经一审、二审、再审、最高法院提审,最终认定陆海联运提单是运输合同,提单的签发人(承运人)和提单上打印的托运人才是运输合同的当事人,而货运代理只是托运人的代理人,不是运输合同的当事人,因此,托运人应向承运人支付运费而不应向货运代理支付运费。另外,多式联运的经营人有权向托运人收取全程的运费,同时承担全程运输的责任,当发生货损时,其应先向托运人赔偿损失,此后再向责任人追偿。

一、基本案情

1992 年 5 月中旬,某运输公司接受汽车公司的委托,为汽车公司将 108.502 吨钢板弹簧从武汉运往美国达拉斯。运输公司完满地履行了自己的义务,将货物通过铁路运至香港,从香港海运至美国洛杉矶,再从洛杉矶陆运至达拉斯,最终交至收货人手中。

然而,自货物起运,汽车公司只向运输公司支付了从武汉至香港的铁路运输费,至于该批货物在香港的中转超重附加费、香港至洛杉矶的海运费以及从洛杉矶至达拉斯的陆运费,共计 18 077.81 美元,汽车公司一直以种种借口不予支付。为维护原告合法权益,1992 年 10 月运输公司向某海事法院(简称一审法院)提起诉讼,请求法院判汽车公司立即向运输公司支付拖欠的运费及利息损失共计 18 511.68 美元。

一审中,汽车公司辩称:被告是委托杏花有限公司(简称杏花公司)武汉代理处王某承运该批货物,且运费已全部付清,与原告运输公司不存在运输承托关系,不应支付其运费。

二、处理结果

本案一审法院判决:被告汽车公司给付原告运输公司运费 18 077.81 美元,运费资金利息 724.6 美元(从 1992 年 5 月 30 日至 1993 年 6 月 10 日),原告承担 289.84 美元,被告承担 434.76 美元。两项共计被告汽车公司付给原告运输公司 18 512.57 美元。汽车公司不服一审法院判决,向省高级人民法院(简称二审法院)提出上诉。二审法院经审理查明,本案事实与一审认定的事实相符。驳回上诉,维持原判。汽车公司不服,向省高级人民法院(简称再审法院)提出申诉,再审法院裁定撤销一、二审法院的判决;驳回运输公司的起诉;一、二审受理费各9 842元人民币均由运输公司承担。运输公司不服,向最高人民法院(简称最高法院)申请再审,最高法院裁定撤销再审法院的裁定;维持二审法院判决。

一审法院经审理查明:1992年5月中旬,运输公司收到王某送来的由汽车公司签章的出口托运单两份,要求运输公司将汽车公司的108.502吨钢板弹簧从武汉运至美国达拉斯。运输公司接受委托后,于5月24日在武汉江岸火车站货场收货装载。5月30日和6月1日,运输公司签发了日本汽船公司提单两套,并将两套正本提单(各三份)交付给汽车公司。提单上注明,货物托运人为汽车公司。该批货物自武汉到香港后,由日本汽船公司"A"轮装运至美国洛杉矶,后由陆路转运至达拉斯。汽车公司已付武汉至香港铁路运费,尚欠货物在香港中转超重附加费、香港至洛杉矶海运费、洛杉矶至达拉斯陆运费共计18 077.81美元没有支付。同时查明运输公司收取的香港至美国达拉斯运费是参照国际上通用的,我国外经委认可的价格标准计算的,而且并未指定他人托收。汽车公司凭运输公司签发的两套货物正本提单已与买方进行了清算。

本案在审理过程中,曾多次口头通知汽车公司向一审法院提交所谓其与杏花公司武汉代理处王某有委托运输关系的依据,但汽车公司一直未提供。

一审法院认为:原告运输公司签发的提单是运输公司与汽车公司签定的由武汉至达拉斯海陆联运合同的证明,该运输合同有效。汽车公司委托运输公司运输货物,本应将运费付给运输公司,但汽车公司却将运费付给王某,违反运输合同规定,应当承担主要责任。运输公司在没有收取预付运费的情况下,将开出的正本提单交给汽车公司,也应承担一定的过错责任。运输公司收取汽车公司香港至美国达拉斯的货物运价合理。汽车公司委托杏花公司武汉代理处王某承运该批货物没有依据,本院不予承认。依照《中华人民共和国民法通则》第一百一十一条和《中华人民共和国民事诉讼法》第一百二十条和第一百三十条的规定,法院作出上述判决。

汽车公司不服一审法院判决,向省二审法院提出上诉。二审法院经审理查明,本案事实与一审认定的事实相符。驳回上诉,维持原判。

汽车公司在申诉请求中认为本案的事实是:1992年5月上旬,汽车公司委托杏花公司(后改名为永得利公司)承运由武汉经香港至美国达拉斯的钢板弹簧108吨,5月19日和23日杏花公司的钟某和王某在江岸火车站接收了这批货并装上了火车,与运输公司无任何关系(有钟某证明和签收收单),而绝非汽车公司委托运输公司承运货物且运输公司接受委托后,于同年5月24日在武汉江岸火车站货场收货装载。1992年5月18日和6月2日汽车公司通过银行转账给杏花公司分别支付了一程运费4475.20元人民币和1599元人民币,杏花公司亦开具了正式发票(有钟某证明和发票复印件)。

由于王某未交付有关单证,汽车公司未办理费用结算,直到1992年6月16日,王某及徐某(运输公司)在汽车公司商谈单证的交换事宜时,汽车公司才知运输公司是实际承运人。在此协商中,徐某要求汽车公司将运费支付给王某指定的账户上,6月19日,汽车公司按照徐的要求将77 599元人民币运费通过银行转账支付给了永得利公司的账号上,永得利公司亦开具了正式发票(有发票复印件),6月26日运输公司也从永得利公司的这个账号上收取了28 999元人民币运费,并向永得利公司开具了收据,因此汽车公司、永得利公司和运输公司三方的运输关系是明确的，付款收据也是通畅的，如果运输公司的运费没有收够，那应该是运输公司继续找永得利公司收取，而不应该找汽车公司，汽车公司在付款问题上没有过错，倘若如判决认为的“汽车公司应将运费付给运输公司”，那么为什么运输公司从永得利的王某那里收取了28 999元人民币运费并开具了收据呢？

判决所确认的运费依据不足，更何况提单未规定运费的数额，而运输公司所提出的外经委确定的价格更是没有依据，因为按惯例，运费是协商定价，即汽车公司与杏花公司协商确定的，运输公司提出的运费价格属漫天要价。

再审法院认为：汽车公司委托杏花公司代理处、永得利公司办事处承运该批货物，并将出口货物托运单、货物及运费转给了杏花公司代理处、永得利公司办事处。杏花公司代理处、永得利公司办事处接受了汽车公司的委托，并签收了托运的货物和运费，开出了运费发票，最后还将运输公司签发的提单交给汽车公司。汽车公司与杏花公司代理处、永得利公司办事处将汽车公司托运的货物转委托运输公司承运，运输公司接受转委托后，签收了托运的货物和部分运费，并签发了提单转给委托人，双方的货物运输法律关系亦甚明确。运输公司签发的提单不是运输合同，提单签发人运输公司与提单上所载明的货主汽车公司之间，还存在一个委托人杏花公司代理处、永得利公司办事处。因此，运输公司与汽车公司不存在货物承托运输的法律关系，汽车公司不应承担向运输公司付清运费的民事责任。运输公司将汽车公司作为被告人起诉，实属主体资格不合法。原终审判决认定的事实和当事人的民事法律关系不清，实体处理不当，应予纠正。再审法院依照《中华人民共和国民事诉讼法》第一百五十三第三、四项，第一百八十四条之规定作出上述裁定。

运输公司不服，向最高法院申请再审。1996 年 5 月 8 日，最高法院决定对本案提审，并依法组成合议庭审理本案。

最高法院认为：所谓杏花公司代理处、永得利公司办事处是王某为便于揽货而先后使用的名称，事实上并不存在。王某虽然接受了汽车公司的托运单、货物，收取了运费，后将汽车公司的托运单、货物交运输公司办理托运。但签发此票货物全程联运提单的是运输公司而非王某。王某仅是将运输公司签发的提单交给了汽车公司。根据该提单，对汽车公司承担全程运输责任的是运输公司而不是王某。因此，王某不是承运人。汽车公司填写的托运单只是委托代理人办理托运的单证，是对所运货物的有关情况说明，承运人据此签发提单。托运单不是运输合同。省高级人民法院再审裁定认为汽车公司与王某构成运输法律关系的理由不能成立。王某虽然是以自己的名义将汽车公司的托运单、货物交运输公司办理托运，并支付了部分运费，但在运输公司签发的提单上托运人是汽车公司而不是王某。运输公司仅与汽车公司构成承托法律关系。根据该提单，运输公司只对汽车公司承担全程运输责任，而对王某则不承担任何责任，因此王某不是托运人，其行为仍属汽车公司的行为。再审法院裁定认为王某与运输公司构成另一运输法律关系不能成立。由于汽车公司提供不出运输公司曾授权王某为其向汽车公司收取运费的证据，根据该提单运费预付条件，托运人汽车公司不能免除向运输公司支付尚欠运费的义务。

运输公司向汽车公司主张的香港中转超重附加费、香港至达拉斯的海陆运费计 18 077.81 美元，是根据香港中旅货运有限公司驳运计费单，我国经由香港使用国外班轮承运货物至美国西岸适用的华夏 4 号运价本和亚洲北美协会运价本计收的。汽车公司提出运输公司计收费不合理的证据不足,不予认定。

最高法院根据《中华人民共和国民事诉讼法》第一百八十四条的规定作出上述裁定。

三、法律分析

一个并不复杂且金额不大的案子,竟从1992年打到1996年,期间经历了一审、二审、再审,直至最高人民法院提审,到1996年10月6日才获了结。人们从本案中可获得的启示是多方面的:

1. 代理人与当事人的法律地位及责任不同

王某是代理人。最高法院虽没有直接指明王某是货运代理人,但文字中已提及"汽车公司填写的托运单只是委托代理人办理托运的单证","王某将汽车公司的托运单、货物交运输公司办理托运"不难看出,王某就是那个被委托办理托运的代理人,其有权安排运输公司承运货物。

运输公司、汽车公司是当事人。最高法院在判决书中指出:"签发此票货物全程联运提单的是运输公司而非王某","对汽车公司承担全程运输责任的是运输公司而不是王某,因此,王某不是承运人","在运输公司签发的提单上托运人是汽车公司而不是王某,运输公司仅与汽车公司构成承托法律关系。根据该提单,运输公司只对汽车公司承担全程运输责任。而对王某则不承担任何责任,因此王某不是托运人。"王某既不是承运人也不是托运人,因此不是合同的当事人。本案合同的当事人一方为承运人—运输公司,一方为托运人—汽车公司。

作为货运代理人和当事人,其法律地位和责任是不同的。代理人只要在选择承运人上做到了合理谨慎,对运输是不承担责任的。而合同的当事人,即承运人要对全程运输负责。同时运输公司与汽车公司构成的法律关系赋予运输公司向托运人汽车公司索要运费的权利和汽车公司应将运费支付给运输公司的义务,而代理人无权收取托运人的运费,承运人也无权向代理索要运费,除非另有协议。身为托运人的汽车公司作为本案的诉讼主体是毫无疑问的。

2. 提单是否为合同

一个案子为什么出现两种截然不同的结论呢?这是因为认定的事实与法律关系完全相反:一种观点认为托运单即是运输合同,提单不是运输合同;另一种观点则反之,认为在本案中,托运单不是运输合同,只有陆海联运提单才是运输合同。提单上打印的托运人与提单签发人则是该提单合同的当事人。他们之间存在着承托法律关系,虽然办理托运时,往往不是托运人本人而是通过其货运代理办理的,但在法律上托运人应履行提单条款中的义务,当然也应享受提单条款中所规定的权利。

3. 多式联运全程负责人及其承担的责任

在国际多式联运的情况下,联运提单的签发人往往被视为多式联运经营人。他向托运人收取全程运费,故对全程运输负责。当货物发生货损货差时,他要承担承运人的责任,如果能够分清货损是在哪一段运输中发生的,则按该段运输方式的法律规定承担责任;如分不清货损是在哪一段运输中发生的,则按联运提单背面的条款进行赔偿(一般都是按《国际多式联运公约》规定的2美元/公斤)。此后,多式联运经营人有权向造成损失的责任人进行索赔。目前各国从事多式联运业务的国际货运代理,一旦签发了此种提单,便成为多式联运经营人,承担全程运输的责任。根据我国有关货运代理的规定,我国的货运代理亦有权经营多式联运业务。同样,一旦签发了多式联运提单,就不再是代理人,而是运输合同的当事人,须承担承运人的法律责任。

4. 托运人应将运费交给谁

作为托运人，当其支付运费时，不可不假思索地向外支付，而应将运费支付给有权收取运费的人，否则会带来因错交而承担再次支付运费的法律后果。一般情况下，托运人应依据手中的提单，将运费直接付给真正的承运人，除非承托双方另有约定。目前我国正式注册的货运代理已有4000 多家，未注册的亦有好几千家。所以，托运人在委请货运代理安排运输时，要注意委托那些资信情况好的货运代理，以免承担风险。

四、经验教训

本案虽涉及金额不大，但从双方一审、二审、再审，直至最高法院提审的整个过程，揭示了一个带有普遍意义的事实，即只要认定理由充分、证据确凿，就绝不轻易放弃，要以一种锲而不舍的精神，据理力争，利用一切法律手段，维护自己的合法权益。

在航运市场竞争十分激烈的情况下，虽然规定“在装货前或装货后×个银行工作日内支付运费”，但承运人苦于无奈，往往迫于托运人的要求，在未收到运费的情况下，不但签发了“运费预付”的清洁提单，将货物运到提单上载明的目的港并交给了收货人，而且即便如此，还常常收不到应得的运费，有时甚至交货后好几年都收不到运费。为此，特提醒承运人：一旦签发了“运费预付”的清洁提单，而实际上未收到运费时，将意味着有收不回全部运费的风险。

提单打上“运费预付”并不等于在货物装船前运费已实际支付。尚存在以下几种情况：①货物装船前全部运费确实已付；②货物装船后、开船前全部运费已付；③根据船货双方书面协议，例如租约条款规定，货物装毕开航后×个银行工作日内付运费；④根据协议，货物装船先付85%的运费。余下的15%运费，待货物运抵目的港卸毕后×天内再付；⑤装货后应付清全部运费，但实际上分文未付。

历时4年的诉讼，代价是巨大的，但于己于人于国家都是有利的。无论是代理人、承运人，还是委托人，最终搞清了他们之间的法律关系，明确了各自在不同合同中的地位及其权利、责任和义务，提高了法制观念。

案例二　货代作为代理人不承担支付运费义务

要点提示：本案中的货代公司实际具有双重身份。一是接受货主委托代办运输的货代，二是接受承运人委托代签提单的船代。在运费支付的法律关系中，该货代公司的确是承运人代理的身份，不应承担支付运费的责任。这样的行为，虽然可能会被认定为我国民法所禁止的“双方代理”，但鉴于实践中此种做法的普遍性，从维护法律关系的稳定，明确当事人责任义务出发，笔者认为不易将其认定为无效。

一、基本案情

1984 年 5 月 2 日某运输仓储有限公司(简称运输公司)与某国际货运代理公司(简称货代公司)签订了《办理陆海联运业务协议书》，协议约定：货代公司代表重庆经贸系统各出口公司及工贸公司同意将经香港中转货物的陆海联运业务全部委托运输公司办理；双方同意正式建立货运代理关系，并将继续根据运输公司对本公司陆海联运联系工作所作出的内部规定《陆海联运联系暂行办法》的分工原则，履行职责；货代公司作为运输公司在重庆的代理应积极发展陆海联运业务,组织安排运输,统一联系订舱并负责签发运输公司的陆海联运提单,缮制运费清单及其他运输单证。

1985 年 10 月 18 日,运输公司、货代公司双方签订了《陆海联运补充协议》,协议内容主要约定经香港(包括深圳)等运往欧美等 5 条航线的货物给予装箱费、速遣费及优惠,约定出运茶叶的托盘费等。《办理陆海联运业务协议书》和《陆海联运补充协议》签订后,运输公司将若干份空白"多式联运提单或港至港提单"交给货代公司代理其签发。1994 年至 1995 年底期间,某货主公司作为托运人先后向货代公司提交出口货物代运委托单若干份。委托单载明:经营人、托运人为货主公司,装货港重庆,卸货港国外某港口,以及货物名称、件数、重量、运费等。在特约事项栏内均盖有货主公司和写有"运输公司"字样。货代公司接到货主公司出口货物代运委托单后,据此制作提单副本,并向运输公司提出订舱,原告运输公司接受订舱后,货代公司根据授权,代表运输公司向货主公司签发提单。提单载明:托运人是货主公司,收货人凭指示,装货港重庆港,卸货港国外某港口,货代公司作为运输公司的代理签发运输公司的提单。运输公司承运货物后产生运费 123 781. 77 美元和 800 港元。1994 年 6 月 2 日至 1995 年 12 月 28 日,运输公司与货代公司按双方之间的运费结算惯例,先由运输公司向货代公司开出香港至国外某港口运费发票,发票上印有"LESS…2. 5% HKD"字样。货代公司在收到该发票后以自己的名义按运输公司的运费原价并附上该发票向货主公司开出香港至国外各港口运费发票。待货主公司支付运费后,货代公司可按约定扣减 2. 5% 港元费用,余下运费给付运输公司。但货主公司未向货代公司支付该批所欠运费 123 781. 77 美元和 800 港元。

1996 年 1 月 9 日,运输公司、货代公司双方签订《关于陆海联运货物运费结算协议》,约定:运输公司按照双方有关陆海联运协议办理货代公司委托的经香港陆海联运货物中转业务,待货物实际装运后,运输公司即出具运费发票向货代公司收取香港中转费、二程运费及其他应向货代公司收取的费用,货代公司承诺按协议向运输公司支付运费;协议有效期从 1996 年 1 月 1 日货到香港起开始计算,本协议生效前双方的债权债务将仍按原协商办法处理。协议签订后,运输公司按约履行了义务,货代公司尚欠运费 278. 97 美元未付。

1997 年 2 月 25 日,运输公司向货主公司发出催收运费函。1997 年 4 月 17 日,运输公司、货代公司以及货主公司三方签订《协议书》,指出:货主公司拖欠货代公司(运输公司)运费。1998 年 4 月 7 日,货主公司向运输公司发出函件承认拖欠运费。1999 年 5 月 25 日运输公司、货代公司双方签订《协议书》约定:货主公司拖欠货代公司(运输公司)运费 127 207. 14 美元,至今未支付给货代公司,致使货代公司无法汇付运输公司;双方多次向货主公司催收未果;双方同意联手通过法律途径向货主公司催讨欠款。1999 年 10 月 12 日,运输公司向货代公司发出《关于联手起诉"货主公司"欠款事宜》的函。

而后运输公司以货代公司拖欠海上货物运输合同运费为由以货代公司为被告诉至重庆市第一中级人民法院要求货代公司支付所拖欠的运费,该案于 2001 年 7 月 17 日移送至武汉海事法院。

二、处理结果

一审原告运输公司诉称:根据《办理陆海联运业务协议书》和《陆海联运联系暂行办法》的分工原则以及《陆海联运补充协议》,在 1994 年 6 月至 1995 年 11 月期间,被告货代公司一直委托原告运输公司为其办理货物在香港的转运及二程海运的业务,原告按约履行了义务,但被告拖欠运费共计 123 781.77 美元及 800 港元；原告开给被告的上述运费发票上有“LESS…2.5% HKD”表明扣减的是运费差价，被告收取运费差价是国际海上货物运输合同的当事人。根据 1996 年 1 月 9 日双方签订的《关于陆海联运货物运费结算协议》被告承诺向原告支付运费，但一直未付。原告继续为被告办理有关运输业务，至 1999 年 11 月被告又拖欠原告运费 658.97 美元。原告请求法院判令被告支付上述拖欠的运费共计 124 440.74 美元和 800 港元。

被告货代公司辩称：根据原、被告双方的约定，被告作为原告的代理，在重庆地区为其办理揽货业务，并代其签发多式联运提单或港至港提单。发票上的“LESS…2.5% HKD”为扣除佣金，被告不是合同当事人。被告同原告之间是代理与被代理关系，委托单、提单记载的真正托运人是货主公司。被告混淆了托运人、承运人以及代理人之间的关系，被告不是托运人不承担向原告支付运费的义务。请求法院驳回原告的诉讼请求。

针对 1996 年 1 月 1 日前发生的运费，海事法院认为：原告运输公司与被告货代公司签订的《办理陆海联运业务协议书》、《陆海联运补充协议》依法成立、合法有效。根据上述协议，原告运输公司与被告货代公司之间建立的是海上货物运输委托代理关系。另外根据货主公司的委托单和原告提单，均证明被告货代公司为原告运输公司的运输业务代理、原告运输公司是承运人、货主公司是托运人。原告运输公司以海上货物运输合同关系起诉被告货代公司给付运费，没有事实和法律依据，且被告并未承诺承担支付所欠运费的责任。因此原告运输公司只能依据海上货物运输合同关系向货主及托运人货主公司索取。理由如下：①从双方签订的协议来看，双方约定被告货代公司是原告运输公司在重庆的运输业务代理，没有约定被告货代公司是向原告运输公司负有支付运费义务的托运人，而只是根据运输公司的委托有向托运人货主公司代收运费的职责，在法律上被告货代公司不具有强制托运人货主公司向其支付运费的权利。即使被告货代公司为履行代收运费的职责，只能依据委托代理协议关系承担违约责任，而不能成为支付运费的主体。②从原告运输公司的《陆海联运联系暂行办法》来看，该办法不是合同。双方将此办法中有关代理分工原则纳入双方签订的《办理陆海联运业务协议书》中，是对该协议书中代理分工事项的补充。该办法并未涉及货代公司是托运人或总承运人的问题。③从实际办理运输的证据即委托单、提单来看，委托单所记载的经营人、托运人为货主公司，承运人为货主公司指定的运输公司，托运人和承运人均非被告货代公司。委托单是货主向承运人订舱运输提交的重要的法律文件，被告货代公司根据与原告的代理协议，接受办理货物手续，再根据原告运输公司的授权向货主公司签发原告运输公司提单，原告运输公司根据该提单进行了运输，将货物交给了收货人。另外，提单作为承托双方建立海上货物运输合同的证明。被告货代公司在该提单上的地位是原告运输公司的代理签单人，不是托运人。在没有订立书面的海上货物运输合同的情况下委托单和提单是确立海上货物运输合同关系的重要证据。④根据《海商法》规定结合本案来看，多式联运经营人相对于托运人而言就是承运人，一方面要与托运人订立多式联运合同（至少要有自己的联运提单证明）负责全程运输，收取全程运费；另一方面，要与各区段承运人订立各区段运输合同组织全程运输，向各区段承运人支付运费。本案中被告货代公司一方面既未与托运人货主公司订立多式联运合同也未用自己的联运提单，更没有收取全程运费；另一方面，未与各区段承运人订立各区段运输合同，也未向各区段承运人支付运费。所以该货物运输的法律关系是，托运人为货主公司，承运人是运输公司，被告在提单上是原告运输公司的代理签发人。⑤从开出的运费发票看，被告货代公司是根据与原告运输公司的协议,由原告开出运费发票后,被告货代公司以原告确定的价格向货主公司开具运费发票,并附上原告的运费发票,符合《中华人民共和国国际货物运输代理业管理规定》。"LESS…2.5% HKD"并未说明扣除的是运费差价还是佣金,不能证明被告是该国际海上货物运输合同的当事人。因此,原告认为被告在该业务中获得运费差价的主张没有事实依据,不予采信。鉴于上述理由,原告要求被告向其支付1996年1月1日前的运费没有法律依据,应驳回其诉讼请求。

1996年1月9日双方签订《关于陆海联运货物运费结算协议》,确认1996年1月1日后发生的运费,应由被告货代公司向原告支付,托运人拖欠的运费也应由被告支付。被告在庭审中也同意支付1996年1月1日以后的运费。因此,原告要求被告支付1996年1月1日以后的运费,法院予以支持。

依据《中华人民共和国民法通则》第一百零六条第一款、《中华人民共和国海商法》第七十一条、第七十二条第二款、《中华人民共和国民事诉讼法》第六十四条第一款、第一百二十八条的规定,武汉海事法院于2002年1月10日作出判决:被告货代公司给付原告运输公司运费278.97美元;驳回原告要求被告给付运费123 781.77美元及800港元的诉讼请求;案件费用人民币19 731元,原告运输公司承担人民币19 687元,被告货代公司负担人民币44元。

三、法律分析

1. 本案中被告货代公司的法律地位是运输公司的代理还是承运人或多式联运经营人

首先,判断货运代理的法律地位主要看其是否以合同当事人的角色出现,是否直接收取货主的运费并从中赚取运费差价,是否签发承运人性质的提单或多式联运提单等。本案中从证明国际海上货物运输合同关系的提单来看,上面记载的承运人是原告运输公司,托运人是货主公司,被告货代公司在这里仅仅是根据与承运人之间的协议并经承运人授权代为向托运人签发提单,不是合同当事人:被告货代公司是在原告向其开出运费发票以后以该发票的原价向托运人货主公司开出发票并附上该发票,这实际上是按协议代表承运人向托运人收取运费的行为至于有关扣除2.5%费用的记载应当认定为向承运人收取的佣金;托运人货主公司的出口货物代运委托单上也记载托运人是货主公司,说明被告并没有以自己的名义办理托运。

其次,《中华人民共和国国际货物运输代理业管理规定实施细则》(试行)第四十二条:"国际货运代理企业作为代理人,可向货主收取代理费,并可从承运人处取得佣金。国际货运代理企业不得以任何形式与货主分享佣金。国际货运代理企业作为独立经营人,从事本细则第三十二条中有关业务,应当依照有关运价本向货主收取费用。此种情况下,不得从实际承运人处接受佣金。"这说明货代作为代理人从承运人处取得佣金是合法的,相反货代以独立经营人身份从事业务时,不能向实际承运人收取佣金。本案中的被告正是以原告的代理人身份开展业务并从承运人处获得佣金。另外正如在本案判决中所提到的,根据我国《海商法》有关多式联运经营人的规定及其他相关证据,被告货代公司在本案中也不是国际海上货物运输合同的当事人。所以法院将被告货代公司的法律地位认定为代理人是正确的。

2. 本案中货代公司所从事的业务与通常的货运代理业务不同

不同的是它一方面作为承运人的代理代签提单、代收运费,另一方面又作为货主的代理安排订舱等事宜,同时从承运人处收取佣金。根据《海运条例》第二十九条的规定,国际船舶代理经营者接受船舶所有人或者船舶承租人、船舶经营人的委托,可以经营下列业务:①办理船舶进出港口手续，联系安排引航、靠泊和装卸；②代签提单、运输合同，代办接受订舱业务；③办理船舶、集装箱以及货物的报关手续；④承揽货物、组织货载，办理货物、集装箱的托运和中转；⑤代收运费，代办结算；⑥组织客源，办理有关海上旅客运输业务；⑦其他相关业务。商务部2004年1月1日颁布的《国际货物运输代理业管理规定实施细则》第三十二条规定："国际货运代理企业可以作为代理人或者独立经营人从事经营活动。其经营范围包括：①揽货、订舱（含租船、包机、包舱）、托运、仓储、包装；②货物的监装、监卸、集装箱装拆箱、分拨、中转及相关的短途运输服务；③报关、报检、报验、保险；④缮制签发有关单证、交付运费、结算及交付杂费；⑤国际展品、私人物品及过境货物运输代理；⑥国际多式联运、集运（含集装箱拼箱）；⑦国际快递（不含私人信函）；⑧咨询及其他国际货运代理业务。"由此可见本案中的货运代理实际上扮演着双重身份，既做船代，又做货代，既是承运人的代理人，又是托运人的代理人。根据民法有关代理的基本理论，此种做法正是一种双方代理行为，双方代理因可能损害被代理双方的利益，而通常被认定为无效。但是，考虑到货运代理的此种做法在今天的航运实践中十分普遍，从维护现有法律关系的稳定和明确当事人的权利义务的目的出发，司法实践中应暂不易将其认定为无效，而是应通过行政法规和对货运代理的有效监管逐渐地杜绝这种现象的存在。

3. 作为承运人的运输公司和它的代理人货代公司在本案中各自承担什么义务

根据《中华人民共和国民法通则》第六十三条第二款的规定，"代理人在代理权限内，以被代理人的名义实施法律行为。被代理人对代理人的代理行为承担民事责任。"运输公司应对货代公司在代理权限内实施的揽货等行为承担责任。《合同法》第四百零六条规定："有偿的委托合同，因受托人的过错给委托人造成损失的，委托人可以要求赔偿损失。无偿的委托合同，因受托人的故意或者重大过失给委托人造成损失的，委托人可以要求赔偿损失。受托人超越权限给委托人造成损失的，应当赔偿损失。"本案中货运代理在第一笔业务中代理承运人承揽货物、代签提单、代收运费上并不存在过错，因此，不应作对作为其被代理人的运输公司因此而遭受的损失承担责任。托运人不付运费的风险应由被代理人自行承担。

四、经验教训

尽管目前货运代理既做船代，又做货代的做法十分普遍，但这并不能证明此种做法的合法与合理性，货运代理这样做在获得一些优势和利益的同时，也潜藏着巨大的风险。

货运代理在从事业务操作中应当注意自己是作为当事人还是代理人，最好在合同中做明确的约定。因为从事业务不同，扮演的角色不同，承担的法律责任也完全不同。在业务中的各种表示都应当与该角色相符合。否则会引起麻烦甚至可能被迫承担不该承担的责任。本案中1996年运输公司与货代公司签订的《关于陆海联运货物运费结算协议》就将货代公司由原来的代理人身份变成了托运人，承担了向承运人支付运费的责任。

货运代理在与货方的业务中应当注意防范收不到运费及其他费用的风险。

有无船承运业务或多式联运经营业务的货代在将自己的提单交他人代签时要格外慎重。

思考题

1. 集装箱多式联运业务中，运费的组成需要考虑哪方面？

2. 对于拼箱货和整箱货,在涉及运费计算时,需要分别考虑哪些要点?
3. 在多式联运业务中,有权收取运费的关系方有哪些?
4. 集装箱最高运费和最低运费的计算规则是什么?
5. 了解有关集装箱多式联运运费计收的相关条款。

第六章　联合国国际货物多式联运公约

第一节　多式联运公约总则

总则是多式联运公约的第一部分，由四个条款组成，第一条：定义；第二条：适用范围；第三条：强制适用；第四条：多式联运的管理。

一、定义

1. 国际多式联运

"国际多式联运"是指按照多式联运合同，以至少两种不同的运输方式，由多式联运经营人将货物从一国境内接管货物的地点运至另一国境内指定交付货物的地点。为履行单一运输方式合同而进行的该合同所规定的货物接送业务，不应视为国际多式联运。

公约所规定的多式联运，可以由陆海、陆空；海陆，海空等运输方式组成，它与普遍的联运方式有严格区别。前者对所使用的运输方式的种类有特殊限制，由两种不同的运输方式组成即可。而后者在实际业务中将海运作为联运中必不可少的运输方式之一。但作为国际多式联运，其必须具备的条件是：

(1)必须是国际间的货物运输；

(2)必须签发多式联运提单；

(3)由多式联运经营人对全程运输负责；

(4)使用两种或两种以上运输方式完成货物全程运输。

2. 多式联运经营人

"多式联运经营人"是指其本人或通过其代表订立多式联运合同的任何人，他是事主，而不是发货人的代理人或代表或参加多式联运的承运人的代理人或代表，并且负有履行合同的责任。

国际多式联运系由不同的承运人使用不同的运输工具共同完成货物全程运输，一旦在运输过程中发生赔偿行为，由谁对该损害行为负有赔偿责任。再者，在多式联运下，出现了两种类型的承运人，一种是契约承运人(与货物托运人订有运输合同的人)，另一种是实际承运人(即受契约承运人的委托完成货物运输的人)。这种规定丝毫不影响契约承运人与实际承运人之间的任何追偿权利，对多式联运经营人的定义规定，是为了说明在国际多式联运过程中一旦发生损害赔偿行为，多式联运经营人以"本人"的身份直接参加赔偿。

3. 多式联运合同

"多式联运合同"是指多式联运经营人凭以收取运费，负责完成或组织完成货物运输的国际多式联运合同。

一般国际货运公约都规定了运输合同的定义，但区别甚大。

(1)海上货物运输合同是以提单形式来体现，尽管航运习惯将提单理解为运输合同的证明。并据以进行货物运输。而航空货物运输则以空运单(Air Way Bill)来体现。公路，铁路则使用陆运单(Consegment Note，或 Nonegiate Receipt)等非流通单证来体现，而海运提单则是可转让的；

(2)已通过的《汉堡规则》规定，"包括有海上运输合同，也有其他运输方式的运输合同，就本公约而言，只有在有关海上运输范围内，才视为海上运输合同"。也就是说，在国际多式联运中，与海上运输部分有关的运输合同应视为海上运输合同。《汉堡规则》的这种规定方法与多式联运公约是有冲突的，具体冲突在后面条款解释。

4. 多式联运单据

"多式联运单据"是指证明多式联运合同，以及证明多式联运经营人接受货物并负责按照合同条款交付货物的单据。

这一条款规定的目的在于说明：

(1)多式联运单据不是运输合同，而是运输合同的证明；

(2)多式联运单据是多式联运经营人收到货物的收据和凭其交货的凭证。

5. 发货人

"发货人"是指本人或以其名义或其代表与多式联运经营人订立多式联运合同的任何人，或指其本人或以其名义或其代表按照多式联运合同将货物实际交给多式联运经营人的任何人。

在国际贸易中，发货人通常系指卖方，收货人是买方，买卖双方订立的贸易合同是以不同的交易条件来体现的，特别是价格条件。在 CIF 价格条件中，由卖方负责租船订舱，即洽订运输工具。因此，与多式联运经营人订立多式联运合同的人自然是卖方，这种情况与本条款的规定是相符的。但在 FOB 价格条件下，则由买方负有洽订运输工具的责任，因而，与多式联运经营人订立多式联运合同的人是买方。这样，买方既是收货人，而似乎又成了发货人，这则与本条款对发货人的规定发生了矛盾。所以，本款的规定是对这种情况的说明，就是说，发货人在不同价格条件下有两种情况：

(1)与多式联运经营人订有运输合同的人；

(2)将货物实际交给多式联运经营人运输的人。

6. 收货人

"收货人"是指有权提取货物的人。

在实际业务中，这种规定没有多大意义，因为，收货人要求提货，则必须是：

(1)在记名提单的情况下，必须是提单上记明的人才能提货；

(2)在指示提单或不记名提单情况下，则根据提单持有人交货，即根据提单背书记载的有权提取货物的人。

7. 货物

"货物"包括由发货人提供的任何集装箱、托盘，或类似的装运工具或包装。

集装箱货物在国际多式联运中，通常由多式联运经营人提供箱子，但也有货主使用自有箱的；本条款将由货主提供时箱子包括在“货物”一词内的规定是合理的，这是因为集装箱不仅能反复使用，而且，具有一定的价值。所以，在多式联运过程中一旦发生货损事故，多式联运经营人必须负责赔偿，除非属多式联运经营人的除外责任。

此外，本条款将“包装”也包括在货物一词内，这是值得探讨的。因为，在某些情况下，货物运抵目的港地，如包装损坏，而里面的货物并没有损坏，在这种情况下让多式联运经营人对包装负责赔偿是否合理。诚然，包装是有一定价值，但同昂贵的集装箱比较；就很难说明其价值。对此，一旦在实际运输过程中发生类似事故，除协商解决外，只能由法院作出判定。

8. 国际公约

“国际公约”是指各国之间用书面签订的，并受国际法制约的国际协定。

9. 强制性国家法律

“强制性国家法律”是指任何有关货物运输的成文法，其规定不得用合同条款加以改交而不利于发货人。

10. 书面

“书面”包括电报，电传。

二、适用范围

本公约的各项规定适用于两国境内各地之间的所有多式联运合同；如果：

（1）多式联运合同规定的多式联运经营人接管货物的地点是在一个缔约国境内，或

（2）多式联运合同规定的多式联运经营人交付货物的地点是在一个缔约国境内。

适用范围是指该公约实质适用对象而言，一旦发生争议，则存在民事法律关系中的涉外因素，这种法律关系与不同国家的法律有关，因而，下列问题是必须考虑的：

（1）不同国家的当事人在签订一个运输合同时，根据哪一国的法律确定其权利、义务，以及确定合同中的条款；

（2）如果合同当事人对合同的执行产生争议，如何解决，适用哪一国的法律来解决；

（3）如争议经双方协商仍不能到解决，到法院提起诉讼，应到哪一国的法院起诉，法院在审理此案时，适用哪一国家的法律；

（4）如争议经一国法院判定后，要到另一国执行时，该国能否执行。

由此可见，每个国家的法律规定是不尽相同的，有的存在着本质上的区别。同一争议，由于用不同国家的法律，由不同国家的法院审理，则会导致完全不同的结果。

就海运方面的规则而言，1924 年制订的《海牙规则》适用于“在任何缔约国所签发的一切提单”。也就是说，在《海牙规则》成员国所签发的提单才适用《海牙规则》，可见，《海牙规则》的适用范围被限制在很小的范围内。1968 年对《海牙规则》修改的《维斯比规则》的适用范围有所扩大，《维斯比规则》规定，“只要货物是从一个缔约国的港口起运，即可适用”。1978 年制订并已通过的《汉堡规则》将适用范围进一步扩大为：“只要货物的卸船港位于一个缔约国内。”

根据本条对适用范围的规定看，本公约的各项规定可适用于两国境内各地之间的所有多式联运合同。如 A 国与 B 国之间进行货物运输，B 国参加了本公约，而 A 国则没有参加。收货人在 B 国，因 B 国是缔约国，可在 B 国诉讼或仲裁。对于 B 国法院或仲裁机构，当然适用本公约的规定方便。因此，多式联运公约规定交付货物的地点是在一个缔约国境内，这一点很重

要。如不作上述规定,即使B国是缔约国,A国不是,则也不能适用本公约。

三、强制适用

根据多式联运公约第二条受本公约制约的多式联运合同业经签订,本公约各项规定即对这种合同强制适用。本公约的任何规定不得影响发货人选择多式联运或分段运输的权利。

随着国际政治、经济力量对比的改变,以及科学技术的迅速发展,各种单一运输的国际公约也在不断发展、不断修订,使承运人与托运人之间的权利、义务关系更趋合理,法律规范更加准确。各单一运输方式间形成了一些带有共同性的法律规范,当然,由于运输方式的不同,历史背景各异,在许多方面还是有其差别,公约的强制适用,是规定了当事人之间的基本权利、义务,基本法律关系,其根本目的是为在该运输领域内确定应有的秩序。如果系任意性的规范,可由当事人随意修改或作废,那么,势必造成国际运输领域内的紊乱。

四、多式联运管理

国际多式联运公约按传统的做法所调整的是属于私法方面的法律关系,因此,在制订本公约时有人认为,公约只要在承运人、托运人双方的权利、义务方面作出规定,由其当事人订立合同,并履行合同,国家不应加以过问。所以,公约内既不应订入国家调整多式联运活动的规定,也不应订入任何属于公法性质的内容。但也有人认为,法律是人创造的,法律应当为人服务。根据这一指导思想,制订本公约时规定了国家对多式联运的管理,这在国际公约中具有深远的意义。

多式联运公约对多式联运管理的规定,完全是根据其运输特点来制定的。由于集装箱运输需要相适应的口岸设备,内陆运输条件等。因此,就需要重新建立运输体系,筹集资金,解决劳力等问题,而所有这些对该国家的经济发展有着重要影响,甚至关系到国家计划的制订。因此,发展中国家认为,不应当把多式联运的发展只看作是多式联运经营人和托运人之间的事情,而应当从国家经济发展的高度来认识这一问题。多式联运公约不应只局限于规定承运人和托运人之间的权利、义务,而应当对有效管理和控制多式联运作出规定。发展中国家希望在引进新技术措施前能够通过协商,调查港口设备是否合适,内陆运输条件是否许可等。根据这一特点要求,多式联运公约对多式联运管理作了特别规定。

第二节　多式联运公约经营人的责任期限

《海牙规则》对承运人关于货物运输的责任期限规定是:"自货物装上船时起至卸下船为止"的一段时间。就是说货物的损坏、灭失系在该期间造成,才适用《海牙规则》。对装船前和卸船后这两段时间的承运人责任,可由承托双方在合同上自由约定。因此,《海牙规则》又进一步规定:"对货物没有装上船或货物已从船上卸下后,承运人的权利,义务不受《海牙规则》的限制,承托双方自由协商,即使其责任或权利大于《海牙规则》,也为法律所许可"。

但《海牙规则》中所规定的承运人的责任期限并不是绝对的,还要受有些国家的国内法的规定和港口习惯的约束。

1978年通过的《汉堡规则》,则扩大了承运人的责任期限,《汉堡规则》规定:"承运人对货物的负责期间包括货物在装船港、运输途中和卸船港承运人掌握的整个期间”。也就是说，从接管货物时起到交付货物时止。《汉堡规则》的这一规定突破了《海牙规则》对承运人最低责任期限，向货物装卸前后两个方向发展，在一定程度上加重了承运人的责任。

根据《汉堡规则》的规定，不论货物的灭失、损害发生在哪一区域，只要系发生在承运人掌管期间，收货人则可向承运人提出赔偿要求，即使实际上货物的灭失、损害并非属于承运人的责任，承运人在赔付给收货人后，再向责任方行使追偿权利。

多式联运公约根据集装箱运输下，货物在发货人仓库，工厂门，以及集装箱货运站、码头堆场进行交接的特点，仿照《汉堡规则》，对多式联运经营人规定的责任期限是，“多式联运经营人对于货物的责任期限自接管货物之时起至交付货物时止”。

根据多式联运公约条款的规定，多式联运经营人接管货物有两种形式：

(1)从发货人或其代表手中接受货物，这是最常用、最普遍的规定方法；

(2)根据接管货物地点适用的法律或规章，货物必须由管理运输的当局，或其他第三方手中接受，这是一种特殊的规定。

在第二种货物接受形式中，有这样一点应予注意，即使多式联运公约规定多式联运经营人的责任从接管货物时开始，但在从港口当局手中接受货物的情况下，如货物的灭失、损害系在当局保管期间发生，多式联运经营人可以不负责任。

多式联运公约对交付货物规定的方式有三种：

(1)将货物交给收货人；或者

(2)如收货人不向多式联运经营人提取货物，则按照多式联运合同或根据交货地点适用的法律或特定行业惯例，将货物置于收货人的支配之下，或者

(3)将货物交给根据交货地点适用的法律或规章必须向其交付的当局或其他第三方。

在收货人不向多式联运经营人提取货物的情况下，多式联运经营人可按上述第(2)、(3)种交货方式交货，责任即告终止。在实践中，经常会发生这种情况，如收货人并不急需该批货物，为了节省仓储费用，又如市场价格下跌，在运费到付的情况下，都有可能造成收货人延迟提货。所以，多式联运公约的这种规定不仅是必要的，而且是合理的。

第三节　多式联运经营人的赔偿责任

一、多式联运经营人与他人的法律关系

国际多式联运系由多式联运经营人将货物从一国境内接管货物的地点运至另一国境内指定的地点交付货物，且必须订立多式联运合同，但由于公约规定托运人有权自由选择多式联运或分段运输，因此，其运输全过程有可能通过各种代理人，实际承运人等共同来完成，法律关系非常复杂。其中，既有多式联运经营人与发货人之间的合同关系，又有多式联运经营人与他的受雇人之间的雇佣关系，与他的代理人之间的代理关系，与分包承运人之间的分运合同关系，以及发货人、收货人和多式联运经营人的受雇人、代理人，分包人之间可能发生的侵权行为关系。这么多头的法律关系交织在一起，且权利、义务又各不相同，因此，了解多式联运下的法律结构是调整多式联运经营人与发货人之间的合同关系，而把其他法律关系都附着在这一合同

关系上,并比照这一合同关系统一其权利和义务。

根据多式联运公约的有关规定,多式联运合同的一方是多式联运经营人,包括其本人或通过其代表订立多式联运合同的任何人,他是事主,而不是发货人的代理人或代表或参加多式联运的承运人的代理人或代表,并且,负有履行合同的责任。多式联运合同的另一方是发货人,这也是指本人或其代表与多式联运经营人订立多式联运合同的任何人。多式联运经营人和他的受雇人,代理人和分包人的关系都适用代理关系,货物交由他们掌管应视为交给多式联运经营人本人掌管具有相同效力。所以,多式联运经营人应对他的受雇人或代理人在其受雇范围内行事时的行为或不行为负赔偿责任,或对他为履行多式联运合同面而用其服务的任何其他人在履行合同的范围内行事的行为或不行为负赔偿责任,亦如他本人的行为或不行为一样。

同样,虽然发货人和收货人与多式联运经营人的代理人、受雇人没有合同关系,但可依据侵权行为提起诉讼。但在这种诉讼中,多式联运经营人的代理人,受雇人可享受与多式联运经营人同样的辩护理由和责任限制。从而既便利于货主与承运人之间行使追偿的权利,又使承运人一方得到应有的保护,而且,也保障了以各种形式的起诉都能得到同一法律效果,达到法律的统一性和公正性。

二、多式联运经营人的责任形式

在现行的国际集装箱多式联运中,负责集装箱运输的承运人和负责其运输经营人所采用的责任形式主要有三种:一种是统一责任制,由负责集装箱运输的人对全程运输按统一责任制负责;另一种是网状责任制,该种责任制虽由经营集装箱运输的人对全程运输负责,但对货物的损害赔偿的原则仍按不同运输区段所适用的法律规定,还有一种是单一责任制,即由各单一运输方式下的承运人仅对自己运输区段所发生的损害负责赔偿,并适用该区段的法律规定。多式联运公约主要在前两种责任形式间作出选择。

在实际应用中,统一责任制又分“统一赔偿责任制”和“经修正后的统一赔偿责任制”。前者系在全程运输中使用一种法律规定,包括多式联运经营人与货方之间的法律关系。后者系指将全程运输中的某一部分作例外的规定,即该部分不适用本公约的规定。由于统一责任制采用了一种法律规定,包括了由多式联运经营人与货方之间的法律关系,这在一定程度上满足了货主的利益,更主要的是消除了整个运输过程中可能出现的“隐藏损失”。有人将该种责任形式称集装箱多式联运下的“第三代责任制”。

然而,统一责任制的优越性在目前并没有被人们所认识,并使其在集装箱多式联运下发挥作用。一些与集装箱运输有关者,如保险人、实际承运人都不喜欢这种责任制。因为他们认为,网状责任制在当前集装箱多式联运中显得更为实用,其原因网状责任制将多式联运经营人与其分包人的赔偿责任与特殊的赔偿责任结合起来,并依据这种责任形式,如货物的灭失,损害可归结为多式联运经营人的分包人时,多式联运经营人对该损害赔偿所承担的责任与分包人相同。反之,不能归结为分包人时,多式联运经营人按双方所约定的特殊责任予以承担。这种处理方法是根据 1976 年德意志民主共和国海商法规定来确定的。这就是说,在能确定造成货物灭失、损害的区段时,则按该运输区段所适用的法律规定。反之,则按海上运输区段所适用的法规处理。

多式联运公约采用了“经修正后的统一赔偿责任制”,排除了“网状责任制”。根据这一责任形式，多式联运经营人对货损的处理，不管是否能确定造成货损的实际运输区段，都将适用本公约的规定。但是，多式联运公约又作了这样的规定，如果货物的灭失，损害发生于多式联运的某一特定区域，而对这一区段适用的一项国际公约或强制性国家法律规定的赔偿责任限额高于本公约规定的赔偿责任限额，多式联运经营人对这种灭失、损害的赔偿，则应按照多式联运公约或强制性国家法律予以确定。而该规定却是完全的网状责任制形式。根据这一规定，一旦发生货物的灭失、损害，多式联运经营人对赔偿首先要依据所适用的法律规定来确定所适用的责任形式。

由于多式联运公约的这种特殊规定，在国际多式联运中出现了两层赔偿责任关系，即多式联运经营人与货方间的赔偿责任关系，以及多式联运经营人与其分包人之间的赔偿责任关系。前者的赔偿责任关系受制于多式联运公约或多式联运合同的规定。由于多式联运公约的强制性，这一规定中多式联运经营人不能放弃或降低赔偿责任限制，也不能将自己承担的责任转嫁给货方。而对多式联运经营人与其分包人的赔偿责任，多式联运公约未作任何规定，这在国际多式联运中极易产生纠纷。如海运方面至今采用“不完全过失责任制”，航空运输方面采用“完全过失责任制”，陆路运输方面无论是公路；铁路均采用“严格责任制”，上述几种责任制中，海上承运人的责任最轻。

多式联运公约中出现的这种责任制问题，在近期内是无法解决的。只有当相适应的其他公约、法律作出规定或调整后，这一问题才能逐渐消除，并得以解决。国际航运界曾有人认为，多式联运公约中出现的这一问题，在《汉堡规则》生效后自然会消除。这种观点应该说是片面的。因为，《汉堡规则》生效，也仅仅是某种运输方式下的公约在调整中取得的一个进展而已。多式联运公约采用这种责任形式，在实际应用中出现的法律问题主要反映在：

（1）根据现行的单一运输公约，或某一强制性国内法的规定，在国际多式联运中不改变单一运输方式下承运人的赔偿责任，是有助于维护现行国际货物运输的秩序和保险制度的。但其主要的问题在于将整个运输过程中出现的法律责任转嫁给多式联运经营人一人来承担。而这种责任有时十分巨大，多式联运经营人无力承担。以海上运输为例，根据现行的海上运输法规，如果货物的灭失、损害系由承运人在驾驶船舶，管理船舶过程中的过失所致，对此灭失或损害，承运人则不负赔偿责任。而根据多式联运公约的这一规定，多式联运经营人却不能藉以免除责任，同时，也不能向海运承运人追偿。又如《华沙公约》第三十一条对联合运输规定：本公约的规定仅适用于航空运输，在整个运输过程中，某一运输区段涉及到其他运输方式的多式联运问题时，其中空运区段应遵守华沙制度的规定。多式联运公约虽然对空运区段作了特殊规定，但是可否根据空运这一特点将其排除在国际多式联运范围之外呢？多式联运公约对空运区段的特殊规定是否会削弱公约的法律效力呢？这些问题并不是能在近期内得以解决的。

由于多式联运公约采用了统一责任制，下列情况将不适用于公约的规定：

①凡属于单一运输方式下合同的货物接送业务；

②对于公约缔约国与非缔约国之间所发生的有关多式联运的诉讼，如两国均受同一其他公约的制约，该缔约国法院则适用于其他公约的规定；

③国际公路货物运输公约和国际铁路货物运输公约第二条规定的货物运输，不能作为国际多式联运。

（2）根据多式联运公约采用的责任形式，当多式联运经营人根据与货方订立的多式联运合同,要求其分包人以同样程度承担责任,以便使两层赔偿责任取得一致时,是否为单一运输方式下的承运人接受。当然,多式联运经营人的这种赔偿要求并不废除某单一运输方式下的公约内容,或某一项国内法的规定。多式联运经营人这样做的目的,是将其与单一运输方式下承运人之间的差异作相应的调整。从法律的角度看,这一做法完全可行,但在实际应用中,却难以为分包人所接受,特别是海上承运人。这是因为,如海上承运人接受这种要求,则意味着他在下列几个方面加重了自己的责任。

①放弃《海牙规则》的不完全过失责任制,以及保护切身利益的免责条款,从而以完全的过失责任制确定自己是否承担货物灭失,损害的赔偿责任。

②现行的海上货物运输公约对延误运输交货未作任何明确规定,如海上承运人接受多式联运经营人的这一要求,则意味着他将承担与多式联运经营人相同责任,即对延误运输交货负有责任。

③对每一件或每一货损单位的货物损害赔偿责任限额将大大提高,按照多式联运公约的规定,海上承运人的赔偿责任限额将提高 4.7 倍。

④采用分摊法。所谓分摊法是在参加国际多式联运的各承运人之间,以某种方式共同分摊多式联运经营人的损失。分摊法有其合理性;能为各分摊方接受,但按照多式联运公约采用的赔偿责任内容,多式联运经营人不能向其分包人追偿,或要求追偿数额较低的赔偿。如一旦实行分摊,则意味着将多式联运经营人的损失,以及海上承运人特有的免责和较低的责任限额转嫁到其他承运人身上。因此,分摊法也很难为海上承运人以外其他运输方式下的承运人接受。

分摊法有两种形式,一种是把由于两层赔偿责任关系间引起的对多式联运经营人的差异部分在其分包人之间分摊,另一种则是将提高某单一运输方式下承运人的赔偿责任,使其与多式联运经营人所承担的责任相一致。但无论是哪种分摊法,都将对各种运输方式下的承运人带来不利后果。此外,由于多式联运经营人不能向单一运输方式下的承运人追偿,或要求所追偿的赔偿责任又必将超出某单一运输方式下承运人的现行责任时,多式联运经营人则将有可能一人承担整个运输过程中的风险。由此可见,不管采用什么样的分摊法,其实质不过是变换超出现行赔偿责任的某一承运人责任的承担者。其最终结果,不是由多式联运经营人承担,就是由某单一运输方式下的承运人承担。从现行的各种单一货运公约的规定看,其差别最大的莫过于海上运输区段所适用的《海牙规则》。如《海牙规则》在国际多式联运中继续使用,无疑对国际多式联运的发展是一大障碍,然而,近期内这一障碍又是无法消除的。

三、多式联运经营人的赔偿责任基础

目前,各单一货运公约对承运人的赔偿责任基础的规定不一,但大致可分过失责任制和严格责任制两种。严格责任制指废除了不可抗力等有限的免责事由外,不论有无过失,承运人对于货物的损坏或灭失均负责赔偿。铁路货运公约、公路货运公约、航空运输下的蒙特利尔第四号议定书等都采用该种责任制。过失责任制是当承运人和其受雇人在有过失时负赔偿责任,该种责任制为《海牙规则》,1929 年的华沙航空公约所采用,但过失责任制并不是完全过失,它附有一部分除外规定,如航行过失(船舶碰撞、触礁、搁浅)。1978 年通过的《汉堡规则》实行过失推定原则,这才实现了较完整的过失责任制。

多式联运公约对多式联运经营人规定的赔偿责任基础是，多式联运经营人对于货物的灭失、损害，或延误交货的损失，发生在由其掌管期间内，则应负赔偿责任。同时又规定：除非多式联运经营人证明其本人、受雇人或其代理人或其他人为避免事故的发生和其后果已采取了一切能符合要求的措施。对延误交货则又规定："如果货物未在议定的时间内交付，或者无此种协议，未在按照具体情况对一个勤奋的多式联运经营人所能合理要求的时间内交付，即构成运输延误"，多式联运公约的这一赔偿责任基础基本上仿照了《汉堡规则》。

《维斯比规则》虽然是对《海牙规则》作修改的议定书，但在有关赔偿责任基础上的规定与《海牙规则》规定的相一致。因此，就条文的规定而言，将多式联运公约、《汉堡规则》、《维斯比规则》加以比较，承运人的赔偿责任基础可分两种类型，且差别很大。

多式联运公约与《汉堡规则》采用完全过失责任制。

《维斯比规则》与《海牙规则》采用不完全过失责任制。

在国际货物运输中，一般国际货运公约对延误交货均有明确规定，如铁路货运公约，公路货运公约，华沙航空货运公约。有较明确规定，有的则相反。如海上运输，由于影响海上运输原因很多，很难确定在什么情况下构成运输延误交货，因而，《海牙规则》对延误交货未作任何规定。多式联运公约对在延误运输交货下多式联运经营人的责任规定有两种情况：

（1）能在确定的时间内交货，也就是未能在多式联运合同所规定的时间内交货；

（2）未能在合理时间内交货，虽然在事实上并没有确定具体的交货时间，但对一个勤奋的多式联运经营人未能在合理时间内交货，也构成延误交货。

这里，如何理解"一个勤奋的多式联运经营人"与"在合理时间内交货"。一旦发生这种情况，则要根据不同情况加以判断，而且理解不一，又由于受气候影响，有时不能正常装卸货物，这种情况的发生，都有可能构成运输延误交货。显然，上述情况的发生，即使是再勤奋的多式联运经营人也只能是心有余而力不足。

一旦发生上述运输延误交货的情况，收货人通常会采取这样的处理办法：

（1）接受货物，再提出关于延误交货而引起的损害赔偿；

（2）拒收货物，提出全部赔偿要求。

在上述第（1）种情况下，收货人提出的仅是由于运输延误而引起的赔偿。如由于延误造成工厂停工、停产，市场价格下跌引起的损失，以及由于延误交货使收货人积压资金的损失。

第（2）种情况的发生通常是指运输延误交货超过60天，则视为货物已经灭失，并作为全损提出赔偿要求。对第（2）种情况下的延误交货，多式联运公约规定："在货物交付收货人或按照多式联运合同，或按照交货地点所适用的法律，或特定行业惯例，将货物置于收货人的支配之下，或如将货物交给根据交货地点适用的法律或规章必须向其交付的当局或其他第三方之后60天内仍未交货，则作为延误交货"。但收货人必须以书面通知多式联运经营人，否则，多式联运经营人对延误交货造成的损失不予以赔偿。

四、多式联运经营人的赔偿责任期限

不同的责任形式产生不同的责任制，而不同的责任制其赔偿责任限额也不尽相同。多式联运公约采用双重赔偿标准和单一赔偿标准相结合的方法。

从现有的国际货运公约看,《海牙规则》采用单一标准的赔偿方法,即只对每一件或每一货损单位负责,而不对每公斤毛重负责。这种规定方法在实际应用中存在较大缺陷,不符合国际贸易,国际运输业发展的需要。为此,1968 年制订的《维斯比规则》把双重标准的赔偿方法列入公约,既对每一件或每一货损单位负责,又对每公斤毛重货损负责。同时,对集装箱、托盘,或类似的装运工具在集装时的赔偿也作了规定。1978 年制订的《汉堡规则》也采用这种赔偿方法。多式联运公约仿照《汉堡规则》的规定,将这种双重赔偿标准列入公约,使其有一个较合理的赔偿。

多式联运公约不仅规定了双重标准的赔偿方法,同时,又规定了单一标准的赔偿方法,公约规定的两种责任限额分别适用于上面两种情况:

(1)如在国际多式联运中包括了海运或内河运输,也就是在构成海陆、海空等运输方式时,多式联运经营人对每一件或每一货单位的赔偿按 920 个特别提款权(SDR),或每公斤毛重 2. 75 个特别提款权,两者以较高者为准。

(2)如在国际多式联运中未包括海运或内河运输,即构成陆空、铁公等运输方式时,多式联运经营人的赔偿责任限制,按每公斤毛重 8. 33 个特别提款权。多式联运公约采用不包括海运或内河运输在内时单一标准的赔偿方法,显然是为了有别于除海运或内河运输外的其他运输方式下承运人的赔偿责任限额得以一致,以避免问题的复杂化。因为,华沙航空公约、国际铁路和国际公路货运公约都采用以每公斤毛重单一标准且较高限额的赔偿方法。

表 6-1 是国际货物运输公约对每一件或每一货损单位或每公斤毛重赔偿限额的规定。

赔偿限额规定 表 6-1

公约名称	第一件或每一单位		每公斤毛重		备注
	责任限额(SDR)	多式联运公约所占比例(%)	责任限额(SDR)	多式联运公约所占比例(%)	
多式联运公约	920		2. 75		
海牙规则	161	570			
维斯比规则	680	135	2. 04	135	
CMR(公路)			8. 33	33	
CIM(铁路)			16. 67	16. 5	
华沙公约			17	16	
多式联运公约			8. 33		
CMR			8. 33	100	
CIM			16. 67	49. 9	
华沙公约			17	49	

从表中可看出,不包括海运方式下的国际多式联运,公约采用的赔偿责任限额是各种货运公约中最低的,与公路货运公约的规定相同,但仅是铁路货运公约和华沙公约所规定的 1/2 弱。可见,在国际多式联运中,货物受损人从多式联运经营人那里所得到的损害都低于单一运输方式下所得到的赔偿限额。因此,公约规定的赔偿责任限额是十分低的。为此,公约采用了

补救的办法,公约第十九条规定,如果货物的灭失、损害发生在某一特定的区段,而这一特定区段所适用的某一项国际公约或强制性国家法律规定的赔偿限额高于公约规定的限额时,多式联运经营人对这种灭失、损害的赔偿应按该公约或强制性国家法律规定予以确定。公约的这一规定虽然补充了上述提及的不足之处,但对在不能确定货物在哪一运输区段造成损害的赔偿,即是在发生隐藏损害时,仍然受制多式联运公约规定的责任限额,这又显得不合理。因为,隐藏损害可能发生在整个运输过程中的任一区段,参加多式联运的各承运人都应承担相应部分的损失。以其合理性来说,应符合铁路、公路、华沙等货运公约的规定,并制订出一个相应的比值。如:赔偿额采用公路和铁路的平均数,航空运输和公路运输的接送业务在500公里以内则不作多式联运,仍按华沙公约办理。实质上,这也是一种过渡的,迁就的办法。

多式联运公约虽然采用统一责任制下的赔偿方法,但对能确定造成货损的实际运输区段时,仍采用该运输区段的赔偿责任原则,这与该运输方式下订立的运输合同性质是不相符合的。因为,从法律关系上看,托运人与多式联运经营人订立的本是多式联运合同,但在发生货损,并能确定造成其损害区段时,托运人面对的却是与他毫不相干的单一运输公约,形成多式联运合同受制于单一运输公约,这在法律和实践中都是含糊不清和有害的,多式联运公约采用了经修正后的统一责任制形式,即使对在确定造成货损区段的赔偿,其方法也适用统一责任制,而不是它的例外,绝不允许用前者来否定后者。关于延误运输交货的赔偿,如表6-2所示。

延误运输交货赔偿规定　　表6-2

赔偿标准 / 公约名称	赔偿责任限额	赔偿责任总额
多式联运公约	应付运费的两倍半(40%以下)	不超过合同应付运费总额
华沙公约	无限额规定	无限额规定
海牙规则		
铁路货运公约	应付运费的22倍	无限额规定
公路货运公约	延误货物运费总额	

表6-1和表6-2是对延误运输交货赔偿限额的规定。关于延误运输交货的赔偿责任,《海牙规则》、《维斯比规则》都没有提及,但也并不是说排除。在实际航运业务中,《海牙规则》、《维斯比规则》不允许承运人有不合理绕航,因此,也就从另一侧面弥补了上述公约中没有明确延误之责的不足。但这种方法显然是十分欠缺的,承运人往往可以根据这些公约来免除自己运输延误责任。因为《海牙规则》、《维斯比规则》对货主来说,除证明运输延误外,他还必须举证船舶曾发生不合理绕航,这对货主来说,并非易事。

多式联运公约对多式联运经营人在延误交货时规定,如果货物的灭失、损害,或延误运输交货系由于多式联运经营人或其受雇人或代理人的行为或不行为所致,多式联运经营人应负赔偿责任。显然,多式联运公约对不合理绕航并没有提及,但这并没有给多式联运经营人带来多大好处。因为,绕航的结果往往是运输时间上的延误,只有在运输时间没有延误的前提下,才能对绕航不负责任。此外,多式联运公约也没有像《汉堡规则》那样提及合理绕航的问题,这主要考虑到陆运和空运中,绕航问题并不突出。在实际航运中,合理的绕航是允许的,但是否如《汉堡规则》那样,把救助人命、财产作为合理绕航,还是仅仅把救助人命作为合理绕航。

多式联运公约对运输延误的赔偿是建立在运费基础上,与运费基数成正比:

$$X = a + b + c$$

式中:X 为运费总额,a、b、c 为各票货物的运费,如延误运输的货物运费没有超过运费总额40%,则按该票延误货物的运费乘上两倍半,反之,超过运费总额的40%,两倍半的标准失效,其最高运输延误赔偿不超过多式联运合同规定的应付运费的总额。多式联运公约对延误运输赔偿的这一规定可能产生的问题有:

(1)由于公约在两套责任限额上的差异,也就是在一般赔偿责任限额高于延误损失的赔偿责任限额时,要求损害赔偿的人往往希望自己的货物损失不属于运输延误所致,而属多式联运经营人的过失。然而,什么是延误损失,什么又是多式联运经营人或其代理人过失,并无明确界限,一旦发生,则很难区分掌握。

(2)当双方在多式联运合同中并没有约定交货期,即没有在规定的时间内,或没有在合理时间交货时,多式联运经营人应负赔偿之责任。然而,什么又是"合理时间内交货"。这又容易产生误解,引起纠纷。

从上述各国际货运公约中对承运人赔偿责任限制的不同规定中可看出:

(1)《海牙规则》的赔偿计算方法是单一的,即只按每一件或每一货损单位,而不是按货物重量计算。因为,在制订《海牙规则》时,每一件或每一货损单位货物差别不大,且人力能搬动。随着国际贸易结构、运输技术的发展,其运输的货物种类、形状变化很大,小的如纸箱、铁桶。大的如机械设备、机车,集装箱等,如仍按每一件或每一货损单位作为最高赔偿限额来计算显得很不合理,影响了国际贸易和运输的发展。因此,《维斯比规则》、《汉堡规则》、多式联运公约均采用了按件或单位,与货物重量并用的计算方法。计算方法虽然复杂,但比《海牙规则》单一的计算方法合理多了。

(2)每制定一个新的货运公约,其赔偿责任限额有所提高,其主要原因是由于世界经济,以及货币实际价值的变化很大,如《海牙规则》制订时所规定的100英镑相当于现在的800多英镑,《维斯比规则》采用金法郎的目的是为了避免受货币变动的影响。实际上,1978年制订《汉堡规则》至今,金法郎也贬值很大,因而,《汉堡规则》规定的赔偿责任限额又比《维斯比规则》提高了100%。

(3)《海牙规则》的赔偿货币为英镑,《维斯比规则》采用金法郎,《汉堡规则》与多式联运公约采用特别提款权。

(4)《海牙规则》、《维斯比规则》对运输延误交货未作任何规定,《汉堡规则》和多式联运公约对运输延误下的承运人责任均作了规定。

综上所述,可十分清楚地看出所谓责任限制,即是限制多式联运经营人责任的具体表现,它与作为一种原则的限制责任,既有区别,又有共同性。就多式联运公约而言,适当强调两者的区别,以及相互间的关系,对应有的态度是必要的。对多式联运公约中的限制责任作为一条合理的法律原则一定要遵循,但不可违背与各国经济实际情况相联系的问题。国际航运界赞誉多式联运公约作为国际私法的成功范例之一,就是十分强调它的统一性,即各国适用同样的法律原则。统一性是多式联运公约的特色,但这种统一也应是相对的。在不宜统一的问题上,过分强调一致,则有可能导致走向反面。从历史上看,许多国际公约和规则都是妥协的产物,既有统一性,却又不完全统一。多式联运公约强调统一,并规定一个责任限额是不符合国际多式联运中众多关系人的利益,也难以被大多数国家所接受。相反,如在责任限额上允许灵活,才能保持限制责任原则,才能与国际经济相适应。

五、多式联运经营人赔偿责任限制权利的丧失

为了防止多式联运经营人利用赔偿责任限制的规定,从而对所运输的货物安全掉以轻心,使货物所有人遭受不必要的损失,影响国际贸易和国际运输业的发展,多式联运公约对多式联运经营人在什么样的情况下将丧失赔偿责任限制,对此作明确的规定。多式联运公约第二十一条规定,如经证明货物的灭失、损害,或延误运输系由于多式联运经营人有意造成,或明知有可能造成而又毫不在意的行为或不行为引起的,多式联运经营人无权享受本公约规定的赔偿责任限额权益。此外,对于多式联运经营人的受雇人或代理人或为其履行多式联运合同而为其服务的其他人有意造成或明知有可能造成而又属毫不在意的行为或不行为所引起的货物灭失损害,或延误损害,该受雇人、代理人或其他人则无权享受本公约所规定的责任限额。

但作为一个稍有头脑的多式联运经营人在有责任限额的保护下,故意造成损害而失去责任限制,这也是难以相信的。毫不在意的行为或不行为,即多式联运经营人已经意识到这一做法有可能引起损害,但他仍采取了不当的措施,或没有及时采取任何措施,即明知却又毫不在意。作为多式联运经营人的代理人、受雇人或其他人无权享受责任限制,那么,他们可享受公约所规定的多式联运经营人同样的责任限制,这是不矛盾的。多式联运公约第二十一条的规定是为了保证责任限制能得到统一遵守,防止货物所有人以侵权行为绕过责任限制条款提起诉讼。有了这一规定,货物所有人不论是根据运输合同,还是根据侵权行为提起的诉讼赔偿一律适用,避免了产生问题的根源。

《海牙规则》中没有责任限制丧失的规定,因为,各国的海商法和其他法律都有这方面的规定。《汉堡规则》第八条第 1 款第(2)项作了同多式联运公约相似的规定。

多式联运公约采用的是过失责任推定原则的统一责任制,但能在确定发生实际损害的货物运输区段时,却采用该区段的赔偿责任原则,这与订立多式联运合同的性质是不相符合的。因为,这在实际上成了单一运输方式的合同,多式联运合同受制于单一运输合同的约束。为此,本公约第十九条规定,如果货物的灭失、损害发生在多式联运过程中的某一运输区段,而对这一运输区段所适用的一项国际公约或国家强制性法律规定的赔偿限额高于公约的赔偿责任限额,多式联运经营人对于这种灭失、损害的赔偿限额则应以该公约或国家强制性法律的有关规定为准。

六、非合同赔偿责任

多式联运公约第二十条是对非合同赔偿的规定,该条第 1 款对侵权行为规定,本公约规定的辩护理由和赔偿责任限制,应适用于货物的灭失、损害,或运输延误交付货物所造成的损失,面对多式联运经营人提起的任何诉讼是根据合同、侵权行为,或其他,根据合同所提起的诉讼,大多属于违反合同行为的诉讼,而违约行为的诉讼系指合同双方任何一方因没有履行合同,由另一方所提起的诉讼,英文叫 ACTION IN CONTRACT。多式联运公约是适用合同下诉讼的,所以,多式联运公约适用于违约诉讼。

在一些国家的法律规定中，允许受损方享有双重诉讼请求权，即受损方可根据合同提出诉讼，也可根据侵权行为提起诉讼。在这种情况下，多式联运经营人将受到双重诉讼，而不同的诉讼，将使多式联运经营人不能享受公约中应享受的责任限制，随之诉讼时效也不适用了。如果是这样，那么公约的制订还有什么实际意义。根据公约第二十条第(1)款的规定，无论是根据违约行为提起诉讼，还是根据侵权行为，或其他理由提起诉讼都将适用本公约的规定，而且必须按本公约规定的责任限制，诉讼时效执行。

多式联运公约第二十条第(2)款是关于多式联运经营人的受雇人，或代理人是否有权援用本公约辩护理由和赔偿责任限制的规定，实质上是"喜马拉雅"条款内容的适用。

例如：在国际多式联运业务中，某一集装箱在未交收货人之前，由于多式联运经营人的受雇人的疏忽造成损害，收货人则向多式联运经营人或向其受雇人提起诉讼。由于多式联运经营人与货主之间订有多式联运合同，因而，关于诉讼的提起自然适用本公约。然而，多式联运经营人的受雇人与货主之间没有任何合同关系，自然不能适用公约的有关规定。如货物实际损失 2 000 美元，货主向多式联运经营人提出损害赔偿时，多式联运经营人可享受公约的责任限制，而在各多式联运经营人的受雇人提出损害赔偿时，则可得到 2 000 美元。自然，当多式联运经营人的受雇人在赔付后，最终仍向多式联运经营人追偿。这种做法实际上失去了公约中对多式联运经营人责任限制的规定。为此，多式联运公约第二十条第(3)款规定：货主在向多式联运经营人的受雇人或其代表，或其他人提起诉讼时可得到的赔偿限额，不得超过本公约规定的赔偿限额。

第四节　发货人的赔偿责任

一、发货人与多式联运经营人的法律关系

在国际货物运输过程中，其过程由各种关系人组成，特别是国际多式联运，法律关系更为复杂。主要关系人是多式联运经营人与发货人。因此，从某种程度上说，多式联运公约调整了多式联运经营人与发货人之间的法律关系，同时，也确定了与其他关系人的法律关系。

多式联运公约规定，多式联运经营人指本人或通过其代表订立多式联运合同的任何人，他是事主，而不是发货人的代表或参加多式联运的承运人的代理人或代表。发货人是指本人或以其名义或其代表与多式联运经营人订立多式联运合同的任何人，或指其本人或以其名义或其代表按照多式联运合同，将货物交给多式联运经营人的任何人。

可见，在国际多式联运过程中，多式联运经营人和发货人都是指本人，而非代理人。因而，在发货人将货物交由多式联运经营人或其代表接收之后，货物在运输过程中任何区段所发生的灭失、损害，多式联运经营人均应以本人的身份直接负赔偿责任。所以，集装箱货物在国际多式联运中，发货人和多式联运经营人的关系不同于通常所讲的运输业务中发货人和承运人的关系，根据这一特点，有必要调整、研究多式联运经营人与实际承运人，多式联运经营人与发货人之间的法律关系。

《海牙规则》的制订先于集装箱运输之前，规则中自然没有多式联运经营人这一概念。《海牙规则》仅根据自己为履行单一运输方式的合同而进行该合同的货物接送业务，因而只规

定了承运人这一概念。《海牙规则》规定：承运人包括与托运人订有运输合同的船舶所有人和租船人，虽然租船人并非船舶所有人，但在租船期间承运了第三者的货物，并由他签发了提单，租船人一旦这样做了，也使认为具有承运人的意义。

货物在运输过程中发生货损货差，这一货损货差系由承运人过失所致，受损人提出的索赔人应是承运人，但在转运、联运、多式联运下，除了与发货人订有运输合同的承运人之外，又出现了参加实际运输的承运人，在这种情况下，受损人又应向谁提出索赔呢？根据这一运输方式，《汉堡规则》提出了契约承运人与实际承运人的概念。前者系指与发货人订有运输合同的人，后者是指受契约承运人的委托，履行全部或部分运输的承运人。运输全过程中一旦发生货损货差，契约承运人对全程运输负责，实际承运人对自己运输区段负责，这种规定丝毫不会影响契约承运人与实际承运人之间的任何追偿权利。

二、发货人的赔偿责任

在发货人将货物交由多式联运经营人或其代表时，发货人应保证：

(1)货物的内容应准确、完整；铅封牢固，箱子及附属设备能适合多种运输方式；

(2)货物的包装应牢固，标志、标签应准确，完整；

(3)如系危险货物，应说明其特征，以及应采取的预防措施、运输要求等。

除上述保证外，还应承担：

(1)负责由于自行装箱不当，积载不妥引起的损失；

(2)对第三者的损害责任负责；

(3)对自己负责内陆拖运过失负责；

(4)对其受雇人、代理人的过失负责；

(5)货损事故系由于使用自有箱所致等。

因此，在国际多式联运过程中，多式联运经营人遭受的损失系由于发货人过失所致，发货人对这一过失负赔偿责任。

应特别说明的是，在国际贸易，以及国际运输过程中，发货人与其受雇人、代理人之间的关系视各国的法律规定而不尽相同，有的国家将这一关系视为雇佣关系；有的则视为合同关系，但所有这些不会改变多式联运公约第一条第5款关于发货人规定。

现行的集装箱提单中对发货人均订有若干制约条款，例如：

(1)由发货人负责装箱，计数；

(2)不知条款；

(3)据发货人所称内装……；

(4)海关、承运人检查权条款；

(5)货主自有箱以箱子内容积85%计收运费；

(6)货主拖运条款；

(7)发货人对货物内容申述条款等。

三、货物

《海牙规则》中所指的货物是包括货物、商品、制成品和任何种类的物件，活的动、植物和甲板货不包括在内。对此，一般船公司提单都有类似的规定。《海牙规则》不将甲板货和活的动、植物包括在货物一词内，是鉴于甲板货具有舱内货所没有的特殊风险。所以，活的动、植物、甲板货在运输过程中受到灭失、损害，承运人是不负责任的。一旦发生共同海损，只有分摊的义务，没有补偿的权利，这里所指的甲板货应具备两个条件：

(1)在提单上记载"装甲板运输"字样 ；

(2)根据航海习惯，该货物在实际上也确应装载甲板运输。

但自《海牙规则》制订后，一些特殊货物，如爆炸品、化学品、重大件等迅速增加，然而，这些货物又不能装载舱内运输，特别是随着集装箱运输的发展，有必要对货物这一概念作必要的修改。

因而，在制订《汉堡规则》时将甲板货和活的动、植物列入货物一词内，并在一定程度上限制了承运人对运输甲板货负有与舱内货同样的责任。根据《汉堡规则》的规定，货物装载甲板运输有三种情况：

(1)承运人与托运人订有货物装载甲板运输的协议；

(2)货物装载甲板运输为航运习惯和法律许可的；

(3)根据特定贸易习惯，可允许装载甲板运输的货。

上述三项规定中，其中所谓"按特定、贸易惯例允许装载甲板运输的货物，包括使用集装箱专用船装运的甲板货(但不包括普通船装载甲板的协议)"。

由于集装箱船的经济性和构造上的特殊性，要求有相当数量的集装箱装载甲板运输。一般来说，一条集装箱船在满载的情况下，约有30%的集装箱装载甲板运输。多式联运公约根据集装箱运输的这一特点，对货物一词所作的规定是："货物包括由发货人提供的任何种类的集装箱、货盘，或类似的装运工具或包装"。然而在实际业务中，要决定将哪些箱子装载舱面，哪些又放舱内运输是不可能的。此外，作为货主谁也不愿将自己的箱子装载甲板运输。《海牙规则》、《汉堡规则》均有规定，如由于承运人擅自将货物装载甲板运输而导致货物受损，则构成根本违反合同的行为。

根据集装箱运输的这一特点，在船公司，乃至货运代理人的集装箱提单中均订有甲板货条款，这一条款规定了承运人对集装箱装载甲板运输的选择权和承运人对甲板货运输所负有的责任，主要内容有：

(1)提单上记载有"装甲板运输"字样，该提单仍是清洁提单；

(2)一旦发生共同海损，可得到补偿；

(3)承运人有权将集装箱装载甲板运输，该种装载应视为装载舱内一样，而事先不必通知发货人；

(4)装载甲板运输的集装箱在航行过程中发生灭失、损害，承运人可免责，除非承运人有过失。

目前，在集装箱多式联运业务中，除了集装箱专用船外，还有相当部分的普通船也在甲板上装载集装箱，特别是非主要集装箱航线、港口之间的运输。然而，应解决的问题是普通船在甲板装载集装箱，并使用订有"甲板货"条款提单时，该种实际装载能否享有甲板货条款。从现有的业务看，普遍船在甲板上装载集装箱运输自身应具备的条件是：

(1)该种装载为航运习惯和有关法律许可；

(2)发货人或货物托运人同意将集装箱装载甲板运输；

(3)已向保险人投保了集装箱装载甲板运输的额外保险(该种保险按箱内货物价值的百分比投保)；

(4)承运人已按船级社的要求和规范对甲板进行了改装，使其符合装载集装箱，并持有船级社出具的检验证书或文件。

但事实上，尽管具备了上述条件，但在某种情况下，承运人仍然会丧失责任限制的权利，这是因为：

(1)普通船与集装箱船毕竟有区别；

(2)收货人持有舱内提单，而在实际上不知道集装箱装载舱面运输；

(3)船舶在航行途中，以及发生共同海损行为时，舱面上的集装箱最先受到损害。

可见，普通船在舱面上装载集装箱，尽管在提单上订有舱面货条款，但其合法性是有疑问的，国际上对这方面的判例为数不少。

四、发货人对危险货物的责任

可以说，国际货物运输方面的公约对危险品运输都有特别规定，以海上货物运输公约为例：《海牙规则》对危险品运输有规定，《汉堡规则》第十二条、第三条作了规定；而且，尽管时过50余年，《汉堡规则》有关危险品运输的规定与《海牙规则》的规定没有太大的变化，只是稍有补充而言。

多式联运公约有关危险品运输的规定基本类同于《汉堡规则》。多式联运公约第二十三条第1款的规定说明，货物托运人在危险货运输之前，必须以合适的方式，在危险货物上制作有关危险货物的标志或标签。如铁桶装的危险货物，务必在铁桶外面加上危险货物的标志或标签，其目的是主要为了装箱、拆箱、装卸、运输、搬运、保管期间能引起注意。在集装箱运输下，负责将危险品装入集装箱内的人应提交“装箱证明书”，证明已正确装箱并符合有关规定，如：

(1)集装箱清洁、干燥，外观上适合装箱；

(2)集装箱内未装入其他不相容的货物；

(3)所有包件均经过外部破损检查，装进箱内的包件均属完好；

(4)所有的包件者已适当地装入集装箱，并加以牢固，可满足运输需要；

(5)集装箱及其包件均有准确的标记、标志；

(6)对集装箱内所装的货物，已收到其根据国际海上货物运输规则所要求的危险货物申报单；

(7)集装箱外部，应有规格不小于250mm×250mm的国际海上危险货物运输规则的类别标志(标牌)，应至少有四幅这样的标志(标牌)，贴在外部明显的地方，每侧各一幅，前后端各一幅。

可见，在危险品上制作标志、标签的工作是至关重要的。特别是在国际多式联运过程中。但是，多式联运公约对货物托运人在没有制作标志，标签下，以致产生了某种后果时，该货物托运人应负多大的责任并没有作出规定。一般各国的法律对危险货物运输都有规定，国际上也有这样的规定。因而可以这样理解，多式联运公约只以一般表现形式规定了托运人的义务，对于托运人违反义务事项的处理留给各国国内法,或有关的国际规则去处理。

多式联运公约第二十三条第2款规定了在危险货运输下托运人的通知义务,当然,这一通知义务必须以书面来体现。如运输炸药,运输之前,货物托运人仅声明是炸药,并没有注明其特性,以及应预防的措施,致使承运人受到损害,无疑货物托运人对此负有绝对责任。此外,运输中如承运人了解到这一危险品的特性时,则可采取:

(1)托运人对承运人因运输这类货物所造成的损害负责。这是因为,此种运输不仅会给承运人的运输工具带来危险,同时,还会危及其他一起运输的货物。因而,承运人可在任何时候根据情况将货物卸下,销毁,或使之无害。就是说,承运人一旦在事实上这样做了,并不承担任何责任。因为,其后果是由于托运人违反了通知义务引起。

(2)在承运人得知这一危险货物的特性后,应采取措施将其转移,或将其他货物转移,这样做产生的装卸费、搬运运费、运输延误等损失由托运人承担,因为托运人必须通知而没有通知,仅仅从没有通知这一事实就违反了义务,因而,也就再没有必要去追究过失与否了,没有通知是重大的违约事故。

多式联运公约第二十三条第3款中所指的"任何人",主要是指参加多式联运的实际承运人或与多式联运业务有关的人。多式联运公约第二十三条第4款主要说明在货物托运人将货物的危险特性通知了承运人,也就是说,托运人没有违约行为,承运人是在知道了货物的危险特性后接受运输的情况下,一旦在运输过程中该危险货物危及运输工具,或其他货物时所能采取的措施及办法。

可见,在进行危险货物运输时,对货物托运人来说,应在货物托运单,或专用的危险申报单上保证他所托运的货物已准确的加以包装、标志、标记等,并具有适运的条件,就危险货物来说,其特殊的情况还应写明其正确的名称,单证内应准确说明所属危险货物需要的单证,这些单证的格式应填写具体的内容,以及所承担的责任,适合该项运输方式的国际公约和有关情况。

第五节　多式联运下的索赔与诉讼

涉外民事案件通常由一国的法院,或仲裁机构处理。在处理过程中,一国法院或仲裁机构主要是根据自己本国的诉讼法或仲裁法进行。诉讼法是有严格的区域性,这是各国普遍承认的一项原则。但涉外民事法律关系,由于涉及不同的国家,因此,也有一些问题需要在国际私法中研究并加以解决。

在国际货物运输公约中,一般都订有关于索赔与诉讼条款,如《海牙规则》和各船公司的提单条款规定:收货人应在收到货物3天之内,将有关货物的灭失、损害以书面通知被索赔人(责任方),如货物的状况在交货时已由双方证明,则不需要书面的索赔通知。关于收货人提出的诉讼时间应在货物交付之日起1年内,否则,承运人或船舶在任何情况下都可免除对于货物或损害所负的一切责任。

一般的国际货运公约,对货物提起的诉讼时效大多为1年。但自从《汉堡规则》制订后,诉讼时效则有所延长,现行的集装箱提单,对拼箱货的货损处理基本上与普通船提单的规定相同,但在整箱货运输下则有所不同。这是因为整箱货的交货是以箱子的外表状况,铅封是否完整来确定。如在交货时，箱子外表状况良好，铅封完整。则作为承运人，或负责集装箱运输经营人的责任业已终止。

由于集装箱运输的特殊性，有的集装箱提单规定收货人在收到货若干天之内，以书面通知承运人说明有关货损的原因，性质等情况。至于诉讼时效，有的集装箱提单规定 2 年，有的为 1 年，如在全损时，有的集装箱提单仅规定两个月，超出了这一规定的期限，承运人将解除一切赔偿责任。

多式联运公约在制订有关索赔与诉讼条款时，根据其运输的特点规定为：

一、货物灭失、损害或延误交货的通知

(1)除非收货人不迟于货物在交给他的次一工作日，将说明此种灭失或损坏的一般性质的书面通知送交多式联运经营人，否则，此种货物的交付即为多式联运经营人已按多式联运单据所载明的货物交付的初步证据；

(2)在货物的灭失或损害不明显时，如果在货物交付收货人之日后连续 6 天内未提出书面通知；则本条第(1)款的规定相应适用；

(3)如果货物的状况在交付收货人时已经当事各方或其授权在交货地的代表联合调查检验，则无需就调查或检验所证实的灭失或损坏送交书面通知；

(4)遇有任何实际或料想会发生的灭失或损坏时，多式联运经营人和收货人必须为检验和清点货物相互提供一切合理的便利；

(5)除非在货物交付收货人之日后连续 60 天内，或者在收货人得到通知；货物已按本公约第十四条第(2)款(b)项有关规定交付之日后连续 60 天内，向多式联运经营人送交书面通知，否则，对运输延误交货所造成的损失无需给予赔偿；

(6)除非多式联运经营人不迟于或损害发生后连续 90 天内，或按照本公约第十四条(b)项有关规定交付货物后 90 天内，否则，未送交这种通知即为多式联运经营人未由于发货人、其受雇人或代理人的过失或疏忽而遭受任何损失或损害的初步证据；

(7)如本公约第二十四条第(2)、(5)、(6)款中所规定的通知期限最后 1 天时交货地点不是工作日，该期限用延长至次工作日止；

(8)就本公约第二十四条而言，向多式联运经营人的代表，包括他在交货地点使用其服务的人，或者向发货人的代表送交通知，应分别视为向多式联运经营人或发货人送交通知。

二、货物受损人提出的诉讼时效

多式联运公约根据国际多式联运的特点，对诉讼时效规定："根据本公约有关国际多式联运的任何诉讼，如在两年期间内没有提出诉讼或交付仲裁，即失去时效。但是，如果在货物交付之日后 6 个月内，或于货物交付时，在应当交付之日 6 个月内，没有提出书面通知，说明索赔的性质和主要事项，则在期满后失去诉讼时效"。

多式联运公约的这一规定方法。限制了索赔方应及时以书面形式提出书面通知，以便责任方有时间对索赔方提出的赔偿要求进行处理而有所准备，因此，多式联运公约又规定：除了按本公约的规定提出诉讼解决外，也可在诉讼外解决，即根据本公约负有赔偿责任的人即使在上述规定的时效届满后，仍可在起诉地国家法律许可的期间内提出诉讼要求追偿，而此项许可

的期限自提出此项索赔要求或接到对其本人诉讼传票之日起算，不得少于90日。这种规定方法，对货物所有人延长诉讼时效是有利的，索赔通知的提出，又能使承运人和多式联运经营人保护自己的合法权益。

但多式联运公约第二十五条第(4)款的规定是一项较复杂的问题，它牵涉到求偿诉讼的问题，根据该条第(4)款的规定，诉讼是在收到货物之日起两年内，但在多式联运经营人已经赔付收货人后，再根据分包运输合同向实际承运人和其他人追偿时，则产生求偿诉讼的问题，如：收货人 A→多式联运经营人 B→实际承运人(A 为第一诉讼；B 为第二诉讼)。

在上述求偿诉讼中，两年的时效是否够呢？如第一诉讼人在货物交付后1年11个月29天内提出，可见，第二诉讼距时效的终止只有2天。对此，多式联运公约规定，如果求偿诉讼是在诉讼所在国法律许可时间内提起，此时间不得少于90天，该90天可从多式联运经营人接到对他的诉讼传票之日起算，也可以从赔偿了第一诉讼人之日起算。

要使一个正当的索赔案成立，提出索偿的人必须具备以下几个基本条件：

(1)索赔人应具有正当的索赔权；

(2)具有损害赔偿事实；

(3)责任方具有实际的赔偿责任；

(4)货物的灭失、损害系发生在多式联运经营人掌管期间内；

(5)要求赔偿的金额是合理的；

(6)索赔的提出在有效期内；

(7)应具备全套的索赔单证。在实际业务中；赔偿与诉讼往往根据当事人的协议，随时要求延长国际货运公约中有关诉讼时效的规定是正常的。

又如，国际公约货运公约第三十一条第(1)款，以及国际铁路货物运输公约第四十六条第(1)款规定，索赔人提出的诉讼时效原则1年，在承运人违反运输业务时，诉讼期为2年。

第六节　多式联运下的管辖

“管辖”一词是指某一法院对某一案件的处理权，提单上的管辖权是指提单上所规定的法院对提单履行过程中所产生的纠纷的处理权。一般船公司的提单上都订有管辖权条款。如中国远洋运输公司的提单背面就订有管辖权条款，该条款规定：凡根据本提单与其有关的一切争执应按照中国法律在中华人民共和国法院解决，或在中华人民共和国仲裁。

提单是承运人和托运人就双方的权利、义务、责任，以及责任豁免的运输文据或运输合同的证明。由于它的条款是在事先印刷订立的，带有一定的强制性，管辖权条款更是如此。然而，提单本身不是法律，它受制于有关提单的国际公约和有关国家法律的约束。如关于提单的国际公约有《海牙规则》、《维斯比规则》、《汉堡规则》。前两个公约对管辖权未作任何规定，而《汉堡规则》作了较详尽的规定。但大多数的提单仍适用《海牙规则》和《维斯比规则》。所以，提单管辖权条款效力主要取决于各个国家的态度和法律规定。如在美国，法院只承认诉讼时效，而不重视提单管辖权条款。英国及英联邦国家则主张在英国或本国解决纠纷。中东一些国家仍排斥可兰经以外的法律，因而也就根本谈不上提单管辖权。还有些则国家认为，根据《海牙规则》规定，凡不同于本公约的规定或减轻承运人责任的内容均一律无效。但欧洲大陆国家,如联邦德国、荷兰、法国等承认提单管辖权。

管辖权问题是涉外民事案件中的一个主要问题。因为由何国法院管辖,往往会影响一个案件的法律适用和案件审理的结束。因此,不同国家的当事人在签订合同时,都将管辖权问题作为一个重要条款予以协商。

多式联运公约尽管对管辖权作了较明确的规定,但并不妨碍双方当事人在案件发生后达成的有关除了本公约规定的诉讼地点外,另外确定新的诉讼地点,而且,双方达成的协议有效。

同一个索赔案,在本公约规定的某一地点法院提出诉讼并作出裁决后,当事双方不得提起新的诉讼,除非,第一次作出的判决在新提起诉讼的国家的法院不能得到执行。

如某一索赔案发生后,由 A 国法院作为裁决,而由于被告财产在 B 国,这样应在 B 国执行 A 国作出的判决。假如 A、B 两国没有协定,B 国法院不承认 A 国法院作出的裁决,这样,原来在 A 国法院作出的裁决就没有实际意义了,因为,在 B 国还要提出新的诉讼。

此外,同一个索赔案,在一个国家的两个法院同时提起诉讼,第二次诉讼则不得视为是一项新的诉讼案的提起。

第七节　多式联运下的仲裁

“仲裁”是指双方当事人自愿地在事前或事后,按达成的书面协议,将运输中所发生的争议提交某国或第三国涉外仲裁机构执行仲裁,该涉外仲裁机构的仲裁裁决对双方当事人具有约束力,双方当事人都有义务自觉遵守并履行裁决,因此,仲裁是解决涉外民事争议的一种比较普通的方法。

仲裁的性质是民间的,仲裁机构对双方当事人的争议无强制性的管辖权,它只能根据双方当事人自愿达成的书面协议受理案件,因而,仲裁具有这样一些特点:

(1)由于双方当事人自愿达成仲裁协议,才赋予仲裁机构受理双方当事人争议的权力。所以,仲裁是以双方的协议为基础的。仲裁协议对双方均有约束力,但经双方当事人同意,该协议可修改或废除,而法院的判决则具有强制性。因此相对而论,仲裁比法院裁定具有较大灵活性。

(2)仲裁庭的组成和适用法规,则是根据双方当事人的协议,属于国际民事诉讼法的范畴。

(3)仲裁裁决除了少数国家的仲裁程序规则可向仲裁机构上诉,一般来说其裁决是终局性的,不允许再向任何机构或法院提出变更的要求,如败诉一方不自动执行裁决,胜诉一方可根据法律申请法院强制执行。根据法律规定,对法院的判决都允许上诉,这样,仲裁与司法诉讼相比较,具有省时,手续简便,以及费用较低的优点。

《海牙规则》、《维斯比规则》没有关于仲裁条款的规定,提单上也没有关于仲裁的条款,因为各提单都规定一旦发生争议,在什么地方的法院,受什么法律制约的有关规定。之所以在提单上没有规定仲裁条款,因为对任何一个收货人来说,在卸货港和最终交货地法院提起诉讼更为有利。但尽管如此,《汉堡规则》中还是设置了仲裁条款,这是因为《汉堡规则》第二十一条规定了有关管辖权条款,提单上的协议管辖权被认为无效,从承运人的立场出发,认为有必要在《汉堡规则》中制订仲裁条款。

同样，多式联运公约第二十六条对管辖部门作了规定，这种规定从某种程度上解决了一些人担心一旦出现纠纷无处诉讼的困扰，但也出现了多式联运经营人无法在多式联运提单上再制订有关管辖权条款了。又假如多式联运经营人在多式联运提单上制订了仲裁条款，其结果是，如中国远洋运输公司作为多式联运经营人在多式联运提单上规定，一旦发生争议，仲裁地点在北京，某一票货物从美国的西雅图港口运往印度的孟买港，孟买港的收货人在仲裁的情况下要到北京仲裁，显然，这一仲裁地点对收货人极为不利，作为收货人来说，唯一的态度是反对。为了解决这一问题，规定即使在多式联运提单上规定了仲裁权条款，这种仲裁条款也是无效的，并且，仲裁和管辖一样，可在规定的地点选择之一提交仲裁。

仲裁虽然是一种自愿性的解决争议的办法，但它也有强制性的一面，主要表现在该双方当事人签订仲裁协议或在合同中附有仲裁条款申明，一旦发生争议时愿意交仲裁裁决。按大多数国家的法律规定，这种争议案件必须通过仲裁方式进行解决，除非有特殊情况，当事双方不得另向法院起诉。因为，法院对这种案件已不再具有管辖权。我国民事诉讼法也有这样的规定。所以，以仲裁条款或仲裁协议的形式排除法院的管辖权，在长期的实践中是相当有效的，其前提是不违反两个基本原则：

(1)按其当事人的本国法，该国法院对该审议有强制性管辖权；

(2)该条款协议的订立是违反双方当事人中任何一方的公共政策或秩序。

对于仲裁裁决和判决一样，在执行时总会受到各种条件的限制。尽管一般规定不允许对仲裁裁决起诉，但各国法院都允许当事人根据这一特定理由，请求法院撤销裁决或宣布裁决无效。当然，这并不是否定仲裁裁决的效力，其目的是为了防止仲裁过程中可能发生的差错、违法，不合法的要求等情况。习惯认为，如果发生这样一些情况，当事人一方在法定期限内可请求法院撤销裁决，或宣布裁决无效：

(1)根据没有生效的仲裁协议或条款作出裁决；

(2)裁决的内容超过仲裁协议条款规定的范围；

(3)争议的问题根据法律规定是不能仲裁的；

(4)裁决的程序不当或方式不符合规定，或者裁决不符合法定要求；

(5)仲裁员有不当行为；

(6)裁决作出后，发现有关系重大的新事实或证据；

(7)裁决是根据协议作出的；

(8)裁决有违反法令政策、规则或与某些法律规定相抵触；

(9)裁决没有附理由；

(10)裁决未在规定之时间内作出，如无时间规定时，未在合理时间内作出。

第八节　多式联运下的海关事项

多式联运公约第二十二条条款是有关海关事项的规定。海关是代表国家在口岸行使管理职权的机关，是执行国家有关进出口政策、法律、法令的重要工具。海关的基本职能是根据每一国家颁布的海关法和有关法令,对进出国境的货物、货币、金银、邮寄物品、旅客行李、运输工具,以及其他服务人员所带物品实行监督管理,征收关税和查禁走私,海关通过行使这些职能,对合法进出口给予方便,对非法活动加以制止。因此,海关的宗旨是:“依法监管税收,方便合法进口,制止走私违法”。

关于海关事项,在制订多式联运公约之前国际上已存在一系列有关海关过境的条约,例如与国际铁路运输发展相适宜的1925年的便利铁路货物运输穿越国境的国际公约;公路运输方面有1975年制订的国际公路货物运输的海关公约,而后,随着集装箱运输的发展又制订了1956年和1972年的集装箱海关公约。其特点是适应每一种单一运输方式的发展便制订一个相应的海关过境公约,以便利海关过境手续,尽管性质大同小异,形式却也类同。

集装箱货物是通过国际多式联运进行门到门、场到场等方式的运输交接,且涉及到买卖双方国家和过境国家海关对进出国境和过境货物的查验、管理等问题。因此,各国海关对进出的过境查验与管理工作对国际多式联运的发展有较大的影响,如果各国海关能建立可使集装箱自由通过国境的管理体制,就能促进国际集装箱多式联运的发展,反之,如各国海关对集装箱货物的运输都要求在过境时进行开箱检验,办理报关手续,那么,集装箱货物的多式联运就难以顺利开展。

根据集装箱运输的特点,国际上有许多国家修改了本国的海关法令规章和手续,使之适应集装箱成组化运输,也有不少国家共同缔结了关于集装箱货物运输的海关公约和规则。

在欧洲,由欧洲经济委员会的内陆运输委员会拟订的,并由21个欧洲国家和7个欧洲以外国家参加的,于1959年生效的《日内瓦集装箱海关公约》。在这一公约中,海关手续被简化到最低程度,集装箱货物只要在启运国内陆地海关检验后,并在箱子上加注海关封志,便可以一直运到进口国家和最终目的地,由目的地海关检验。在沿途运输过程中所经国家的海关只要对通过的集装箱作一记录,并不检查箱内货物的实际情况(特殊情况例外),该公约主要有两个方面的内容:

(1)缔约国应相互承认,对于承运货物的进口在3个月内再出口的,应予办理免税暂时进口手续;

(2)在海关铅封下进行不检查运输。该公约系在1956年制订,并于1959年生效的。

随着集装箱运输的发展,对该公约不完善的地方都采用附属决议来补充,如补充的内容有:

(1)暂时进口的集装箱,在一定条件下,进口国可在国内使用;

(2)禁止进口国有关法律对它的适用;

(3)免除递交报关单证,申报手续,交纳担保金。

在我国,海关方面为了便于集装箱货物进出口,以适应集装箱运输的发展,在1974年制定了《海关对进出口集装箱及所装货物监管的试行办法》,并于1978年对这一规定又作了补充,根据这一规定的方法:

凡进口的集装箱货物直接运往内地设有海关地点前,则由口岸外运公司向海关申请办理转运手续,口岸海关将有关申报单证转交承运人负责带交内陆到达地海关,由内陆地海关查验放行。

有关集装箱出口货物,如果是在内地设有海关地点装箱的,由当地发货人或外运公司向海关申请检验，并由海关将有关单证转交承运人负责带给出境地海关凭以监装装船。

从以上所述可看出，为适应每一种运输方式的发展，必定要制订出一个相适应的海关过境公约，为便利履行海关过境手续。多式联运公约在制订期间，与会代表一致同意不在公约会议之外再召集国际会议，为适合国际多式联运的需要，在会议期间同时制订了一个能为各国海关一致接受的海关过境原则，作为附件附在公约后面。

一、海关过境手续的履行

任何一票货物的出口，出口之前都要向海关报关。普通船舶运输下，出口许可证则作为发货人向海关申请后从海关得到的允许出口的单证。在集装箱货物运输下，特别系国际多式联运，更多的集装箱运输则作为过境货物而履行其海关手续。而海关手续的履行系指："在海关的监制下，将货物从一处海关运到另一处海关的海关手续"。在这一过程中，海关要向货主征收关税和因货物进口、出口应收取的费用，并且，要填制海关过境货物的单据。

如海关当局认为，用于过境货物的海关手续要求已达到（除按本国境内的有关法律规章和其他国际公约的规章外），缔约国应给予国际多式联运过境自由，并且该国际多式联运货物享有下列待遇：

(1)在运输途中不再受海关检验，除非海关认为有必要保证海关负责实施的规章、条例应得到遵守。所以，海关当局一般只在进口点上检验海关印记和其他安全措施。

(2)不必履行用于过境作业海关过境制度以外的任何海关手续和规定，当然，其前提是不影响有关公共卫生或国家安全规章的实施。

多式联运公约海关过境原则，作为货物的启运地海关应：

(1)采取一切必要的措施，保证海关过境货物一般能在目的地海关结关。

(2)采取一切必要的措施，保证其后过境作业所需要的资料准确，完整。

(3)应设法尽可能在接近货物最后目的地的地点办理货物的结关手续（除非本国的法律另有规定）。

货物在过境时，如海关当局认为，海关过境手续的要求已达到，这时作为国际多式联运的货物就没有义务再向过境国家支付货物进出口关税或其他税收，或者交付该种税收的保证金，当然，下列情况除外：

(1)根据公共安全，公共卫生方面的要求，按本国规定收取的费用。

(2)在平等条件下，收取金额不大于或相当于所提供服务成本的费用。

集装箱货物在国际多式联运中，有些过境的货物作业需要财务担保（现金担保、银行担保），而且，此项财务担保的金额，信誉能得到国家过境海关当局的满意，此外，还应符合其国家法律规定和国际公约的规定。当然，作为此项担保的制度应当简单，有效、收费合适，便于海关过境。在此项担保中，应包括支付的进出口关税和其他税收，如有罚款，则应在担保中包括罚款的数额。作为国际多式联运货物，在不影响国际公约，或国家法律规章的前提下，或国家法律规定所要求的任何其他单据的情况下，过境国家的海关当局应接受多式联运提单作为海关过境单据的证明。但应注意，为了便利海关过境，海关过境单据应当尽可能与所附的单据格式相一致。

二、转运货物与过境货物

在实际业务中，不少人将转运货物与过境货物混为一谈，这种理解或概念上的认识是错误的。所谓转运货物系指："没有办理海关进口手续的货物，在某一国设有海关的地点换装运输工具，运往另一设关地方或不通过某一国陆地运往国外，或已办理出口手续的货物，运至某一国另一设关地方换装运输工具转运国外的货，均理解为转运货物"。

转运的货物在换装运输工具时，应报请海关核准，由海关监装，并应在运输工具上加封，如不是需要马上转运的货物应卸入海关仓库或其他经许可的地点，有关转运的货物应列入出口载货清单。通常，对于外国货只有具备下列条件者方可转运：

(1)持有联运提单的人；

(2)在进口载货清单内注明的转运人；

(3)持有普通船提单，但已于起卸前向海关声明转运的人；

(4)误卸进口货物，经运输工具的经营人提供证件的人；

(5)因特殊原因，申请转运并经海关批准的人。

转运至国外的货，自原来的运输工具申请进口之日满一定时间尚未申报转运的人，海关按规定征收滞报金。在收取滞报金一定时间内仍未申报者，由海关变卖，所得的款项中应扣除下列费用后交货物所有人：

(1)关税；

(2)其他税收；

(3)海关罚款(包括滞报金和滞纳金)；

(4)杂费；

(5)仓库杂费。

必须说明，有关转运的货物，应由承运人负责在规定的期限内运往指定的地点，不得有拆包、改装、私卸、顶替等情况，非经海关同意放行，不得交由收货人提取。

所谓过境货物系："由国外起运，通过某一国陆地、港口，继续运往国外的货物，无论是否在边境转换运输工具，均理解为过境货物"。过境货物应经过境国政府有关部门核定的许可证件向海关申报，经海关核准后，才能入境(如与过境国订有海关过境货物的条约或协定的国家，则按条约或协定办理)。

过境货物在入境报关时，货物所有人和承运人应依照所规定的格式填写过境货物清单，送海关查核，并保证在规定的期限内运输出境。

过境货物应按指定的路线，经由海关许可的运输工具运输，此项运输工具由海关加封，过境货物在出国境时应报海关查验、放行。

三、海关过境货物申报单的主要内容

任何一张单证的制作，都列有为适应其作用和需要的内容，海关过境申报单也不例外，该单证的主要内容有：

(1)发货人的名称和地址；

(2)收货人的名称和地址；

(3)装货地点、交货地点;
(4)途经中转地点;
(5)运输方式;
(6)目的地、发货地办事处;
(7)装箱日期、箱号、填表日期、份数;
(8)单据申报人名称、地址;
(9)发货地、目的地国家;
(10)有关货物情况(货名、件数、标志、种类、包装、货运单位);
(11)海关、申请人签署;
(12)有关备注、附件说明。

尽管海关过境货物申报单作了上述内容的规定,在不影响国际公约和国家法律所要求的任何其他单据的情况下,过境国家的海关当局应当接受多式联运单据作为海关过境单据的说明。

第九节　其他关于多式联运的法律法规

一、1973年多式联运单证统一规则

在现有的国际公约都适用于不同的单一运输方式,在缺少一个新的专门适用于多式联运的国际公约的情况下,为了防止不同的多式联运单证向多样性发展,国际商会(ICC)于1973年制定了《多式联运单证统一规则》(简称《统一规则》)(Uniform Rules for a Combined Transport Document),1975年修改后颁布。《统一规则》共设11部分,19条,简称国际商会298号出版物。作为商务惯例的民间规则,其适用不具有强制性。但是,在《联合国国际货物多式联运公约》尚未生效前,经常被国际货物多式联运合同的双方当事人协议选用,或作为多式联运提单的蓝本。我国某些公司的多式联运提单也曾根据它制定。该规则包括以下主要内容:

1. 多式联运单证

多式联运单证(Combined Transport Document,CTD)是指证明履行货物多式联运和实现履行货物多式联运合同的一种单证,并在单证正面注明"按国际商会第298号出版物《多式联运单证统一规则》签发的可转让的(或不可转让的)多式联运单证"字样。多式联运单证必须由可能实际提供运输或至少部分运输的人签发,或者由可能只是安排他人提供全部运输或部分运输的人签发。在以可转让的方式签发多式联运单证时,应载明"凭指示"或"交于持有人",如载明"凭指示"时,则可通过背书转让;如载明"交于持有人",则无需通过背书交付即可转让。签发时,如签发一套超过1份以上正本,应注明一套正本的份数;如签发副本,则每一副本应注明"不予转让副本"字样。凭提交经过背书的多式联运单证,向多式联运经营人或其代理人要求交货。在以不可转让的方式签发多式联运单证时,应指明"记名收货人"。如果多式联运经营人将货物交给此种不可转让的单证上指明的收货人,或者按收货人给多式联运经营人的通知交给经收货人授权接管货物的人,多式联运经营人即被解除其交货的义务。

2. 发货人的义务

(1)在多式联运经营人接管货物时,发货人应被视为已向其保证所提供的货物品名、标志、号码、数量、重量和体积的准确性,否则,对由此引起或造成的一切灭失、损害和费用对多式联运经营人负赔偿责任。

(2)发货人应遵守国际公约或国内法律中关于危险货物运输的强制性规定,并应在多式联运经营人接受危险货物之前,将货物的确切危险性质书面通知多式联运经营人,并向其说明必要的、应采取的预防措施。否则,多式联运经营人由于缺乏资料,不知道货物的危险性质及应采取的必要预防措施,无论在任何时候,此类货物被认为构成对人命或财产的危害,便可在任何地点,根据情况需要卸下、销毁或变为无害,而无需赔偿由于这种货物的接管、运输或任何附带的服务所引起的一切灭失、损害、迟延交付或费用。

3. 多式联运经营人的义务和责任

(1)从接管货物时起到交付货物时止,负责履行和以其自己名义设法履行货物多式联运,包括这种运输所必需的各种服务,并在本规则所规定的范围内,承担这种运输及服务义务。

(2)对其代理人或雇用人员在受雇范围行事的作为或不作为,如同对其自己的作为或不作为一样,承担义务。

(3)对其用来为履行多式联运单证证明的合同提供服务的其他任何人的作为或不作为,承担义务。

(4)负责履行或设法履行为确保交货所必需的一切事项。

(5)在本规则规定的范围内,对在其接管货物至交付货物期间所发生的货物的灭失或损害承担责任,并负责按本规则的规定对这种灭失或损害进行赔偿。

(6)在本规则所规定的迟延交付的范围内,承担迟延交货的责任,并负责按规则的规定进行赔偿。

4. 多式联运经营人的赔偿责任

(1)不知灭失或损害发生的运输区段时:

①赔偿金额应参照此种货物在交付给收货人之时当地的价值,或者根据多式联运合同,参照此种货物本应交付之时当地的价值进行计算;

②货物的价值应参照现时商品交易价格确定;如果没有此种价格,参照现时市场价格规定,或者参照同种类和同质量货物的正常价值确定;

③每千克遭受灭失或损害的货物的赔偿金额不得超过 30 法郎。除非经多式联运经营人同意,发货人已申报了较高的价值,并已在多式联运单证上注明,在这种情况下,赔偿限额为其中较高的价值;

④在任何情况下,多式联运经营人的赔偿金额不应超过有索赔权人的实际损失。但如因规则 12 列明的原因所引起的,则不负责赔偿。

(2)知道灭失或损害发生的运输区段时:

①多式联运经营人对这种灭失或损害的责任应取决于国际公约或国内法律的规定,而且能通过合同知道违背这些损害索赔人的利益。如果索赔人已与多式联运经营人就发生灭失或损害的特定运输区段单独签订直接的合同,并且收到为使这种国际公约或国内法律能够适用而必须签发的任何特定单证作为证明,这些规定应适用;

②在发生灭失或损害时适用于运输货物的运输方式所进行的运输有关的国际公约的规定时，其他国际公约或国内法律将不适用。在多式联运单证上应明确规定，该公约中的所有规定，将制约此种运输方式所进行的货物运输；

③多式联运经营人和任何分承运人签订的任何内河运输合同中的规定，应在多式联运单证中明确规定应适用此种合同条款，而无任何国际公约或国内法律可适用；

④当货物的灭失或损害是由于或归因于多式联运经营人自身职责范围内的作为或不作为，或其受雇人员或代理人以此种身份行事，且不是在运输过程中的作为或不作为造成的，则不得免除多式联运经营人的责任。

5. 索赔与诉讼

(1)凡未能在议定的并在联运单证中载明的时限届满后90天内交付货物，或在未曾议定并载明这种时限的条件下，未能在对于勤勉完成多式联运工作所允许的合理时间后90天内交付货物者，除能提出与此相反的证据，有权提取货物的人即有权将该项货物视为灭失。

(2)如经证明，灭失或损害是由多式联运经营人蓄意造成损害而作出的行为或不行为，或由多式联运经营人明知可能产生这种损害仍不顾其后果而作出的行为或不行为所产生，则该多式联运经营人便无权享受本规则所规定的责任的限额的利益。

(3)如果诉讼未在下列期限在9个月内提出，多式联运经营人应被解除其根据本规则承担的一切责任：①货物交付之日，或者②货物当交付之日，或者③按照本规则的规定，在未提出与此相反证据的情况下，不能交付货物，便赋予有权提取货物的人以将货物视为灭失的权利之日。

二、1991年联合国贸易和发展会议/国际商会多式联运单证规则

在期待《多式联运公约》生效期间，UNCTAD航运委员会根据1986年11月第60号决议，指示秘书处与权威的官方机构和国际组织紧密合作，以《海牙规则》和《海牙—维斯比规则》和现有的单证为基础，研究起草了《多式联运规则》(简称《规则》)(UNCATAD/ICC Rules for Multimodal Transport Document)，并于1992年1月1日生效。《规则》的主要内容如下：

1. 多式联运单证

《规则》规定载入多式联运单证的资料应是多式联运经营人按照此种资料接管货物初步证据，除非已有相反的注明，例如“托运的重量，装载和计数”，“托运人装载的集装箱”或类似表述已在单证上以印就文本或批注作出。在多式联运单证已经转让或者等同的电子数据交换信息已经传输给收货人并经其接受，收货人又是善意信赖并据以行动的情况下，多式联运经营人提出的反证不予接受。

2. 多式联运经营人的责任

《规则》规定，多式联运经营人对于货物的责任期间自其接管货物之时起到交付货物之时为止。多式联运经营人应对其受雇人或代理人在其受雇范围内行事时的作为或不作为负赔偿责任，或对其为履行多式联运合同而使用其服务的任何其他人的作为或不作为负赔偿责任。

《规则》总体上采用推定过失责任制。但是，多式联运经营人不对货物延迟交付所造成的损失负赔偿责任，除非托运人对如期交付的利益作出声明，交给多式联运经营人接受。但对于水上运输区段，虽未明确指出，但实际上仍采用了《维斯比规则》的不完全过失责任制。《规则》规定多式联运

经营人对海上或内河运输中由于船长、船员、引航员或雇用人在驾驶或管理船舶中的行为、疏忽或过失、火灾等原因造成的货物灭失或损坏以及延迟交付,不负赔偿责任,除非由于承运人的实际过失或私谋而造成。但是,只要货物的灭失或损坏是由船舶不适航造成的,多式联运经营人需证明他已经谨慎处理使船舶在航次开始时适航;否则,即丧失免责的权利。

至于责任限额,如果货物的灭失或损坏发生在多式联运中的某一特定区段,则适用于该区段的国际公约或强制的国家法律规定的另一责任限额,如同对这一特定区段订有单独的运输合同一样,则多式联运经营人对此种灭失或损坏的赔偿责任限制应当按照该公约或强制性国家法律的规定计算。

如果不能确定货物损失发生的运输区段,《规则》参照《多式联运公约》的模式,设立了包括水运和不包括水运的赔偿限额。《规则》规定,在多式联运经营人接管货物之前,已由托运人对货物的性质和价值作出声明并已在单证上注明,多式联运经营人在任何情况下对货物灭失或损坏的赔偿额不得超过每件或每单位 666.67 特别提款权,或者按每千克毛重 2 个特别提款权,并以高者为准。如果按照多式联运合同,多式联运不涉及海上或内河运输的,多式联运经营人的赔偿责任以不超过灭失或损坏货物每千克毛重 8.33 特别提款权为限。

3. 诉讼时效

除另有明确协议外,除非在 9 个月内提起诉讼,多式联运经营人应当被解除按《规则》规定的赔偿责任。时限从货物交付之日或货物应当交付之日起算。

三、我国多式联运的法律法规

我国《海商法》对国际多式联运的规定如下:

1. 国际多式联运合同的定义

我国《海商法》第 102 条第一款将多式联运合同定义为:“多式联运经营人以两种以上的不同运输方式,其中一种是海上运输方式,负责将货物从接收地运至目的地交付收货人并收取全程运费的合同。”

2. 多式联运经营人的定义

《海商法》第 102 条第二款规定:“多式联运经营人,是指本人或者委托他人以本人名义与托运人订立多式联运合同的人。”

多式联运经营人主要有以下两种情况:

(1)以单程运输承运人,特别是以船舶运输的承运人为多式联运经营人。

(2)以国际货运代理人为主体的无船承运人为多式联运经营人。这类经营人本身不拥有或不经营某单一运输方式,但与托运人签订多式联运合同,负责货物的全程运输,同时以托运人的名义与各单一运输方式承运人签订各段运输合同,组织完成多式联运全程运输。

3. 多式联运经营人的责任期间

《海商法》第 103 条规定:“多式联运经营人对多式联运货物的责任期间,自接收货物时起至交付货物时止。”因此,多式联运经营人的责任期间可以自托运人的仓库、堆场到收货人的仓库、堆场;多式联运经营人的指定仓库、堆场到收货人的仓库、堆场;托运人指定的仓库、堆场到多式联运经营人的仓库、堆场等,在多式联运经营人或其组织参加多式联运的各种运输方式掌管货物的全部期间。

4. 多式联运经营人的责任形式

《海商法》第104条至106条规定了多式联运经营人的责任形式，主要有以下几点：

（1）多式联运经营人负责履行或者组织履行多式联运合同，并对全程运输负责。也就是说不管多式联运经营人是自己履行合同，或组织其各段承运人履行合同，他要对托运人、收货人负责多式联运合同的履行，即负责全程运输，《海商法》第104条第一款对此作出了规定。

（2）多式联运经营人与参加多式联运的各区段承运人，可以就多式联运合同的各区段运输另以合同约定相互之间的责任。但是此项合同不得影响多式联运经营人对全程运输所承担的责任。

（3）"货物的灭失或者损坏发生于多式联运的某一区段的，多式联运经营人的赔偿责任和责任限额，适用调整各区段运输方式的有关法律规定。"这一规定体现了多式联运经营人实行的是"网状责任制"。

（4）"货物的灭失或者损失损坏发生的运输区段不能确定的，多式联运经营人应当依照本章关于承运人赔偿责任和责任限额的规定负赔偿责任。"在多式联运，货损发生的区段不易查清，则根据"网状责任制"的规定按《海商法》的规定负责赔偿处理。

案例一　多式联运合同纠纷案

一、案情简介

原告（上诉人）：青海省民和经贸有限责任公司

被告（被上诉人）：中国外运天津集团有限公司

原告诉称：2000年6月8日，原告与被告签订了多式联运合同，约定由被告对全程运输负责。原告将货物交付给被告，被告于2000年6月26日签发了联运提单，装货港为天津，交货地点为朝鲜新义州，货物运至朝鲜新义州后，被告在买方朝鲜真诚合作公司无货运提单的情况下，任由该公司将货物提走，使原告不能收回货款。因此请求判令被告赔偿原告货款损失180 480美元及利息。

被告辩称：双方签订了多式联运合同后，被告签发了联运提单，但原告于2000年6月20日向被告签署声明，称：本运输合同唯一收货人是朝鲜真诚合作公司，并宣布提单仅作为议付单据。因此提单在本案中仅仅是结汇单据，丧失了物权凭证的效力，原告不享有依据该提单向承运人提取货物的权利。

一审查明的事实：1999年10月30日，原告与朝鲜真诚合作公司签订出口9.6万米货值为180 480美元的印染布销售合同。2000年6月8日原告向被告出具了货物进出口委托书，内容为：发货单位青海省民和经贸有限公司，收货人朝鲜真诚合作公司，装货港天津，卸货港朝鲜新义州，货名印染布。同日，原、被告双方签定了多式联运合同。2000年6月20日，应被告要求，原告向被告出具了声明，声明内容为：指定朝鲜真诚合作公司为唯一收货人，提单只作为议付单据。2000年6月26日，被告签发了联运提单，该提单托运人提供细目一栏中注有"仅作议付用"字样。被告将本案货物从天津港经海运至大连后转公路运至丹东，在丹东转铁路运至朝鲜新义州。2000年6月28日，将货物交付朝鲜真诚合作公司。原告持提单结汇时因单据不符被银行退回，未能得到货款。

二、审判结果

1. 一审判决理由及结果

一审合议庭认为,构成承运人因无单放货而承担责任的基础,在于提单具有承运人保证据以交付货物的物权凭证这一功能,而本案所涉提单,因双方在运输合同中的约定即提单"仅作议付用",已丧失了作为交付凭证和物权凭证的这一功能,因此,被告按照联运合同的约定,将货物交付合同指定的收货人后,原告以被告无单放货为由,要求被告对其不能收回货款承担责任,其理由显属不当,不应支持。为此一审判决驳回原告诉讼请求。

原告不服,提起上诉。

原告上诉理由:①被上诉人只是声称已正确履行了交付义务,却从未提供足以证明其主张的相关证据;②本案所涉货物运输完全符合《海商法》,而一审法院因为货物的最终运输段是铁路运输,就适用了《铁路运输规程》,属于适用法律错误。

2. 二审判决理由及结果

二审认定的事实与一审基本相同。不同的是二审未确认被告已将货物交付朝鲜真诚合作公司,只是查明被告将本案货物从天津港经海运至大连后转公路运至丹东,同年6月27日在丹东将货物交付中国外运丹东公司进行铁路运输,铁路运单载明从丹东运至朝鲜新义州,收货人为朝鲜真诚公司。

二审认为:上诉人与被上诉人之间存在着多式运输合同关系,被上诉人作为承运人的责任期间应是自接收货物时起至交付货物时止的全程运输。货物装船后,承运人签发了联运提单,但提单正面注明:仅作议付用。因此该提单不再具有物权凭证的效力,承运人交付货物应凭托运人的指令。本案中,涉案提单最终未能流转,而为托运人所持有,故提单项下货物的所有权仍为托运人所享有,承运人应按照与托运人的约定交付货物。由于在提单签发前上诉人出具了声明,宣布提单只作为议付单据,涉案货物的唯一收货人为朝鲜真诚合作公司,因而被上诉人应将货物交付给指定收货人。

对于涉案货物是否已交付指定收货人,被上诉人主张,上诉人在原审起诉状中已作过"被告在收货人朝鲜真诚合作公司无货运提单情况下,无单放货,任由该公司将货提走"的陈述,因此货物已交付指定收货人的事实无需举证。但法律所规定无需举证的案件事实应是公理或者当事人明确表示承认的事实,对于本案所涉货物是否已交付指定收货人的事实,上诉人在原审庭审中并未明确表示承认,二审中又提出起诉状中所称"货物被朝鲜真诚合作公司提走"是据被上诉人与中国外运丹东公司告知,并不了解货物的真正去向,要求被上诉人提供货物已由收货人收受的证明,故不构成无需举证的事实。被上诉人提供的铁路运单,目前只能证明其将货物交付铁路运输,却不能证明将货物交付给了指定收货人,因此被上诉人要承担此项举证不充分的法律后果。为此二审判决:撤销一审判决,改判被上诉人赔偿上诉人的货物损失180 480美元。

被告(被上诉人)向最高人民法院申请再审。理由是:①原告在一审中已承认货物交付给了实际收货人朝鲜真诚合作公司。②二审中被告已提交中国和朝鲜铁道部门的证据证明货物已交实际收货人,但二审以被告举证超过举证时限及证据未经公证、认证为由,对被告所提证据不予认定。

3. 再审判决理由及结果

再审认定的事实与一审基本相同。

再审认为,根据本案中多式联运单证——提单的记载,本案的装港为天津港,交货地点为朝鲜的新义州,本案应为国际多式联运合同纠纷。本案多式联运合同和提单背面均约定适用中华人民共和国的法律。故本案应当以中华人民共和国的法律作为调整当事人之间法律关系的准据法。

《中华人民共和国海商法》是调整海上运输关系和船舶关系的法律。但我国《海商法》第二条第二款规定"本法第四章海上货物运输合同的规定,不适用于中华人民共和国港口之间的海上货物运输",《海商法》规定的多式联运要求其中一种运输方式必须是国际海上运输。因此,本案不适用《海商法》的规定。应适用《中华人民共和国合同法》。

我国《合同法》第三百一十七条规定,多式联运经营人负责履行或者组织履行多式联运合同,对全程运输享有承运人的权利,承担承运人的义务。因此,天津外运公司作为本案多式联运合同的承运人应当对本次全程运输承担承运人的责任,将货物安全运输到约定的地点。我国《合同法》第三百二十一条规定,货物的毁损、灭失发生于多式联运的某一运输区段的,多式联运经营人的赔偿责任和责任限额,使用调整该区段运输方式的有关法律规定。货物毁损、灭失发生的运输区段不能确定的,依照本章规定承担损害赔偿责任。本案纠纷发生在货物交付阶段,最后的运输方式是丹东至新义州的铁路运输,故应适用有关铁路运输的有关法律规定。中朝两国虽然均为《国际铁路货物联运协定》的参加国,但是该协定第二条第三项第三目规定:两邻国车站间,全程都用一国铁路的列车,并按照该路现行的国内规章办理货物运送的,不适用该协定。故该协定不适用于本案。现有铁路运输法律法规中亦无承运人有收回正本单据义务的规定。

本案双方当事人签订的多式联运合同、提单等均合法有效,货物出口委托书和青海民和公司签署的声明均可以作为合同的组成部分,其中的提单题为不可转让的单据。依据合同中关于朝鲜真诚合作公司为收货人、"唯一收货人为朝鲜真诚合作公司"的约定,天津外运公司仅负有将货物交付朝鲜真诚合作公司的合同义务。故青海民和公司主张天津外运公司负有收回正本提单的义务依据不足。关于天津外运公司是否按照约定已将货物交给朝鲜真诚合作公司的事实,一审中双方当事人未就此事实发生争议。二审中,青海民和公司改变其在一审中诉承运人无单放货的主张,提出天津外运公司只是声称已正确交付货物,但从未提供证据加以证明,二审认为天津外运举证不充分,不能证明货物交给了朝鲜真诚合作公司。最高法院认为,根据我国《民事诉讼法》第六十四条第一款的规定,当事人对自己的主张,有责任提供证据。因此,此事实的举证责任在青海民和公司。二审对此举证责任分配不当。另外给予当事人的举证时间不合理。天津外运公司提供的经铁道部有关部门出具的加盖发电专用章的电报,证明货物已经由铁路运输交付给收货人。该证据支持了天津外运公司的主张。因此,天津外运公司已经履行了运输合同约定的义务,对于青海民和公司的货款损失不应承担责任。依据我国《民事诉讼法》第一百八十四条、第六十四条,《合同法》第三百一十七条、第三百二十一条的规定作出判决,撤销二审判决,维持一审判决。

三、评析

原告在一审、二审中的诉因不同,原告上诉时改变了在一审时的诉因,导致一、二审审理本案的重点不同。

本案原告起诉时的诉因是被告无正本提单放货，上诉时又将诉因改为被上诉人（一审被告）没有证据证明已将货物交给上诉人指定的收货人。诉因不同，导致一、二审对本案定性不同。一审中原告向法院递交的起诉状中，称“货到新义州，被告在买方朝鲜真诚合作公司无货运提单的情况下，无单放货，任由该公司将货物提走，使原告不能收回货款，致使纠纷产生。”该理由，原告在庭审中的法庭调查阶段并未修改。庭审中审判长归纳的争议焦点是：①本案多式联运提单是否具有提货作用；②被告将货物放给真诚公司有无过错。对此原、被告均无异议。这说明双方当事人对货物已交给朝鲜真诚公司并无异议，原告对此事实认可。当事人在庭审中对不利于己的事实表示承认，是当事人的自认。本案中原告对货物已交付给朝鲜真诚公司的承认，已构成当事人的自认。二审中，原告又推翻在一审中自认的事实，原告应提供充分的证据加以证明，否则不应支持其主张。本案中对上述事实是否属于当事人自认，最高法院在判决中未明确，而是依《民事诉讼法》第六十四条规定，确定原告应承担举证责任。

本案被告所签提单是多式联运提单，被告应对全程运输负责。不管是联运提单还是单纯的海运提单，其功能都是相同的，即都具有货物收据，合同的证明和承运人据以交付货物的凭证作用。但本案被告签提单的日期是6月26日，而原告在6月20日出具书面声明，称提单只作为议付单据。虽然原告主张该声明日期是倒签的，且不是其真实的意思表示，但未能提供证据证明其主张。据此一审法院认定被告所签提单不具有物权凭证的作用，判决驳回原告的诉讼请求。二审也认定被告所签提单不具有物权凭证的效力，改判的理由是被告没有证据证明已将货物交给上诉人（一审原告）指定的收货人。由此可见一、二审在认定被告所签提单不具有物权凭证的效力这一点是相同的。

案例二　货运代理人的法律定性及多式联运中集装箱货损区段的确定

案例要点：货运代理人的真实身份应根据其从事的业务来具体分析，不能一概地界定为纯粹的运输代理人，也有可能是承运人身份；在集装箱FCL整箱货情况下，承运人一般无法在装货时检查箱内货物的状况，箱内货物损坏的确定通常是通过集装箱进出场时设备交接单的记载情况及铅封完好与否来推定。

一、案例背景

原告：东方海外货柜航运有限公司

被告：中国外运江苏集团公司苏州公司

2001年11月18日，华映公司与特灵台湾公司签订了进口3套冷水机组的贸易合同，交货方式为FOB美国西海岸，目的地为吴江。2001年12月24日，买方华映公司就运输的冷水机组向人保吴江公司投保一切险，保险责任期间为“仓至仓条款”。同年12月27日，原告东方海外货柜航运有限公司从美国西雅图港以国际多式联运方式运输了装载于三个集装箱的冷水机组经上海到吴江。原告签发了空白指示提单，发货人为特灵台湾公司，收货人为华映公司。

货物到达上海港后，2002年1月11日，原告与被告以传真形式约定，原告支付被告陆路直通运费、短驳运费和开道车费用等共计9 415元，将提单下的货物交由被告陆路运输至目的地吴江。事实上，被告并没有亲自运输，而由上海吴淞汽车运输服务公司（以下简称“吴淞公司”)实际运输,被告向吴淞公司汇付了8 900元运费。同年1月21日货到目的地后,收货人发现两个集装箱破损,货物严重损坏。收货人依据货物保险合同向人保吴江公司索赔,保险公司赔付后取得代位求偿权,向原告进行追偿。原告与保险公司达成了和解协议,已向保险公司作出11万美元的赔偿。之后,原告根据货物在上海港卸船时的理货单记载“集装箱和货物完好”,以及集装箱发放/设备交接单(出场联和进场联)对比显示的“集装箱出堆场完好,运达目的地破损”,认为被告在陆路运输中存在过错,要求被告支付其偿付给保险公司的11万美元及利息损失。

二、法院裁判

上海海事法院经审理认为,涉案货物从美国运至中国吴江,经过了海运和陆路运输,运输方式属于国际多式联运。原告是多式联运的全程承运人,也即多式联运经营人,其与被告之间的传真事涉运费等运输合同的主要内容,双方订立的合同应属国际多式联运的陆路运输合同,合同有效成立,被告应按约全面适当地履行运输义务。涉案两个集装箱货物的损坏发生在上海至吴江的陆路运输区段,故被告应对货物在其责任期间内的损失承担赔偿责任。买方也即收货人华映公司与人保吴江公司之间的保险合同依法成立有效,货损属于货物运输保险单下的保险事故范畴,保险公司对涉案货损进行赔付符合情理和法律规定。原告作为多式联运全程承运人对保险公司承担赔偿责任后有权就其所受的损失向作为陆路运输承运人的被告进行追偿。据此,判决被告向原告赔偿11万美元及其利息损失。被告提起上诉。双方当事人于二审审理过程中达成调解协议,由被告向原告支付11万美元结案。

三、法院评析

本案的争议焦点主要集中在:

(1)原被告之间的法律关系如何界定,是陆路运输合同关系还是货运代理合同关系。

(2)货物损失是否发生在陆路运输区段,被告是否应承担货损责任。

关于争议(1),被告指出,其与原告往来的传真件是代理协议,其根据传真出具的有关运费的发票抬头是货代专用发票,所以双方不存在承托关系,而是货运代理关系,被告作为原告的代理人委托吴淞公司进行实际运输。

笔者认为:

(1)虽然被告名义上是一家货运代理性质的公司,但不能仅仅凭此项来认定被告的真实身份。目前,随着巨型集装箱船的大量应用,货运代理人不断扩展业务范围,货运代理人的角色发生了转变。他已经不单单是传统上接受委托人的委托,就有关货物运输、转运、仓储、保险以及与货物运输有关的各种业务提供服务的货运代理人了,他开始利用自己不经营船舶在经营投入和管理成本方面所具有的竞争优势,承担起承运人的责任,货代成为无船承运人即为示例。所以,根据货运代理人从事的业务范围,货运代理人的真实身份在具体案件中会有不同,并不再一概视为传统的代理人。本案中,尽管吴淞公司为陆路运输的实际承运人,但被告无法以其为货运代理人的抗辩来摆脱自己是区段承运人的地位。

(2)原被告之间往来传真的内容主要涉及的是被告收取内陆运费的事宜,而没有提及货运代理事项。根据合同法理论,合同的性质依合同的实质内容来确定,传真是合同法明确规定的、可以视为书面合同的形式之一,所以关于内陆运费的传真可以作为双方签订的陆路运输合同,真实有效。此外,货代专用发票只是被告业务中开具发票通常的格式化抬头,以此种表面格式来对抗原被告之间的运输合同关系显然过于牵强。

(3)本案中，原告支付给被告内陆运费9415元，而被告最后支付给吴淞公司8900元运费，两者存在差额。被告解释称，其与原告传真中约定的短驳费用事实上没有产生，而将短驳费作为代理费来收取，但该辩称无证据佐证。依笔者之见，货代公司视为承运人时，其与传统的货代公司之间一个显著的区别就是收取的费用性质不同。传统货代公司收取的是佣金，按运费的一定比例计算；而货代公司作为承运人时，收取的费用往往是运费的差价。本案中被告赚取的这笔差额，视为运费的差价比较妥当。

综上而言，原被告之间的法律关系应该是陆路运输合同关系，而不是货运代理关系。

关于争议(2)，如何确定发生货损的运输区段问题，被告认为没有证据证明涉案货损发生在陆路运输期间。设备交接单仅用于集装箱及集装箱设备(例如冷藏箱的冷冻设备)在交接时是否完好无损的记载；只用于载有货物的重箱在交接时门封上的封志扣是否完好无损的记载，不能证明箱内货物的状况。况且，在货物到达目的地进行检验时，没有依照惯例请承运人和保险人代表到场，检验不公开，检验报告的结论应受到置疑。

笔者以为，在集装箱货物运输中，如本案集装箱中货物是整箱货(FCL)，由发货人自己装箱的，承运人在货物装船时一般无法对集装箱内货物的实际状况进行检查。所以，要证明是否有货损发生，通常是看集装箱进出堆场时设备交接单上的记载情况。若集装箱进场和出场的设备交接单上均记载"集装箱及其设备状况良好"且集装箱铅封完好，那么通常推定集装箱内的货物状况良好，承运人在运输过程中没有造成箱内货物的损坏。由此可见，尽管设备交接单的记载有关于集装箱及其设备的状况，但该记载并非与箱内货物的状况毫无关系，在没有相反证据的情况下，该记载可以作为推定箱内货物状况的初步证据。本案的集装箱在卸下船时良好，在陆运出场时也完好无损，而到目的地进场时出现破损，那么自然推定集装箱及箱内的货物损坏发生在陆路运输阶段。此外，在本案中，被告始终回避了一个问题，那就是其运输的集装箱为框架集装箱，货物包装方式为裸装，堆场负责人可以在集装箱进行交接时直接发现货物的表面状况，如在出场前既有破损自然会对在设备交接单上就货物表面状况进行批注。因此，被告的抗辩不能成立。

此外，对于货物损坏的责任确定是一个法律问题，但货物是否遭到损坏则是个事实问题。在对货物进行的几次检验和公估中，即便没有承运人和保险人代表到场，但货物受损的确是一个不争的事实，被告自己也没有否认。

综上可见，集装箱内的货物确实在陆路运输阶段发生了损坏。在运输中，法律规定对承运人责任的归责原则为过错推定责任原则，只要货物在该运输途中发生了损坏，若没有相反的证据，就推定承运人存在过错，必须对自己的过错行为负责。因此，当多式联运经营人对受害人赔付后，向发生货损的区段承运人追偿于法不悖，法院追究被告承担货损的过错责任是公正合理的。

思考题

1. 简述《1980年联合国国际货物多式联运公约》制定的背景。

2.《1980年联合国国际货物多式联运公约》发货人的权利和责任是什么？多式联运经营人的责任是什么？多式联运经营人赔偿的责任基础是什么？

3.《1980年联合国国际货物多式联运公约》是否正式生效？

4.《1980年联合国国际货物多式联运公约》有何不妥之处？

第七章 国际海运货物运输法规

国际海上货物运输量大，价格便宜，安全便利，在国际货物运输中占有显著位置。在国际海上运输中，除了采用定期班轮外，还采用租船运输。班轮运输用提单调整承运人、托运人之间的关系，租船运输通过租船运输合同调整出租人和承租人之间的关系。《海牙规则》、《维斯比规则》和《汉堡规则》是目前调整海上运输合同的三个国际公约。

第一节 海 牙 规 则

《海牙规则》全称《1924 年统一提单的若干法律规定的国际公约》，1924 年 8 月 25 日订立于布鲁塞尔。1931 年 6 月 2 日生效，缔约国 87 个。

《海牙规则》是海上货物运输，特别是班轮运输中的一个十分重要的公约。《海牙规则》共计 16 条，主要规定了承运人的最低限度责任与义务，权力与豁免；责任起讫，最低赔偿限额，托运人义务及索赔与诉讼时效等。

《海牙规则》作为一个国际货运公约，仅适用于参加该规定的国家。我国至今没有加入该公约。但在我国《海商法》和我国航运公司制定的提单中吸纳了《海牙规则》关于承运人和豁免规定。中远公司标准提单中关于承运人权力与义务的条款明确适用《海牙规则》，此规定的主要内容有：

一、承运人的责任和义务

根据《海牙规则》的规定，承运人的基本义务有以下两项：

1. 承运人应提供适航的船舶

承运人在开航前与开航时必须谨慎处理，以便：

(1)使船舶具有适航性；

(2)适当配备船员、设备和船舶供应品；

(3)使货舱、冷藏舱和该船其他运载货物的部位适航并能完全地收受、运送和保管货物。

所谓适航性(sea worthiness)首先是指船舶必须在设计、结构、条件和设备等方面经受得起航程中的一般风险。其次还要配备合格、健康的船长和合格、足够的船员，船舶航行所用的各种设备必须齐全，燃料、淡水、食品等供应品必须充足，使船舶能安全地把货物运往目的地。

船舶的适航性还包括适货(cargo worthiness)，即适宜于接受、保管和运输货物。例如，在装货前，货舱必须适当清扫，如有必要应按检疫机关的规定进行熏舱消毒，如果装载冷藏货，应保证冷藏机的温度适合货物的要求。如果承运人没有尽到的责任，以致货物遭受损失，承运人应负责赔偿。

《海牙规则》只要求承运人在开航前和开航时谨慎处理使船舶适航，而不是在整个航程中都要保证船舶适航。因为海上风险较大，船舶在航行中可能会发生各种意外事故而变得不适航，在这种情况下，除非承运人由于疏忽没有及时采取补救措施，否则承运人可不负责任。开航前与开航时是两个不同的阶段。所谓开航前是指开始装货之前，开航时则指船舶离开锚地之时。

2. 承运人应适当和谨慎地装载、搬运、积载、运送、保管、照料和卸下所承运的货物

按照《海牙规则》第三条第2款的规定，承运人对货物的责任包括装载、搬运、积载、运送、保管、照料和卸载等方面。在上述各个环节中承运人都要适当地、谨慎地行事，如果由于他的疏忽或过失，致使货物受到损坏，承运人应负赔偿责任。

(1)适当谨慎地装载。承运人应适当谨慎地把货物装到船上。如果承运人雇用装卸工操作，他应对装卸工的疏忽或过失所造成的货损负责。

如果托运人自行装船损及自己的货物，承运人没有责任，但如果因此而损及他人的货物，承运人仍须负责。

(2)适当谨慎地搬运。货物装入船舱以后，承运人应根据货物的具体情况，进行适当的处理。例如，在装运散装粮食时，必须安装防摇板和通风设备；装载笨重货物时，要预备绳索，把货物绑紧扎牢，以免货物在运输途中碰损或变坏，如果由于承运人操作管理不当而造成货损，承运人应负赔偿责任。

(3)适当谨慎地积载。货物装上船后，承运人必须按照货物的品种、性质和包装等特点，妥善进行堆放。货物有轻有重、有液体、固体、气体等不同状态，有的怕熏怕热，有的易碎易漏，各有不同的特点，因此，不同特性的货物其堆放位置和方法亦应有所不同。例如，轻货应置于重货之上，怕热的货物不能堆放在靠机舱的地方，怕熏的货物不能与挥发性强的货物装于同一货舱，等等。如果由于承运人对货物配载不当，以致货物自身受到损害，或者损及其他货物，承运人均应负责赔偿。

(4)适当谨慎地运送货物。承运人应以合理的速度，按照合理的航线或地理上、习惯上的航线把货物运到目的港交货，不得无故绕航。如果发生了不正当的绕航行为，承运人要承担后果。

(5)适当谨慎地保管和照料货物。承运人对于船上的货物应当注意保管和照料，防止货物在运输途中遭受损失。例如，在运输粮食时，必须在舱内通风，以防发热受损。运输水果时，要使冷藏舱保持托运人指定的温度等。承运人如果对货物照料不善，应对由此而引起的货损负责。

(6)适当谨慎地卸载。承运人应适当谨慎地卸货，如因卸货不当而使货物受损，承运人应负责赔偿。

在正常情况下，承运人应将货物运至约定的目的港交给收货人。但是，如果目的港发生战争、封锁、瘟疫、罢工、冰冻或者承运人无法控制的其他情况，使船舶不能驶入原定的目的港时，船长有权把船舶驶到附近的安全港口卸货，并通知收货人，即可认为承运人已履行其交货义务。

二、承运人的免责条款

《海牙规则》第四条规定了承运人的权利和免责事项。按照该条第 2 款的规定，承运人对下列各种情况下所引起的货物损失，可以免除责任：

(1)船长、船员、引航员或承运人所雇佣的其他人在驾驶或管理船舶上的行为、疏忽或过失。

承运人对因船长、船员或者承运人的其他人员在驾驶或管理船舶方面的疏忽或过失所造成的货物灭失损坏，不负赔偿责任。

(2)火灾，但由于承运人的实际过失或参与而引起的除外。

船舶引起火灾的原因是多方面的，它包括由于船长、船员或装卸人员的疏忽而引起的火灾，由于货物的自然特性而产生的火灾，或由于其他原因所造成的火灾，承运人对这类火灾所引起的货物损失，以及因扑灭火灾而造成的货物损失，可以免除责任。

(3)海上或其他通航水域的海难、危险和意外事故。

海上灾难是指海上所特有的，或船舶在海上航行所特有的各种灾难，如恶劣气候、狂风巨浪、海啸、冰冻等，但不包括陆地上也可能发生的风险。

(4)天灾。

(5)战争行为。

(6)公敌行为。

(7)君主、统治者或者人民的逮捕或管制依法扣押。

(8)检疫限制。

(9)托运人或者货主或其代理人或代表的行为或不当行为。

(10)不论由于任何原因所引起的局部或全面罢工、停工或强制停工。

(11)暴动和骚乱。

(12)救助或企图救助海上人命或财产。

(13)由于货物的隐蔽缺陷、性质或者潜在缺陷所引起的体积或重量的亏损或其他任何灭失或损害。

(14)包装不固。

(15)标志不清或不适当。

(16)恪尽职责仍不能发现的潜在缺陷。

三、托运人的责任和义务

托运人的主要义务是提供托运的货物和支付运费。

1. 提供货物

托运人应当把约定的托运货物及时运到承运人指定的地点，以便装船。同时应在提单上把货物的名称、标志、号码、件数、重量、装货港与目的港的名称以及收货的人名称填写清楚。如果由于托运人所提供的货运资料不准确，致使承运人遭受损失，托运人应负责赔偿。托运人还必须遵照港口有关当局的规定，办妥货物出港的一切手续，并应把有关的单证文件交给承运人。如果托运人没有及时办妥上述各项手续，以致船舶不能出港，造成了延滞或其他损失，托运人应对承运人负责。

2. 支付运费

支付运费是托运人的一项主要义务。运费的支付办法有以下几种:(1)预付运费;(2)到付运费。至于采取哪一种付费方法,可由双方当事人在运输合同中加以规定。

预付运费一般是在装货港装货时或在开航前由托运人支付的。按照航运惯例和一般运输合同的规定,凡运费已预付者,不论货物灭失与否,承运人概不退还。

到付运费是在目的港交货时,由收货人支付的。如果货物没有运到目的港,承运人无权收取运费。但只要货物已运到目的港,即使已受损坏,收货人仍须照付全部运费,而不能据此拒付或减付运费,否则,承运人有权留置货物。

四、承运人的赔偿责任限制

《海牙规则》的规定比较简单,其第四条第五款规定承运人或船舶,在任何情况下对货物或与货物有关的灭失或损害,每件或每一计费单位是100英镑,除非当事人在提单中注明了更高价值。

五、索赔与诉讼时效

(1)《海牙规则》规定:承运人责任是从货物装上船起,至卸下船止的整个期间。货物自卸货港交货前或交货时,收货人应将货物的灭失和损害的一般情况以书面方式通知承运人;在灭失或损坏不明显时,该书面通知应于交货之日起3天内提交;如在交货时,承运人和收货人已对货物进行联合检验或检查,则无需再提交书面通知。无论在什么情况下,从货物交付日或应交付日起,托运人或收货人应就货物的灭失或损坏情况在1年之内提起诉讼,否则免除承运人依《海牙规则》应承担的一切责任。

(2)我国《海商法》规定:对集装箱货物和非集装箱货物运输加以区分并在承运人承担责任上分别规定:对于集装箱装运的货物的责任期间,是从装货港接受货物时起至卸货港交付货物时止,货物处于承运人掌管之下的全部期间;对非集装箱装运的货物,其责任期间从货物装上船时起至卸下船时止,货物处于承运人掌管之下的全部期间,对于装船前和卸船后所承担的责任,由双方协议决定。这样,对非集装箱货物适用《海牙规则》,而对集装箱货物承运人的责任起讫适用《汉堡规则》。

六、公约的适用范围

《海牙规则》适用于在任何缔约国所签发的一切提单。

第二节　维斯比规则

一、《维斯比规则》简介

《维斯比规则》全称《修改统一提单的若干法律规则的国际公约的议定书》,1968年2月23日签订于布鲁塞尔,1977年6月23日生效。缔约国23个。

自1931年《海牙规则》生效以来,国际贸易和航运业发展迅速,《海牙规则》的某些内容逐渐显现出与发展需要不相适应。1963 年国际海事委员会在斯德哥尔摩会议上订立了一个对《海牙规则》的修改议定书。会议期间,代表们访问了附近的哥特兰岛的海运古城维斯比,并在那里由会议主席正式签署了该规则的修改建议,因此,习惯上将之称为《维斯比规则》。

二、《维斯比规则》的内容

《维斯比规则》对《海牙规则》修改的主要内容有:

1. 扩大了公约的适用范围

《海牙规则》适用于在任何缔约国所签发的一切提单,《维斯比规则》改为,公约适用于两个国家港口之间有关货物运输的每一份提单。

2. 提单的证据力

《海牙规则》规定,承运人向托运人签发提单,是承运人收到该提单中所载货物的初步证据,根据这一规定,承运人有权提出反证,否定提单所载内容的真实性,这对托运人来讲,没有不公平之处,因为货物是托运人提交的,提单所载内容是托运人填写的。但这对于善意的提单的受让人来说,则可能是不公平的。有鉴于此,《维斯比规则》明确规定,当提单已经转让给善意第三者时,与此相反的证据不予接受。也就是说,在存在善意第三者的情况下,提单对于善意的受让人来说,则是最终证据。

3. 提高了承运人的赔偿责任限制

《海牙规则》的规定比较简单。《维斯比规则》在此作了较大的调整:

(1)承运人的责任限制和抗辩理由,适用于就运输合同所涉及的有关货物的灭失或损害对承运人所提起的任何诉讼,不论该诉讼是以合同为根据还是以侵权行为为根据。

(2)承运人的这种责任限制和抗辩理由,同样适用于承运人的雇用人员和代理人(如果该雇用人员或代理人不是独立的缔约人)。

(3)赔偿金额从原来的 100 英镑改为双重限额,每件或每一单位为 10 000 法郎,或按灭失或损坏的货物每公斤毛重 30 法郎。以较高者为限。

(4)拼装货的计算:《维斯比规则》增加了对用集装箱、托盘或类似的装运器具拼装时,赔偿金额的计算。提单中如载明装在这种装运器具中的件数或单位数,则按所记载的件数或单位数计算,否则,整个集装箱或托盘视为一件。

4. 诉讼时效

《维斯比规则》除维持《海牙规则》的 1 年时效外,还规定经双方同意可以延长。即使 1 年期满后,承运人仍有不少于 3 个月的时间向第三者追偿对侵权行为的请求。

第三节 汉堡规则

一、《汉堡规则》简介

《汉堡规则》全称《1978 年联合国海上货物运输公约》,1978 年 3 月在汉堡会议通过,1992 年 11 月 1 日生效。至 1996 年 6 月 14 日已有 25 个缔约国。

自《海牙规则》、《维斯比规则》实施以来,国际贸易、运输又有快速发展,特别在第三世界。

第三世界作为货主国家,为发展自身的经济强烈要求修改《海牙规则》。于是,1968年3月,联合国贸易发展会议成立了国际航运立法工作组,其主要任务是讨论国际海商法给发展中国家的经济带来的障碍,并根据需要修改的意见,向联合国国际贸易法委员会提出建议。

1969年11月,国际航运立法工作组召开第一次会议,决定优先审议有关提单的法律;1971年2月,国际航运立法工作组召开第二次会议,决定重点修改《海牙规则》,并进行新公约的准备工作。此后,联合国国际贸易法委员会继续接办该项工作,修改提单的法律和惯例,并制定新的条文草案。

联合国国际贸易法委员会第四次会议接受了航运立法工作组的建议,于1971年4月建立了另一个国际航运立法工作组,由国际贸易法委员会领导。该工作组前后召开了6次会议,1978年3月在汉堡由联合国主持召开了海上货物运输会议,通过了"1978年联合国海上货物运输公约",简称《汉堡规则》。

二、《汉堡规则》内容

《汉堡规则》按照船方和货方合理分担风险的原则,适当加重了承运人的责任,使双方权利义务趋于合理、平等。内容包括以下几方面:

1. 适用范围

《汉堡规则》适用于两个国家之间的所有海上货物运输合同,如果:(1)装货港位于一个缔约国内;或(2)预定卸货港或实际卸货港位于一个缔约国内;或(3)提单或证明海上运输合同的其他单据是在一个缔约国内签发;或(4)提单或证明海上运输合同的其他单据中规定,公约的各项规定或实施公约的各国国内立法,对提单有约束力;(5)依租船合同签发的提单,如果该提单约束承运人和不是租船人的提单持有人之间的关系。

2. 增加实际承运人的概念

实际承运人指接受承运人执行货物运输或部分运输的任何人。《汉堡规则》所有关于承运人责任的规定,不但适用于承运人的代理人、雇员,也同样适用于受其委托的实际承运人。

3. 货物

《海牙规则》中货物的概念不包括舱面货或集装箱装运的货物以及活动物。《汉堡规则》规定,承运人只有与托运人达成协议或符合特定的贸易习惯或为法规或条例要求时,才能在舱面载运货物,否则要对舱面货发生的损失负赔偿责任。对于活的动物,只要承运人证明是按托运人对该动物作出的指示办事,则对货物的灭失、损坏或延迟运货造成的损失视为运输固有的特殊风险而不承担责任。

4. 关于清洁提单的规定

《海牙规则》规定,承运人在签发提单时应注意货物的表面状况,但是,承运人、船长或承运人的代理人,不一定必须将任何货物的唛头、号码、数量或重量标明或标示在提单上,如果他有证据怀疑提单不能正确代表实际收到的货物,或无适当方法进行核对的话。按照这一规定,一张由承运人签发的所谓表面状况良好的提单,并不意味着就是一张清洁提单,因为承运人的怀疑或无法核对的事项都没有如实反映在提单的批注中。为了避免或减少由此产生的争议,《汉堡规则》规定:如果承运人或代签提单的人,确知有根据怀疑,提单所载有关货物的一般性质:唛头、包装、件数、重量或数量等项目没有准确表示实际接管的货物,则承运人或其他人必须在提单上作出保留,注明不符指出。与《海牙规则》不同,《汉堡规则》虽然要求承运人必须在提单上注明货物的表面状况,但如果承运人未在提单上批注货物的外表状况,则视为已在提单上注明货物的外表状况良好。

5. 承运人责任起讫

《汉堡规则》将《海牙规则》规定的钩至钩、舷至舷条款扩展为"自承运人接管货物时起至交收货人时止,货物在承运人掌管之下的整个期间。"

6. 承运人赔偿责任基础

《汉堡规则》将《海牙规则》中承运人的不完全过失责任改为承运人的"推定完全过失责任制",如果承运人将运输全部或部分委托给实际承运人履行时,承运人仍需对全程运输负责。如双方都有责任,则在此限度内负连带责任。

7. 提高赔偿金额

《汉堡规则》将承运人的最低赔偿金额在《海牙—维斯比规则》规定的基础上提高到每件或每一货运单位835记账单位或相当于每公斤毛重2.5记账单位的金额,以较高者为限。记账单位是指国际货币基金组织规定的特别提款权,取代原来采用单一货币所带来的汇率波动风险。

8. 增加对于延迟交货赔偿的规定

《汉堡规则》对于承运人延迟交货的赔偿作出了明确规定,即以相当于该延迟交货货物应付运费的2.5倍为限,但不得超过海上运输合同中规定的应付运费总额。所谓延迟交货是指货物未能在明确规定的时间内,或在没有此项议定时,按照具体情况对一个勤勉的承运人未能在合理要求的时间内,在合同规定的卸货港交货,均构成延迟交货。

9. 保函

《汉堡规则》将保函合法化。规定托运人为取得清洁提单而向承运人出具承担赔偿责任的保函在托运人和承运人之间有效,但对提单受让人,包括任何收货人在内的第三方无效。在发生欺诈情况下,承运人需承担损害赔偿责任,并且不能享受公约规定的责任限制的利益。

10. 索赔与诉讼时效

《汉堡规则》将《海牙规则》和《维斯比规则》规定的一年时效改为两年,并经接到索赔要求人的声明,可以多次延长。"收货人应在收到货物时,书面通知承运人,如货物损失非显而易见的,则在收货后连续15日内,延迟交货应在收货后连续60天内将书面通知送交承运人,否则收货人丧失索赔的权力。"

11. 管辖权

《汉堡规则》增加了关于管辖权的规定。原告就货物运输案件的法律程序,作如下选择:①被告主营业所在地或常用场所;②合同订立地,且合同是通过被告在该地营业所,分支机构或代理机构订立的;③装货港或卸货港;④海上运输合同中指定的其他地点。

案例一 指示提单背书交付的法律效力

案例提要:指示提单背书交付后产生两个效力,对内,除非另有约定,背书人(提单出让人)背书交付提单的行为是转让提单所证明的运输合同项下的权利义务(包括对承运人的提单项下货损索赔权)的初步证据;对外,承运人此后只需也只能向提单受让人履行提单项下的合同义务并承担义务不履行的责任包括货损赔偿责任，而不再向提单出让人履行义务或承担责任。本案中承运人已足以相信兴光公司已经受让了提单，并基于这种信任向兴光公司履行了交货义务。在此情况下，被保险人（提单背书人）中茶公司与提单受让人兴光公司之间的委托加工等法律关系以及货物权属的划分，不属承运人验单放货的审查范围，委托加工合同形成的法律关系不能对抗第三者——承运人。而原告作为保险人行使代位求偿权，不能取得被保险人在法律上已丧失的权利，因此其依据提单请求承运人承担货损赔偿责任的诉请同样缺乏事实与法律依据，不能得到支持。

一、案情

原告：中国人民保险公司北京市分公司

被告：日本株式会社商船三井

2001 年 9 月 20 日，中国茶叶股份有限公司（以下简称"中茶公司"）作为买方与荷兰 CONTINAF B. V.（以下简称"C 公司"）签订 500 公吨可可豆销售合同，付款条件为 FOB 阿比让，信用证付款。装运期为 2001 年 11 月，包装为新麻袋。2001 年 11 月 19 日，原告中国人民保险公司北京市分公司出具涉案货物运输保险单，其中记载的被保险人为中茶公司，由象牙海岸（科特迪瓦）至中国上海，承保险别为一切险。同日，中茶公司支付了保险费。2001 年 11 月 20 日，被告日本株式会社商船三井签发编号为 754062853 的提单，提单记载：托运人为 SAGACI（以下简称"S 公司"），收货人凭指示，通知人为中茶公司和浙江兴光可可制品有限公司（以下简称"兴光公司"），装货港为象牙海岸（科特迪瓦）阿比让，卸货港为中国上海，货物状况为 7700包象牙海岸（科特迪瓦）可可豆，共 500 公吨。

2001 年 12 月 21 日，涉案货物进口报关，报关单记载的经营单位为中茶公司，收货单位为兴光公司，货物用途为加工返销。同年 12 月 29 日，原告中国人民保险公司北京市分公司向被告日本株式会社商船三井发出索赔通知。2002 年 1 月 15 日，中国进出口商品检验总公司（以下简称中国商检）就涉案货物出具了检验证书，证明中国商检工作人员于 2001 年 12 月 25 日到达检验地点浙江省绍兴市库场，发现集装箱铅封号、箱号与提单一致，箱体无破损，但有渗水，箱内顶部有大量凝结水，干燥剂全部潮湿，衬垫货物的纸板浸湿，箱门处麻袋腐蚀破损，上层货物发霉程度较轻，底层货物进水并发霉结块，上述损失共计 105 835 美元，损失原因基本判定为集装箱在海运途中遭海水浸泡所致。2002 年 3 月 8 日，中茶公司出具赔款收据及权益转让书，证明其已收到涉案货物保险赔款人民币 1 157 824.01 元，并同意将已取得赔款部分保险标的的一切权益转让给原告。

2001 年 9 月 28 日，中茶公司与兴光公司签订委托加工协议，双方约定中茶公司委托兴光公司加工可可豆共 500 公吨，兴光公司负责返还加工成品。涉案提单背面背书人依次为托运人 S 公司、销售合同卖方 C 公司、中茶公司和兴光公司，最后由兴光公司持提单向被告提货。

二、裁判

上海海事法院经审理认为，指示提单的背书即意味着运输合同权利义务的转让。涉案货物在目的港交付前，提单已由中茶公司背书给兴光公司，兴光公司作为提单持有人向承运人主张提货，提单所证明的运输合同的权利义务已经转让，中茶公司与兴光公司之间的委托加工和代为提货的关系不能对抗包括承运人和保险人在内的第三人。中茶公司已经不是提单的合法持有人，其再以提单所证明的运输合同为依据，要求被告承担违约责任已无法律依据。故本案原告不能向被告主张货损赔偿。据此判决对原告的诉讼请求不予支持。原告不服提起上诉，上海市高级人民法院经审理，于2003年12月22日作出二审判决，驳回上诉，维持原判。

三、评析

本案是一起保险人代位求偿案件，根据《海商法》第二百五十二条的规定，保险人向被保险人实际赔付以后，依法取得代位求偿权，可以向对被保险人损失负有责任的第三人追偿，但需满足几个条件，其中最重要的一点就是：其所代位的被保险人，对造成保险标的物损坏的第三人，依法具有损害赔偿请求权，反过来说，该第三人也有权将对被保险人的抗辩用以对抗保险人。因此，本案的审理首先就需要认定：在涉案指示提单已经被保险人中茶公司合法背书并交付给兴光公司提取了货物之后，中茶公司对被告承运人是否还具有提单项下的货损索赔权。

(1)指示提单背书交付的对内效力：在背书人中茶公司与被背书人兴光公司之间，中茶公司背书交付提单的行为是转让提单所证明的运输合同项下的权利义务(包括对承运人的提单项下的货损索赔权)的初步证据，当然，中茶公司可以根据其与兴光公司之间委托加工的法律关系以及关于货物权属划分的约定向兴光公司主张提单外的相应权利。

根据我国《海商法》的规定，提单是承运人与托运人之间达成的海上货物运输合同的证明，提单的这一作用表明其具有债权的效力，是船货双方在货物运输关系中确定权利义务的依据。当提单从托运人转移或转让至收货人、提单受让人或其他持有人时，提单证明的海上货物运输合同也随之发生转移。承运人与提单持有人之间的权利义务关系依提单的规定确定。提单转让的性质，按照我国大多数学者的观点以及被视作国际惯例的英国《1855年提单法》和《1992年海上货物运输法》，是指“提单所包括或证明的合同的让与”。近代各国民法均承认合同原则上可以让与，合同让与后，让与人脱离原合同关系，受让人取代让与人成为当事人。按照我国《海商法》的规定，指示提单须经过背书并交付转让，背书指在指示提单背面记载并签名的行为，是提单出让人在提单上所作的由谁或凭谁的指示提取货物的说明。提单持有人能以连续背书证明其权利的，就是提单的合法受让人，从而取得提单所证明的合同的合法当事人的地位，即享有收取货物、货损索赔等权利。由于合同让与是合同权利义务的概括让与，合同的全部内容包括所有利益和瑕疵均移转于受让人，各项权利义务之间不能分割，收取货物的权利和货损索赔权自然也不能分割。因此，就指示提单而言，有权提取货物并依据提单向承运人提出货损索赔的应为通过连续背书合法取得并持有提单的收货人。本案中，中茶公司在提单背面签章并交付给兴光公司用于提货，符合提单转让的形式要件，已经构成了提单转让的初步证据，当然，中茶公司仍可以根据其与兴光公司之间委托加工等法律关系以及关于货物权属划分的约定向兴光公司主张提单外的相应权利。

(2)指示提单背书交付的对外效力：涉案指示提单经合法背书交付即对承运人也发生法律效力，承运人只需也只能向提单合同的合法受让人履行合同义务并承担义务不履行的责任，中茶公司与兴光公司之间委托加工的法律关系以及关于货物权属划分的约定不能对抗承运人。

(3)提单转让后产生两个效力：①对内效力，如上所述，提单所证明的运输合同的全部内容均移转于受让人，所有的利益和瑕疵包括货损索赔权亦随之移转，但让与人与受让人之间另有约定的除外；②对外效力，承运人只需也只能向受让人履行提单项下的合同义务并承担义务不履行的责任，如货损赔偿责任，而不再向提单出让人履行合同义务并承担责任。提单转让不是一般合同让与，而是法律规定的特殊让与，因为这种让与不必通知作为提单合同相对人的承运人或者得到它的同意，承运人签发提单就等于已经在事先确认了提单的转让，只要提单转让的形式符合法律及惯例，对于承运人来说，即为有效。如上所述，本案中茶公司的行为已经构成了法律意义上的提单背书转让，原告虽一再主张，中茶公司与提单被背书人兴光公司之间是委托加工的关系，并非买卖关系，提单的背书并非一定是以权利转让为目的，中茶公司的背书行为只是委托兴光公司提货等。但是涉案提单的背面签章和提单表面均无仅用于提货等权利保留的意思表示，被背书人兴光公司在提货时也未告知承运人其系代为提货，承运人已足以相信兴光公司已经受让了提单，并且基于这种信任向兴光公司履行了交付货物的义务，中茶公司与兴光公司之间的其他约定不属承运人验单放货的审查范围，不能对抗相对于委托加工合同的第三方——承运人。对于承运人来说，在货物运输途中，提单下货方相对人虽处于不确定的状态，但只要提单合法背书转让，提单下货方相对人就已确定，承运人只需也只能向提单的合法受让人履行合同义务并承担义务不履行的责任。

此外，按照国际海运惯例，全套正本提单一式三份，每一份具有同等的法律效力。在卸货港，承运人向提单受让人交付货物，回收一份正本提单后，其交付货物的责任已经履行，其余各份提单均失去效力。因此，原告举证的一份正本提单并不能证明被保险人中茶公司与承运人之间仍存在海上货物运输合同关系。

综上，涉案指示提单经合法背书转让用于提货后，被保险人中茶公司已经不具备提单持有人或收货人的法律地位，其与承运人之间已不存在海上货物运输合同关系，无权依据提单要求承运人承担货损责任。而作为保险代位人的原告，其既然是代位或受让被保险人的债权，便不能取得被保险人在法律上已丧失的权利，不能超越被保险人向第三人行使权利，反过来说，还要受第三人对被保险人的抗辩权（包括权利的瑕疵）的约束，因此其依据提单请求承运人承担货损赔偿责任的诉请同样缺乏事实与法律依据，依法不能予以支持。

案例二　承运人向实际承运人追偿的法律问题

案例要点：承运人就海上货运过程中的货损向实际承运人行使追偿权，一般应证明自己已向货方实际进行赔付，以及实际承运人对货损确实负有责任。在认定货损事实时，如仅有部分货物价值可以认定，原告应对不能认定部分的货物价值承担举证不能的责任。反之，对双方当事人没有异议的部分货物价值，则不应当以原告方举证不能为由简单地驳回其全部诉讼请求。

一、案情

原告：振兴船舶株式会社

被告：立荣海运股份有限公司

被告：立荣香港有限公司

2000 年 9 月 20 日，案外人上海高榕食品有限公司（以下简称“高榕公司”）和福建省土产畜产进出口公司（以下简称“福建土畜产公司”）分别与日本 KI FRESH ACCESS. INC.（以下简称“KI 公司”）签订了销售合同书，约定 KI 公司向两公司购买新鲜香菇。货物在装箱时，高榕公司 603 纸箱的鲜香菇和福建土畜产公司 726 纸箱的鲜香菇，被装入一个冷藏集装箱内。原告振兴船舶株式会社以自己的名义为上述货物签发了两套提单，载明托运人分别为高榕公司和福建土畜产公司，收货人均为KI公司。此后，原告又与被告立荣香港有限公司（以下简称"立荣香港公司"）联系实际运输事宜，由被告立荣海运股份有限公司（以下简称"立荣公司"）实际承运了涉案货物。原告向立荣公司在日本大阪的代理人支付了运费。货物运抵日本后，日本海事鉴定协会应KI公司的请求、新日本鉴定协会应立荣公司的请求，在同一地点和同一时间分别对货物作了检验。之后，KI公司委托案外人东洋码头株式会社对货物进行分拣，部分出售，部分作废弃物处理。12月25日，KI公司向原告出具了"收据及权益转让书"，载明其已收到原告对货损的赔付款。根据日本海事鉴定协会的检验报告（该检验报告在案件审理中为法院所认定），由于冷藏集装箱在运输途中发生故障致箱内温度升高，而冷藏集装箱内的温度升高正是货损的原因。该货损发生在承运人的责任期间，也在实际承运人立荣公司控制货物的期间内。

关于涉案货物的价值，在庭审中，原告提供了高榕公司和福建土畜产公司分别出具的发票，显示货物价格为每公斤3.75美元和每公斤3.72美元；二被告则提供了高榕公司和福建土畜产公司分别出具的另一套发票，显示货物价格为每公斤1.88美元和每公斤1.78美元。双方当事人均无法否定对方证据及其所示内容的真实性。

二、裁判

上海海事法院一审认为：(1)涉案货损发生在承运人振兴船舶株式会社的责任期间，也在实际承运人立荣公司控制货物的期间内，所以被告立荣公司同样负有赔偿责任。原告振兴船舶株式会社在向收货人赔付后，有权向立荣公司追偿。(2)被告立荣香港公司不是承运人也不是实际承运人，原告向其追偿没有法律依据。(3)原告向立荣公司追偿货物价值、海运费、检验费用符合法律规定，但请求赔偿货物的分拣费、废弃物处理费、预期利润等损失于法无据。(4)因为双方当事人的证据相互矛盾，且都还不足以否定对方证据的真实性，使有关货物价值的事实处于不确定状态。但各方对货物至少价值10 803.12美元并无争议，故货物的实际价值损失应以此为基础并扣除残值计算。据此，判决被告立荣海运股份有限公司向原告振兴船舶株式会社赔偿货物损失人民币62 134.79元，海运费人民币10 352.82元，检验费人民币5000.96元，对原告的其他诉讼请求不予支持。

一审判决后，各方当事人均未上诉。

三、案例评析

一旦海上货运过程中发生货损，对托运人或收货人而言，承运人应按货运合同承担违约损害赔偿责任，实际承运人应依《海商法》第六十一条承担法定的损害赔偿责任。当承运人与实际承运人都负有赔偿责任时，应当在责任范围内负连带责任。之后，承运人和实际承运人之间可以相互追偿。

1. 承运人对实际承运人的追偿权

(1)承运人对实际承运人行为负责，实质上为一种违约责任。依据《海商法》第四十七条和第四十八条的规定，承运人负有在船舶开航前和开航当时谨慎处理使船舶适航，以及妥善谨慎装载照料货物等义务。承运人违反上述义务，造成货物灭失损坏应负损害赔偿责任。就此而言，承运人对货损承担的是过失责任。但应予注意的是，承运人自己对货损虽无过失，有时也要按作为合同相对人的托运人或收货人的要求首先承担货损责任。因为，依据《海商法》第四十六条第一款后款，承运人对其责任期间发生的货物灭失或损坏应负赔偿责任；依据《海商法》第六十条第一款规定，承运人应当对全部运输负责，包括对实际承运人的行为或实际承运人的受雇人、代理人的行为负责。即使承运人自己对货损没有过错，亦同。这时，虽然实际承运人对自己的行为所负的为过错责任，但有直接过错的只是实际承运人，承运人对货损的发生并无直接过错，承运人系对他人的行为和过错负责，所以承担的是违约责任。当然，承运人欲免除自己的责任，可以实际承运人也没有过错（包括已尽谨慎处理使船舶适航、妥善装载照料货物等义务）或实际承运人也可以享受法定免责为抗辩，或者依据第六十条第二款规定，以海上货运合同中明确约定承运人对货物在实际承运人掌管期间的损害不负赔偿责任为抗辩。

(2)实际承运人是最终责任人（亦称终局责任人）。既然承运人只是依法应承担货运合同上的货损赔偿责任，其本身对货损并无直接过错，所以依《海商法》第六十五条规定，承运人可以对实际承运人进行追偿。这时，实际承运人是货损的最终责任人。追偿分两种情况：一是承运人和实际承运人对货损都有过错，承运人承担全部赔偿责任后，按共同过错中实际承运人的过错比例向实际承运人追偿；二是承运人原来没有过错，可以向有过错的实际承运人追偿全部货损。本案即属于全部追偿的情况。原告振兴船舶株式会社作为承运人之所以有权向实际承运人立荣公司进行追偿，原因正在于其自身并无过错，承运人自己如有过错，对因自己过错部分所致损失其当然应向收货人赔偿，不存在向实际承运人追偿的问题。另一方面，承运人自己没有过错而又须向货方先行赔付，其原因又在于承运人对货损承担的是违约责任。

(3)承运人追偿时处于货方的法律地位。承运人应证明已向货方实际赔偿，这是承运人取得货方地位而有权追偿的前提。此外，承运人还须证明实际承运人对追偿范围内的损失负责任。作为相对方，实际承运人亦可以证明自己已尽使船舶适航、妥善装载照料货物等义务，或自己有《海商法》第五十一条的免责情形，这是实际承运人自己固有的抗辩理由，对货方可以行使，对行使追偿权的承运人当然可以行使。原告向立荣公司追偿时，满足了上述两点的证明要求：一是原告已经依海上货运合同向收货人 KI 公司支付赔付款，并取得收货人的收据及权益转让书；二是货损是由于冷藏集装箱故障使箱内温度升高所致，而且该货损发生在立荣公司实际控制货物期间。关于第二点，实际上说明立荣公司未尽妥善照料货物的义务，主观上存有过错，而立荣公司未能进一步证明自己已尽有关义务，所以对货损应负赔偿责任。

2. 货物损坏的赔偿问题

海上货运过程中如发生货损，依据《海商法》第五十五条第一款后款的规定，货物损坏的赔偿额，按照货物受损前后实际价值的差额或者货物的修复费用计算。依据《海商法》第五十五条第二款，货物的实际价值，按照货物装船时的价值加保险费加运费计算。除货物本身损失之外，如果还有其他损失，只要是随货损而实际发生并合理存在，虽然多为间接损失，也属于货损发生时的损害赔偿范围。当然，在这一损害赔偿范围内，货物本身损失的赔偿仍处于核心的位置。

关于货损问题，原、被告双方分别提供的证据一时都未被对方所推翻，或被证明为不真实。而且双方各自提供的货价发票均为高榕公司和福建土畜产公司所出具。其中，原告提供的发票原件载明货物单价为每公斤 3.75 美元和每公斤 3.72 美元，与其提供的销售合同原件及日本海事鉴定协会检验报告之中关于货价的记载或描述相互印证，被告亦未能否定原告证据的真实性；而原告在提供已方证据的同时，对被告方显示货价每公斤 1.88 美元和每公斤 1.78 美元的发票的真实性也作了确认，虽然原告解释该发票为应收货人要求，为收货人逃避关税而提供，但未提供能佐证的其他证据，所以被告方证据的真实性也未被否定。至此，在通常情况下，法院应当依职权进一步查明与货价有关的事实，在确实不能查明且原告方不能继续举证时，应依据《关于民事诉讼证据的若干规定》第二条第二款的规定，对当事人的举证责任进行结果意义上的分配，判决负有进一步举证责任的原告方承担不利后果。

但该"不利后果"究竟为何？是否原告未证明货物价值，其诉请全部不能得到支持？我们认为，货物本身的损失是客观存在的，这一损失可以通过各种方法和途径加以认定和计算，比如参考货损发生当时同类货物的市场价格，并综合各种因素加以认定等，而不能简单地以举证不能为由即驳回原告的全部诉请。而且，在本案中，虽然原告对货物价值未能充分举证，但也只是部分不能举证，并不是全部举证不能。就此而言，驳回原告的全部诉请也是不适当的。因双方当事人对货物"至少"价值 10 803.12 美元（按被告方承认的货物价格 1.88 美元及 1.78 美元计算）并无争议，所以，原告对该无争议部分的货物价值无须进一步举证。原告方仅在货物实际价值可能高于 10 803.12 美元的范围内承担进一步的证明责任，以及在不能举证时承担部分败诉的后果。

思考题

1. 约束提单的海上运输公约有哪些？
2.《海牙规则》对于承运人的义务和责任的规定有哪些？
3.《海牙规则》有哪些不合理的地方？
4.《维斯比规则》对《海牙规则》进行了哪些修改？
5.《汉堡规则》和《海牙规则》在规定方面有哪些区别？

第八章　国际铁路货物运输法规

第一节　国际铁路货运有关规章

一、国际铁路货物联运协定

国际铁路货物联运协定是参加的各国铁路和发货人、收货人办理货物联运者必须遵守的基本条件，主要内容是有关货物运输组织；运输条件；运输费用计算，以及铁路承运人与发货人、收货人之间的权利、义务等。

二、国际铁路货物统一运价规程

《国际铁路货物统一运价规程》（简称统一运价），是规定过境国际铁路货物各承运人之间办理货物运输的手续；过境运输费用和各项费用的计算；过境铁路里程表；货物品目分类表；货物运费计算表等内容。

三、国际铁路货物运输协定

国际铁路货物运输协定是由相邻两国铁路签订，其主要内容规定了办理联运货物交换的国境站；运输车辆及货物的交接条件和方法；交接车辆运输办法、服务方法等。根据国际铁路货物运输协定规定，相邻两国铁路定期召开铁路过境会议，对执行过程中出现的问题进行协商，签订《国际铁路会议议定书》。

四、国际铁路货物运输协定中的有关规则

国际铁路货物运输协定有关规则主要有：

（1）国际铁路联运危险货物运输特定条件，它是根据货物的危险性质规定了危险货物的名称、包装办法、重量限制、使用车种、装货限制等内容。

（2）敞车类货车货物装载和加固规则，主要规定了参加国铁路使用敞车类货车装运联运货物时，在装载和加固方面应遵守的技术条件。

除上述两个主要附件外，还有：

（1）各种轨距铁路的装载限制；

（2）运单格式；

（3）货件、车辆、运输单证上有关表示牌、标记说明；

（4）铁路集装箱货物运输规则；

（5）国际铁路联运易腐货物运输规则；

(6)国际铁路联运托盘货物运输规则;

(7)非铁路车辆运输规则;

(8)货物运输规则等。

在办理国际铁路货物时,上述规章未包括因运输所需要的内容时,均适用国内规章。如国际联运和国内规章均有规定时,则适用国际联运规章。

第二节 国际铁路货运协定主要内容

一、适用范围

国际铁路货运协定适用于缔约国之间的货物运输,协定中的内容对承运人、发货人、收货人均有约束力。对从参加货运协定铁路的国家,通过协定参加国铁路,将货物运往未参加协定的国家(或反向货物的运输),则应按货物协定的附件(均按统一过境运价规程所规定的办法和条件)办理。

下列货物的运输则不适用本决定:

(1)货物发站、到站在同一国内,而发送的铁路可通过另一国家过境运输时;

(2)两个国家车站间,用发送国或到达国车辆通过第三国过境运输时;

(3)两国相邻车站间,全程运输使用同一方的铁路车辆,并根据这一铁路的国内规章办理货物运输时。

上述(1)、(2)、(3)所提及的货物,可根据各国有关铁路间签订的特别协定办理。

二、货物联运的运输限制

为了保证货物运输案例和换装作业,并维护各参加国际货协国家的邮政专运物品的权益,国际铁路货物运输协定规定下列货物不准运输:

(1)属于参加运输铁路的任何一国邮政专运的物品(对邮政专运的物品国际货运协定第11号附件有详细规定);

(2)炸弹、弹药、军火,但狩猎、体育用具除外;

(3)爆炸品、压缩气体、溶化气体、在压力下溶解的气体、自燃品、放射性物质(指国际货运协定第4号附件各表中未列载明的品名);

(4)货物一件重量不足10公斤,且体积不超过0.1立方米的零担货物(中朝、中越可按两国议定书规定办理);

(5)在换装联运中使用不能揭盖的棚车运输的一件重量超过2.5吨。

此外,对在同一车内不准混装的货物,国际货运协定同样作了明确规定:

(1)两种不同保管要求的易腐货物之间的混装;

(2)易腐货物与其他非易腐货物与该易腐货物需要遵守保温制度,或特殊照管条件等;

(3)危险货物与其他货物;

(4)发货人装车的货物与由铁路装车的货物;

(5)根据货物发送国国内规章不准混装一车运输的货物;

(6)堆装运送的货物与其他货物。

三、海关手续和其他有关规章应办理的文件

在货物托运装车之前,发货人必须将因货物运输而为履行海关手续和其他有关规章应办理的文件附在运单上,必要时,还应附有证明书和明细表,这些文件只限与运单中所记载的货物有关。发货人在运单上加附的一切文件,应记入"发货人加附的文件"一栏内,并使其牢固地贴附在运单上,以避免运输途中脱落。

如发货人未在运单上附有关货物出口的文件、证明书、明细表等,则应在"发货人声明"或"发货人附加文件"一栏内说明,否则发站有权拒绝货物承运。

对铁路来说没有义务检查发货人在运单上附加的文件的准确性与否,并承担责任。相反,如由于附加的文件不齐全、不准确而发生的后果,发货人应对铁路负责。此外,由于这些文件不准确、不齐全致使货物运输、交付发生滞留时,则应支付车辆运输滞留费和货物保管费。

四、运单

适合铁路运输的单证叫运单。按照国际铁路货运协定第六条、第七条的规定,发货人在托运货物时,应对每批货物规定的格式填写运单和运单副本,并在填写后向始发站提出,在始发站承运货物(连同运单)时起,即认为运输合同业已订立。

运单随同货物从始发站至终点站全程运输,最后交收货人,运单既是铁路承运货物的凭证,也是铁路方面的终点站向收货人核收运杂费和交货的依据。运单不是物权凭证,不能转让买卖。运单副本在铁路加盖戳记证明合同业已订立后,应退还给发货人。运单副本虽然不具有运单的效力,但按我国与国际货协国所签订的贸易交货共同条件的规定,运单副本是卖方通过有关银行向买方结算货款的主要单证之一。

发货人在填写运单时,必须对运单内容的填写、申报的准确性负责,由于发货人填写或申报过失,如不准确、不完整、不确切、漏写等引起的一切后果,由发货人负责。

对铁路方面来说,铁路有权检查发货人在运单中所记载的事项是否准确,但此项检查仅限于在海关和其他规章的规定情况下,以保证运输中行车安全和货物完整。

发货人除填写运单外,还应将货物在运送途中,为履行海关或其他规章所需要的文件附在运单上,以使铁路方面在必要时检查。如发货人未履行此项规定,始发站可拒绝接收该项货物。同时,铁路不对发货人所附的文件准确性负责。

运单由下列各部分组成,其作用是:

1. 运单正本

运单正本是运输契约,它随同货物到站,并连同货物到达通知单和货物一起交给收货人。

2. 运行报单

运行报单是参加联运各铁路办理货物交接、划分运送责任,以及结算运送费用,统计运量和运费收入的原始依据,它随同货物至到站,并留存到达站。

3. 运单副本

运单副本于运输契约缔结后交给发货人,但它并不具有运单的效力,仅证明货物已由铁路承运。发货人可凭此副本向收货人结算货款,行使变更运输要求,以及在货物和运单全部灭失

时凭此单向铁路提出赔偿要求。

4. 货物交付单

货物交付单随同货物至到站，并留存到达站。

5. 货物到达通知单

货物到达通知单随同货物至到站，并同运单正本和货物一起交给收货人。

五、铁路的责任和豁免

按运单进行货物运输的各铁路承运人，应对货物负连带责任，也就是说，按运单进行货物运输的铁路，应负责货物的全程运输。这是因为每一铁路承运人在接收附有运单的货物时起，已作为参加这一运输，并承担由此而产生的责任与义务。

对由于下列原因造成的货物损害，铁路则不负责任；

(1)由于铁路不能预防或不能消除的情况；

(2)由于货物自然特性所致；

(3)货物的灭失、损害系由于发货人、收货人过失；

(4)货物损害系由于发货人、收货人装卸过失所致；

(5)使用敞车类货车运送货物(路运规章许可除外)；

(6)包装不牢、标志不清；

(7)发货人未按协定办理货物托运；

(8)货物自然耗损；

(9)发货人申报内容不准确、不完全、不确切所致。

六、货物的交付与拒收

当货物运抵终点站后，在收货人支付清运单中所记载的一切应付的运输费用后，铁路将运单和货物交给收货人。也就是说，收货人以支付清全部费用换取提货的权利。

如收货人在提取货物时，发现货物有损害时不能拒收，只有在货物失去使用价值、毁损、腐烂、质变的情况下才可拒收。如在提取货物时发现货物短少，也不能少付运费，收货人仍应按运单规定的货物数量支付运费，只是对少交的那部分货物享有要求赔偿的权利。

如铁路方面在货物应交付日期后30天内仍未交付，收货人也提不出证据，可认为该批货物业已灭失。

七、铁路对货物的损害赔偿

在任何情况下，铁路对货物的损害赔偿不超过全部灭失时的货物款额。通常，对货物的赔偿有这样几种情况：

(1)如发货人有申报价，则按申报价赔偿。

(2)如部分灭失，则按剩余部分销售价。

(3)在延误赔偿时，则按铁路所收运费为基础，主要就延误时间的长短，向货物受损人支付逾期罚款。如延误不超过总运期1/10～4/10，则应支付相当运费罚款的10%，如延误超出总运期4/10，应支付相当于运费的30%。

对赔偿要求,收货人和发货人都可提出,如由发货人提出时,只能向始发站提出。如由收货人提出,则只能向终点站提出。

不管是发货人,还是收货人,在提出赔偿要求时应做到:

(1)在货物全部灭失时,如系由发货人提出,发货人应提出运单副本,如系由收货人提出,应提出运单副本和运单正本。

(2)在货物部分灭失,或毁损、腐烂时,发货人或收货人除提出运单正本和运单副本外,还要有终点站交给收货人的商务记录。

(3)货物在延误运送时的赔偿要求,由收货人提出。铁路对发、收货人的赔偿要求,应从接到申请赔偿要求之日起,在 180 天内作出答复。

八、运输合同的变更

根据国际货协第 19 条规定,发货人和收货人都有权对运输要求变更,但此种变更只能一次,而且,在变更运输合同时,不准将同一批货物分开办理。

1. 发货人可对运输合同作的变更

(1)在始发站将货物领回;

(2)变更终点站;

(3)变更收货人;

(4)将货物运回始发站。

2. 收货人可对运输合同作的变更

(1)在到达国范围内变更货物的到达站;

(2)变更收货人。

3. 下列情况铁路不受理变更

(1)应执行变更运输合同的车站,在接到申请书或由发站或到站发来的电报通知后已无法执行;

(2)此种变更违反铁路营运管理时;

(3)此种变更与参加运送铁路所属国家现行法令和规章有抵触时;

(4)在变更到站情况下,货物的价值不能抵偿运到新指定到达站的一切费用时。

在变更运输合同情况下,铁路方面应按有关规定向收、发货人核收各项运杂费用。

九、诉讼与司法管辖

凡有权向铁路提出赔偿要求的人,即有权根据运输提起诉讼的人,该诉讼的提出必须是在铁路未遵守自赔偿请求提出之日(以发信的戳记或铁路在收到直接提出的请求书出具的收据为凭)起 180 天内给予答复,或在 180 天内铁路已将全部或部分拒绝赔偿要求一事已通知请求人,则只有在此情况下享有诉讼权的人,才可向受理赔偿请求的铁路提起诉讼。

向铁路提起诉讼,与赔偿请求时效一样,可在 9 个月期间内提出,但货物逾期运输的请求和诉讼,应在 2 个月期间内提出。

从发货人或收货人向铁路提出赔偿请求和要求时起,时效期间即行中止,凡时效期间已过的赔偿要求和请求,也不得以诉讼形式提出。

一旦由发货人、收货人提起诉讼,该诉讼只能在受理赔偿请求铁路的国家适当法院提出诉讼。

案例一　代办国际铁路货物联运合同货物灭失代位索赔案

一、案例背景

原告:中国人民保险公司天津市分公司

被告:中国铁路对外服务公司

被告:香港华运船务有限公司

1992年8月,原告中国人民保险公司天津市分公司(以下简称天津保险公司)的被保险人天津经济技术开发区进出口公司(以下简称进出口公司),接受了天津开发区商贸联合对外开发公司(以下简称商贸公司)的委托,为其做货物出口代理。而后,商贸公司又找到被告香港华远船务有限公司(以下简称华远船务公司),要求该公司通过铁路将价值90 990美元的222箱共4044件羽绒服由天津运往俄罗斯莫斯科,同时提供了发货人进出口公司和收货人俄港联合企业有限公司莫斯科友谊公司(以下简称莫斯科友谊公司)的具体名称、地址,以及所运货物的品名、数量、规格、集装箱运输方式等。

被告华远船务公司接受委托后,即会同其协作单位中国铁路对外服务公司(以下简称中铁外服)共同承担了该批货物的国际铁路运输代办托运业务。发货人进出口公司同时以自己的名义替商贸公司与天津保险公司签订了"陆运一切险"和"战争险"的保险合同。之后,商贸公司与被告中铁外服、华远船务公司一起,在海关等部门监管下,将上述货物装入号码为SVBU420601-0的40英尺的集装箱内,运至指定地点后,由中铁外服按照商贸公司和进出口公司提供的货物品名、件数、发站、到站、发货人、收货人等项内容,于1992年9月3日为进出口公司签发SVB/T/920941号提单。双方对提单中所填记的上述内容均无异议。而后,被告中铁外服和华远船公司作为国际铁路货物联运的代办托运人,又以自己的名义与天津铁路分局张贵庄车站签订了国际铁路货物联运合同,并按提单内容填写了国际铁路货物联运运单。运单中除将上述提单中的发货人进出口公司变为中铁外服和华远船务公司外,其他项目均与提单一致,对此双方亦无异议。

1992年9月26日,铁路张贵庄车站将上述集装箱装入车号为C771313的货车内运出。1992年10月1日,该批货物经由中国满洲里车站交付给俄罗斯后贝加尔车站。根据有关规定,该批货物应于1992年11月5日前运抵俄罗斯莫斯科车站,但从应运到之日起逾期一个月仍未运到。商贸公司派驻莫斯科人员一面查找货物,一面将提货不着一事通过国内公司转告华远船务公司。华远船务公司闻讯后遂通过其在俄罗斯的代理俄铁出口公司进行查询。就在查询过程中,进出口公司依据保险合同向原告天津保险公司提出索赔,天津保险公司经审核后根据莫斯科保险公司提供的有关材料和货物检验报告,于1993年1月19日按货物全部灭失向投保人进出口公司进行了赔偿,赔偿额100 089美元,并因此取得了代位求偿权。原告天津保险公司经与二被告多次联系查找货物去向仍无结果,遂于1993年7月4日向天津海事法院提起诉讼,代位求偿。原告认为:二被告作为共同承担风险的提单签发人——承运人,造成货物丢失,应负赔偿责任。请求法院判令两被告赔偿所丢失的货物总价值100 089美元,并承担全部诉讼费用。

被告中铁外服和华远船务公司在答辩期内未就实体问题进行答辩,一方面及时提出管辖异议,请求依法移送铁路专门法院审理;一方面函告海事法院有证据证明该批货物并未丢失,已于1993年2月2日逾期到达莫斯科车站。根据《国际铁路货物联运协定》的有关规定,货物逾期到达后,收货人应及时领取,否则超过规定期限,所在国铁路将会交付海关处理或做无主货处理。为减少经济损失,依法提请法院注意敦促原告天津保险公司尽快前去领取该批货物。二被告提出的管辖异议理由是:根据最高人民法院法(交)发(1990)8号《关于铁路运输法院对经济纠纷案件管辖范围的规定》的第三条"由铁路处理的多式联运合同纠纷"、第四条"国际铁路联运合同纠纷案件"、第五条"铁路货物运输保险合同纠纷案件"的规定,本案应由铁路运输法院管辖。

二、案例审判

天津海事法院对二被告的管辖权异议认为:被告中铁外服签发的提单,是一种多式联运提单,依据最高人民法院《关于涉外海事诉讼管辖的具体规定》的有关规定,此类案件属海事法院收案范围。依据《中华人民共和国民事诉讼法》第三十八条的规定,于1994年8月8日裁定:驳回被告中铁外服、华远船务公司对本案管辖权提出的异议。

二被告不服上述裁定,分别向天津市高级人民法院提起上诉,理由有:中铁外服所签署的虽系联运提单,但本案不是多式联运,而是单一的国际铁路联运。最高人民法院《关于涉外海事诉讼管辖的具体规定》中规定的海事法院受理的提单案件,系指海事海商提单或多式联运提单案件,而不是不含任何海事海商因素的铁路运输案件。本案正是最高人民法院明确规定由铁路专门法院管辖的"国际铁路联运合同纠纷案件"。

天津市高级人民法院认为:上诉人中铁外服签署的提单虽系多式联运提单,但实施该提单项下的货物运输方式并未包括海上货物运输区段,为单一的国际铁路货物运输。本案属国际铁路货物运输保险合同的代位求偿案,天津海事法院不具有管辖权。依据《中华人民共和国民事诉讼法》第二十八条、第三十八条,最高人民法院《关于铁路运输法院对经济纠纷案件管辖范围的规定》第四条的规定,于1994年11月21日裁定:撤销天津海事法院的裁定,本案移送天津铁路运输法院处理。

天津铁路运输法院按照级别管辖的要求,呈请北京铁路中级法院审定,北京铁路中级法院授权天津铁路运输法院一审。

天津铁路运输法院除查明上述事实属实外,还查明:由于本案货物运输时恰逢前苏联国家解体时期,铁路运输不能正常进行,该批货物逾期3个月于1993年2月2日才到达莫斯科库采沃二站。被保险人进出口公司已先于1993年1月19日获得了天津保险公司按全部货物灭失进行理赔的赔款,而其委托人即货物所有权人商贸公司原定1992年10月在莫斯科举办会期为1个月的天津商品展销会也早已闭会,工作人员已经回国。货物到达莫斯科后,被告华远船务公司的国外代理俄铁出口公司及时通知了商贸公司委托的收货人莫斯科友谊公司,但友谊公司回答:"这批货物只有中国公司的领导(指其委托人商贸公司)才能处理,而现时他们正在中国办理商务",并表示保证将货物已到站并敦促取货的消息转告给中国的公司领导。此后至今无任何人前往莫斯科车站领取货物。

天津铁路运输法院经审理认为:被告中铁外服和华远船务公司虽给原告之被保险人进出口公司签发了提单,但对该提单项下货物所实施的运输方式是事先与进出口公司的委托人商贸公司约定的铁路运输，不存在其他的运输方式，更无海上运输区段。铁路货物运输合同的法定形式只能是运单而非提单，提单在本案中可作为明确双方委托代理关系和交接货物的证明。由此可以认定，商贸公司是本案的实际托运人，进出口公司是其货物的出口代理人，中铁外服和华远船务公司是其代办托运人，莫斯科友谊公司是其指定的收货人，而承运人则是铁路并非二被告。被告中铁外服和华远船务公司接受托运人的委托，以自己的名义与铁路签订国际铁路联运合同，将货物完整无损地交付铁路运至到站，且在货物逾期的情况下协助查找，履行了代办托运人应尽的义务，符合代办托运的有关规定，并无不当，对因收货人未尽领货义务所造成的后果，不应承担责任。收货人莫斯科友谊公司系商贸公司运货前委托的国外收货代理人，由于该代理人违约未按委托协议约定的义务为委托人商贸公司代理领取货物，是造成货物至今仍滞留在莫斯科库采沃二站的直接原因，根据有关法律规定，应由其取得代位求偿权不久，货物即已到站，自己并未根据有关法律规定积极采取措施，前往车站领取货物以减少损失扩大，亦未采取督促收货人尽快领取货物的有效措施，也是造成该批货物至今仍滞留的莫斯科库采沃二站无人领取的原因之一。原告认为货物已经丢失，但在整个诉讼过程中并未能举出莫斯科车站签给收货人证明货物丢失的商务记录或货物未到的证明。因此，对于因未提货所造成的损失，应由原告天津保险公司自己承担，与被告中铁外服和华远船务公司无关。根据《国际货物联运协定》第十四条第四项，《中华人民共和国经济合同法》第二十九条第一款，《中华人民共和国民法通则》第六十六条第二款、第六十七条、第一百一十四条之规定，于1996年1月29日判决如下：

驳回原告中国人民保险公司天津市分公司的诉讼请求。

宣判后，原、被告双方均未提出上诉。

三、案例评析

本案是一起涉外国际铁路联运合同纠纷，争论的焦点（也是审理本案必须解决的问题）有三：一是提单和运单哪个是有效的运输合同？这个问题在当事人和审判机关中都曾存在过不同的认识，并由此引起较长时间的案件管辖异议；二是如何认定当事人的法律地位，纠纷涉及的各个当事人之间存在什么样的法律关系；三是货物是否灭失？对“视为灭失”的货物如何处理？这个问题涉及到本案主要适用的法律《国际货物联运协定》，是解决本案纠纷的核心问题。

1. 认定引起本案纠纷的合同名称及其效力

本案出现几种形式的合同：原告保险公司与投保人进出口公司之间的保险合同、被告中铁外服为托运人商贸公司签发的提单、被告中铁外服和华远船务公司以代办托运人的名义与铁路张贵庄车站签订的国际铁路联运运单。认定哪个合同是引起纠纷的合同，那个合同有效、无效还是部分有效，对案件管辖、适用法律和保护当事人合法权益关系极大。有一种意见认为本案属于保险合同纠纷。铁路法院认为，保险合同由于保险公司的理赔已经履行终结，在本案中只是作为保险公司取得代位求偿权的一个一般证据。也有一种意见认为本案属于提单运输纠纷，这也是一种误解。因为，提单是海上货物运输合同的一种，也称班轮运输合同，是承运人在接管其所接运的货物或把货物装船之后签发给托运人并保证在目的港按照提单所载的条件交付货物的一种书面凭证。提单的作用一是承运人收到托运人交运货物的收据，二是货物所有权的凭证，三是承运人和托运人之间订立的运输合同的证据。本案中铁外服所签发的提单虽然是一种多式联运提单，但其项下的货物从双方约定托运方式起至实际履行，自始至终都是单一的国际铁路联运，根本不存在海运区段。因此，该提单在本案货物运输当中，一不会发生运输合同的效力，二在到站也不能作为领取货物的有效凭证。但是，对于签署双方却是建立民事法律关系的书面凭证。对托运人商贸公司一方，提单是交运货物和支付运费的收据；对中铁外服和华远船务公司一方，提单则是委托代办国际铁路联运的有效凭证。因而，提单不是引起本案纠纷的合同，其效力也只是体现在建立委托代办托运民事法律关系上。铁路法院认为引起本案纠纷的合同是国际铁路联运运单。第一，这批货物的运输方式是单一的国际铁路联运，只有铁路运单才是唯一有法律效力的运输契约形式；第二，原、被告双方争议的焦点主要是铁路承运的货物是否灭失，以及灭失的原因和责任，换句话说，双方争议的根本问题就是铁路联运合同是否依法履行，问题发生在哪个环节，由谁承担责任；第三，案件事实的发展是围绕着铁路运单的实际履行逐步推进的，只有确定铁路运单为有效合同，才能依据《国际货物联运协定》调查事实、核对证据，并对与其有民事法律关系的发货人、收货人、承运人确定法律上的权利、义务，从而在查清事实的基础上分清责任。

2. 明确当事人的法律地位，理顺有关单位的法律关系，以利于分析责任

本案涉及的合同、协议较多，法律关系重复。铁路法院根据各种合同的性质，依据有关法律，对当事人的法律地位和他们之间的法律关系逐一进行了确认：第一，货物所有人商贸公司处于整个民事法律关系中委托人地位，他找的第一个受托人是进出口公司，为他代办货物出口业务；他找的第二个受托人是华远船公司和中铁外服，为他代办国际铁路货物联运业务；他找的第三个受托人是莫斯科友谊公司，作为代办收货人为他在到站莫斯科车站及时领取货物。因此，进出口公司、华远船务公司、中铁外服和莫斯科友谊公司处于被委托人地位，均为商贸公司的合法代理人。第二，华远船务公司和中铁外服以自己的名义与铁路张贵庄车站根据委托人的意向和要求，签订国际铁路货物联运运单，是授权代为发货的代办运输行为，其法律地位与以自己的名义到莫斯科车站取货的被授权作为收货人的莫斯科友谊公司的法律地位是相同的。只有铁路才是唯一根据运单的约定项目，依法履行将货物安全及时运抵目的地的运输者。因此，铁路才是该批出口货物的承运人。第三，天津保险公司理赔取得代位求偿权后，取代了货物所有权人商贸公司的委托人的地位，华远船务公司和中铁外服是受其委托代办国际货物联运的发货人，莫斯科友谊公司是受其委托代理在莫斯科车站的收货人，铁路（中苏新干线）是其货物的承运人。明确了上述法律关系，为客观分析责任奠定了基础。

3. 查清货物是否灭失，正确适用法律

正确使用《国际货物联运协定》（简称《国际货协》）和其他有关法律，分清责任，公正处理。第一，根据谁主张谁举证的原则，被告提供了中国铁路“过境车辆交接单”以及 1993 年 7 月 23 日、1993 年 8 月 17 日俄铁出口公司关于货物到达莫斯科库采沃二站收货人不取货传真等证据，能够证明货物逾期 3 个月到达莫斯科，并没有灭失。原告经法院介绍委托莫斯科北京泰和通公司副总经理张文泉前往莫斯科车站进行调查，其证言也证实该批货物已到站并未灭失。原告不能提出货物灭失的有效证据，因此，原告提出货物灭失的主张不能认定。第二，根据《国际货协》第 17 条第 6 项 1 款规定，货物在规定的“运到期限期满后 30 天内，如未将货物交付收货人，以及到站在收货人提出的运单副本（运单第 3 张）或运单正本和货物到达通知单（运单第 1 张和第 5 张）‘货物名称’栏内记载‘货物未到’，则收货人可认为货物已灭失。此项记载应以到站日期戳证明。”原告在整个诉讼过程中不能提出苏铁出具的货物灭失商务记录或者莫斯科车站签署的“货物未到”证明(因为原告委托的收货人始终未到莫斯科车站去过),因此,原告“认为货物已经灭失”的主张没有有效证据支持。第三,根据《国际货协》第17条第6项第2款规定,“如货物在运到期限期满后4个月内到达,则收货人应予领取,并将铁路已付的货物灭失赔款、运送费用退款和有关货物运送的其他费用退还铁路。”该批货物按《国际货协》规定的运到期限是1992年11月5日,证据证明逾期3个月于1993年2月2日到达到站,即在上述规定的4个月之内到达,收货人应予领取货物。事实上,原告委托的收货人始终未去领货,其不作为的行为显然违反了《国际货协》的规定,负有过错。第四,根据《国际货协》第27条第1项规定,“货物运到逾期时,铁路应按造成逾期铁路的运费,向收货人支付罚款。”但上述条款第4项又规定,“自铁路通知货物到达和可以将货物移交给收货人处理起,如收货人在规定时间的未将货物领出,他即失去领取货物运到逾期罚款的权利。”《国际货协》第31条还规定,“货物运到逾期的赔偿请求和诉讼,应在2个月期间内提出。”本案由于收货人根本没有作为,因此,铁路作为承运人的逾期运到的责任也就自然消失了。第五,被告中铁外服和华远船务公司作为原告的货物托运代理人,正如判决书中所述:“以自己的名义将货物完整无损地交付铁路运至到站,且在货物逾期的情况下协助查找,履行了代运人应尽的义务,符合代办托运的有关规定,并无不当,对因收货人未尽领货义务所造成的后果,不应承担责任。”

天津铁路运输法院较好地解决了上述问题,所作的判决符合法律规定,从而使本案得以顺利审结。

案例二　国际铁路货运代理合同纠纷

要点提示:本案粮油公司和运输公司在履行合同的过程中均存在不同程度的问题。从俄罗斯铁路方面的态度及货协的规定可以看出,未及时支付运费是造成货物滞留的最根本原因。在导致运费迟延交付的原因上,运输公司是存在过失的。运输公司一直未将俄罗斯运费上涨的情况通知粮油公司。因运价未能协商一致,导致在货物运抵到站时,没有立即通知粮油公司具体的运费金额,从而无法摆脱自己的过失责任。

一、基本案情

1995年2月8日,粮油公司食品进出口公司(简称粮油公司)与莫斯科国家对外贸易经济公司食品国外贸易公司(简称全俄食品)签订33 500吨冻猪肉的出口合同,约定交货方式为DDU莫斯科到站。1995年2月6日,中国某运输公司(简称运输公司)同粮油公司签订了一份委托代理协议。协议约定:粮油公司委托运输公司全权办理甲方15 000吨冻猪肉以国际铁路联运方式自满洲里后贝加尔口岸向莫斯科的国外段运输业务。国际铁路联运手续由粮油公司在发货站办理,国内段运费由粮油公司自行向发货站结算。运输公司负责同外方代理结算国外段费用。运费标准每吨217美元,包括口岸报关、商检费。粮油公司应当在每批货物发货时向运输公司支付该批货物的全部运费。粮油公司负责根据运输公司的要求缮制运输单据,并负责出具商检报关及动植物检疫需要的有关文件,运输公司不对因单证填写不当及报关资料不全而引起的任何不良后果负责,粮油公司应当在发车后两个工作日内先以传真后以快递方式向运输公司提供国际联运单副本(第三联)的复印件。运输公司应当在换装后7日内将口岸换装信息以书面形式通知原告。运输公司通过国外代理为货物的运输通畅提供保障并努力保障货物在运输过程中的完整。

合同订立后，粮油公司于1995年2月20日至28日组织发运6列货物，货物顺利抵达目的地，双方运费已结清无争议。

1995年3月20日起至5月2日，粮油公司又陆续组织发运了11列货物。但粮油公司并未按照委托代理协议的要求在发车后两个工作日内先以传真后以快递的方式向运输公司提供国际联运单副本的复印件。直至4月14日至4月18日，运单才陆续传真给运输公司，但仍有两列从未通知。至5月14日已有10列货物运抵到站，6月9日最后一列货物也运抵到站。在此期间，发生了以下事件：

4月1日开始，俄罗斯铁路当局上调运价，运输公司在4月1日以后多次以传真的方式同俄罗斯代理协商运价。但运输公司一直没有正式通知粮油公司俄罗斯境内的运费发生变化。

4月25日，粮油公司通知运输公司，有两列货物因无随车单证，并且其中一列商检证书全无，导致收货人无法报关。

5月4日，全俄食品通知粮油公司，因运单第20栏空白，导致铁路向收货人收取过境运费，认为粮油公司违反了贸易合同，并以运费未付为理由拒收货物。

5月11日，运输公司驻莫斯科代表处以传真方式向运输公司汇报了同俄罗斯代理联系的情况。其中提到，俄罗斯代理多次同运输公司联系新的运价，但均未得到确认，所以无法将货物交给货主。

5月16日，全俄食品致函俄罗斯代理，表示拒收货物。并称：莫斯科铁路车站只有在货物通关后和在移交订货人或变更到站后，方可开列车辆滞留费和铁路运费账单。由于中方违反合同条件，故我们无法及时处理货物，并不能办理通关手续……由于关税提高和从其他人处能够得到更加优惠的猪肉，我司的全部订货人均拒收货物。

5月16日，俄罗斯代理致函运输公司，提到4月1日以后俄罗斯运价发生变化，运输公司同俄罗斯代理一直没有就运价达成一致。4月1日以后到达的11列货物产生滞留，不知由谁支付运费。同时俄罗斯代理表示最主要的问题还在于收货人因货价高为由拒收货物。

5月17日，运输公司驻莫斯科代表处以传真的方式向运输公司汇报了16日俄罗斯代理函件中的主要内容。

5月17日，粮油公司致函运输公司因运费和滞车费未付导致全俄食品销售困难并拒绝提货。

5月17日，运输公司向俄罗斯代理确认了运费及滞车费。

5月22日，俄罗斯代理致函运输公司，提出货物滞留车站的原因有：由于运输公司在4月19日才通知发货信息，造成代理未能及时安排俄罗斯境内的运输。但最主要的原因是全俄食品因销售的原因拒收货物。

5月24日，运输公司收到俄罗斯代理发来的583 354美元（包括运费及滞车费）的账单，及粮油公司支付运费400 600美元的确认。

5月25日，运输公司收到粮油公司支付的400 610美元的运费及滞车费。

5月26日，运输公司代表粮油公司支付运费及滞车费共583 354美元。俄罗斯铁路在收到上述费用后，即放行了大部分的货物，全俄食品也接受了货物。

5月31日，全俄食品称还有204 780美元的滞车费需要支付，上次在计算的时候遗漏了。原因是5月1日起政府规定的铁路滞车费提高了9.6倍，但铁路局在5月下旬才得到通知。

粮油公司拒绝支付204 780美元的滞车费，运输公司也没有支付。故俄罗斯铁路留置了其中3列的货物，变卖后冲抵滞车费。

1996年3月18日，粮油公司以运输公司未按照委托代理协议的约定及时支付运费而导致粮油公司的货物灭失为由，向四川省成都市铁路运输中级人民法院提出诉讼，要求运输公司赔偿货物损失、利息损失及出口退税损失，共计800余万元人民币。

二、处理结果

从以上的介绍可以看出，本案的情况比较复杂，粮油公司和运输公司在履行合同的过程中均存在不同程度的瑕疵。但比较起来，运输公司的处境更为不利。运输公司为了争取时间取得更多的证据，在实体答辩之前，先从程序方面进行抗辩，提出了管辖权异议和反诉请求。

1. 管辖权异议

提出管辖权异议的理由主要是：

(1)运输公司和粮油公司属于委托代理关系。根据委托代理协议的约定，运输公司是国外段的运费结算代理。国外段是自贝加尔口岸至莫斯科。

(2)根据《民事诉讼法》第二十四条规定，因合同纠纷提起的诉讼，由被告住所地或者合同履行地人民法院管辖。因此，四川的法院是没有权利受理本案的。

但不幸的是，管辖权异议先后被四川省铁路运输中级法院和四川省高级人民法院先后驳回。运输公司又申诉至最高法人民法院，最终最高法院支持了运输公司的观点，将本案移送至哈尔滨铁路运输中级法院审理。

2. 反诉请求

在提出管辖权异议的同时，运输公司也以粮油公司运单填写错误及部分随车单证丢失造成全俄食品借机拒收，延迟受领货物而产生迟付运费和滞车费为由，要求粮油公司自行承担责任，并返还运输公司代垫的滞车费292 293美元。

3. 审理情况

在一审、二审、再审中，运输公司提出的抗辩理由主要有：

(1)粮油公司运单填写错误造成铁路向收货人收取运费，导致滞车。

(2)收货人因冻肉市场价格下跌，迟延办理领货手续，导致滞车。

(3)粮油公司按照货物销售价格索赔不妥。运输公司认为，货物的销售价格属于一种预期利益，该利益是否能够实现是存在风险的，至少包括买方的付款风险、卖方的收汇风险等。而粮油公司的实际损失应当是其购入该批货物的金额。

(4)粮油公司索赔出口退税不妥。政府对出口退税实行严格的监管制度，影响退税的因素很多。

(5)本案中运费上涨属于情势变更，根据《民法通则》的规定，应当按照公平合理的原则，分担责任。

(6)导致本案货物灭失的直接原因是最后的204 780美元的滞车费未付。而此笔滞车费的产生也是由于俄罗斯将滞车费提高9.6倍所致，同样属于情势变更。而粮油公司却没有及时采取措施避免损失，而是一味地放任货物被拍卖的结果的出现。根据《民法通则》第一百一十四条的规定，当事人没有及时采取措施致使损失扩大的，无权就扩大的损失要求赔偿。

但各级法院并没有采纳运输公司的观点，法院认为：三列货物被变卖是由于运输公司未能及时与俄罗斯代理就新运价达成协议造成运费无人支付产生滞车费所致，因此运输公司应对未全面履行代理义务而给粮油公司造成损失负责。运输公司提出的通知迟晚、全俄食品拒绝接货、运单填制错误均不是货物滞留的根本原因。另外，由于货物被变卖，粮油公司未能实现贸易合同的利益属于实际损失，粮油公司的货物开有增值税发票，符合退税条件，税款损失应予认定。

三、法律分析

在本案中，各当事人的法律地位和权利义务分析如下。

1. 粮油公司和运输公司——委托代理关系

根据双方之间的委托代理协议的约定，粮油公司是被代理人，运输公司是代理人。运输公司的代理权限为：以粮油公司的名义从贝加尔口岸向莫斯科发运 15 000 吨冻猪肉，负责同外方代理结算国外段的运输费用。根据我国法律的相关规定，代理人在代理权限的范围内以被代理人的名义所作出的行为，其后果由被代理人承担。代理人不履行职责而给被代理人造成损害的，应当承担民事责任。

2. 运输公司与俄罗斯代理——转委托关系

根据粮油公司和运输公司之间的委托代理协议的约定，运输公司应当通过国外代理为货物的运输通畅提供保障并努力保障货物在运输过程中的完整。由此可以看出，粮油公司对运输公司将国外段业务再行委托国外代理运作是知晓的，并表示同意。因此运输公司与俄罗斯代理之间构成转委托的关系。俄罗斯代理也是粮油公司的代理人，在代理权限范围内进行的行为由粮油公司承担法律责任。

3. 粮油公司与俄罗斯铁路——托运人与承运人之间的运输合同关系

根据本案中运输所涉及的国际铁路联运运单及口岸换装后俄罗斯境内的铁路运单显示，粮油公司是托运人，俄罗斯铁路是承运人。粮油公司、俄罗斯铁路以及收货人之间的权利义务由《国际铁路货物联运协定》(简称国际货协)进行规定。

4. 粮油公司同全俄食品——买卖关系

粮油公司是卖方，全俄食品是买方。根据 DDU 莫斯科到站的约定，粮油公司负责货物运抵莫斯科所需要的费用，包括运费。

从以上法律关系上分析，粮油公司负责将货物运抵莫斯科，并负责货物运输过程中需要的全部费用。运输公司及俄罗斯代理作为粮油公司的代理人，负责代理粮油公司支付国外段的运费及相关费用。俄罗斯铁路是本案货物的承运人。根据国际货协的规定，为保证核收运送合同中一切费用，铁路有货物留置权。在本案中，俄罗斯铁路为了要收取 20 多万美元的滞车费而留置了 3 列的货物。那么造成滞车的真正原因究竟是什么呢？究竟是谁的责任造成滞车将直接影响各方当事人责任的分摊。

从各当事方往来的传真可以看出，造成滞车的原因有以下几个：

(1)运费支付延误。根据委托代理协议的约定，粮油公司应当在每批货物发货时向运输公司支付该批货物的全部运费。但在实际操作中，是由运输公司开具运费发票，粮油公司依票付款。由于 4 月 1 日后俄罗斯境内的运价大幅上涨，运输公司一直同俄罗斯代理就运价进行协商。5月17日才最终确认了运费,5月26日实际支付运费。根据国际货协的规定,必须在运费付清之后才能提货。从当事各方大量的往来传真可以看出,货物抵达到站后,由于没有人支付运费或者确认支付运费,致使俄罗斯铁路扣留货物。

(2)粮油公司运单填写不当。货协第十五条规定,如发货人未负担任何一个过境铁路的运送费用时,则应在运单"由发货人负担运送费用的过境铁路名称"栏内填写"无"字。发货人所未负担的过境铁路运送费用,即认为已转由收货人支付,并应由到站向收货人核收。而粮油公司并未按照运输公司的要求填写运单第20栏(即上述过境铁路的运送费用的负担方式),造成第20栏空白,以致俄罗斯铁路向收货人提出运费要求。而且从5月4日全俄食品通知粮油公司的文件中,也可以看出运单填写错误是造成收货人拒收货物的原因。由于收货人拒收货物,也导致了货物长时间滞留到达站,产生大量滞车费。因此,根据委托代理协议的规定,运输公司不对因单证填写不当及报关资料不全而引起的任何不良后果负责,因单证不当造成的责任应由粮油公司自行承担。

(3)全俄食品因市场下滑拒收货物。从5月16日的全俄食品的函件中可以看出,由于可以以更优惠的价格从其他渠道得到货物,全俄食品提出拒收货物的要求。全俄食品不积极办理接货手续,也是造成货物滞留车站的原因之一。

(4)粮油公司通知迟晚,造成国外段运输安排延后,以致俄罗斯境内的到站交接货手续安排混乱。

以上几个原因共同作用造成了货物在到站长期滞留。但从俄罗斯铁路方面的态度及货协的规定可以看出,未及时支付运费是造成货物滞留的最根本原因。根据买卖双方贸易合同的约定,运费由粮油公司支付。根据委托代理协议的约定,粮油公司应当在每批货物发货时向运输公司支付该批货物的全部运费。但在实际操作中,每次都是由运输公司开具运费发票,粮油公司依票付款。双方一直对这种习惯做法没有提出异议。由于运输公司一直同俄罗斯代理协商新的运价,因此直到5月24日才通知粮油公司付款。而且对运输公司更为不利的是,运输公司将同俄罗斯代理、运输公司莫斯科代表处的往来传真都披露给了粮油公司,其中5月11日、17日的传真均提到由于未协商确定运价,造成铁路方面不知由谁负担运费,以致货物滞留车站。在粮油公司的起诉状中,也以此作为运输公司代理行为延误疏忽的主要证据。

当然,粮油公司运单填写错误及两列随车单证丢失,属于粮油公司自身的过错,应当对由此产生的损失承担责任。但运单填写错误及部分单证丢失究竟对货物滞留产生了多大程度的影响,证明起来是非常困难的。毕竟事实上,在实际支付了运费和滞车费后,铁路当局放行了货物,收货人也接收了货物。

四、经验教训

综观本案,造成粮油公司损失的根本原因是运费未付,导致货物滞留进而产生滞留费。虽然粮油公司、收货人的行为也有一定的瑕疵,但并不是造成损失的根本原因。毕竟实际上在运费和滞车费支付后,俄罗斯铁路并没有因为运单填写的问题不放货,收货人也没有拒收货物。而在导致运费迟延交付的原因上,运输公司是存在过失的。运输公司一直未将俄罗斯运费上涨的情况通知粮油公司,因运价未能协商一致,导致在货物运抵到站时,没有立即通知粮油公司具体的运费金额。从本案中,我们可以总结出来一些经验教训,在日后遇到类似的情况时,希望能够有所借鉴。

1. 作为代理人,在履行代理事项时,及时通知被代理人代理事项的进展情况

在本案中运输公司如果及时将运费上涨的情况通知粮油公司,及时取得粮油公司对新运价的认可,将大大降低运输公司的责任。在与被代理人进行沟通时,要注意采用书面方式,一方面可以降低双方在某些问题上理解的差异。另一方面可以在日后发生纠纷的时候作为证据分清双方责任。

2. 应当及时采取措施避免损失扩大

运输公司作为专业的货运代理公司,应当很清楚不付运费的严重后果。在权衡这种严重后果和自身获利大小后,我认为比较明智的选择是及时通知粮油公司运费上涨的实际情况,取得粮油公司对新运费的认可。在粮油公司没有及时确认新运费的情况下,为了避免货物被留置,运输公司应当代垫运费后再向粮油公司收取。

3. 在操作中严格按照协议的约定进行

本案的委托代理协议明确约定,运费标准每吨217美元,包括口岸报关、商检费。粮油公司应当在每批货物发货时向运输公司支付该批货物的全部运费。如果运输公司在粮油公司发运货物的时候就要求其支付运费的话,相信货物的损失是可以避免的。

4. 从事境外业务时要特别留心当地政策的变化

委托代理协议签订在2月底,运费大幅上涨于4月1日。如果运输公司仔细了解俄罗斯铁路市场的情况的话,相信可以知道运费在近期上涨的消息。如果提前知道这一情况,及早作好准备,无疑对各方都是有利的。

5. 在发生或者可能发生纠纷时,避免对方得到对自己不利的证据

本案中,运输公司将同俄罗斯代理、运输公司莫斯科代表处的往来传真都披露给了粮油公司,其中5月11日、17日的传真均提到由于未协商确定运价,造成铁路方面不知由谁负担运费,以致货物滞留车站。粮油公司以此作为运输公司代理行为延误疏忽的主要证据,而法院也是据此认定运输公司未及时确认并支付运费是导致粮油公司损失的直接原因。

6. 在自己处于不利的地位时,充分利用各种诉讼程序和权利,从而争取时间收集证据

在本案中,运输公司在收到法院的传票和诉状后,没有急于进行实体答辩,而是在分析局面后,决定首先采取管辖权异议。管辖权异议是当事人的一项重要的诉讼权利。凡是当事人认为受诉的人民法院对案件没有管辖权的,都有权向受诉的人民法院以书面或者口头的方式提出异议。在提出管辖权异议的时候应该注意以下几个问题:①在合法期间内提出。②管辖权异议应当在法院受理案件之后,在提交答辩状期间内提出,否则无效。③受诉人民法院认为异议成立的,应当将案件移送至有管辖权的法院审理;受诉人民法院认为异议不成立的,则裁定驳回。④当事人对裁定可以提起上诉,二审法院作出的裁定是终审裁定。⑤如果当事人不服二审法院的终审裁定,有权向二审法院、或者上一级法院或者最高法院提出再审申请,但再审不影响裁定的执行。

在进行实体抗辩以外,其他常用的抗辩理由还包括诉讼时效。诉讼时效是权利人在法定期间内不向人民法院或仲裁机关请求保护民事财产权利,就丧失了请求人民法院依诉讼程序强制义务人履行义务的权利的法律制度。诉讼时效期间届满后,权利人丧失的是胜诉权,而不是起诉权,也不是权利本身。权利人仍然可以向人民法院提起诉讼,仍然可以接受义务人履行

义务,而且义务人在履行完毕后不得以已过时效为由要求返还。一般的诉讼时效为2年。特殊的时效期间有:《海商法》规定向承运人主张权利的时效期间为1年;出租人向承租人要求租金及赔偿的时效期间为1年。另外,由于各国对时效期间的规定不尽相同,所以还需要注意合同适用法律。如英国法就规定时效期间为6年。

7. 在处理特殊货物(如危险品、冷冻货、鲜活货物)时要特别注意

特殊货物是指对包装、运输有特殊要求的货物。常见的特殊货物有危险品、冷冻货、鲜活货。特殊货物会加大承运人的风险,因此一般合同中都会对承运人的责任加以限制,并加大托运人的义务。常见的条款有:对于危险品,一般是托运应当将货物的品质、运输方式等书面告知承运人,并负责妥善包装。承运人在运输过程中可以视情况自行处置货物,而无需赔偿。对于危险品在运输过程中给承运人造成的损失,托运人应当负责赔偿。对于冷冻货,应该注意约定由谁负责提供适当的运输工具并负责装卸,在运输过程中应当保证的运输条件是什么样的;在目的地的交货方式,无人提货或者提货不符合要求时如何处置货物。对于鲜活货,要特别注意约定货物的运输条件、交货方式等,避免货物在运输过程中出现变质,或者在目的地因无人提货造成货物灭失。作为承运人或者托运人的代理人时,在代理特殊货物时,应该将货物的特殊品质、运输条件等与被代理人进行沟通,在货物运输过程中出现任何问题都应当及时向被代理人通报,要求被代理人给予书面指示。

8. 目前国际铁路联运的操作情况

根据我们对相关业务部门的咨询,目前国际铁路联运的操作同1995年有了差别,特别是在价款支付方面。目前用铁路联运方式进行运输的,均填写统一的联运运单。各国的铁路局是各段运输的承运人。在货物起运的时候,需要向铁路局先行支付在起运国境内的运费,否则货物不安排出运。在货物运到下一国境内前,需要先行支付下一国境内的运费,以此换取下一国的运输代码,否则不能入境。因此在现在的业务中不会出现货物运抵目的地而无人支付运费的情况。

但在现在的国际铁路联运业务中同样存在新的风险,风险的大小主要取决于运输公司在国际铁路联运业务中的身份。目前运输公司主要以两种身份出现。

一种是运单上列名的托运人。在这种情况下,运输公司会同真正的货主另行签定运输合同,在运输合同中运输公司作为承运人承诺运输,真正的货主是托运人,承诺支付运费。而在联运运单中,运输公司是托运人,承担支付运费及其他运单和法律规定的托运人责任。在这种背对背的合同中,运输公司为了降低自身的风险,最安全的做法是收到货主的运费后再向铁路方面办理联运托运,同时在设计运输合同条款时,将运输公司作为托运人向承运人承担的责任转嫁到货主身上。但是目前由于市场竞争的激烈,为了取得更多的市场份额,运输公司往往不得不接受为货主代垫运费的要求。这样一来,运输公司从货主那里回收运费的风险就大大增加了。当然留置货物是一种有效追讨运费的手段,但风险往往也很大。一方面留置的费用(仓储费、卸货费)往往很高;另一方面货物的所有权不明朗,容易侵犯第三人的利益,因此在实践中很少采用留置货物的方法。最经济而又有效的方法是事前对客户(货主)的评估,尽量争取有实力的客户,同时尽量减少代垫的金额,在发生纠纷时,注意保留书面证据,及时采取法律手段。

另一种是纯粹的代理人。运输公司与货主签定代理合同,运输公司作为货主的货运代理人，以货主的名义为其安排运输，收取代理费。在国际联运运单上，货主是托运人。在这种情况下，只要运输公司认真履行了代理职责，风险相对来说是比较小的。

思考题

1. 关于国际铁路货运的规定有哪些？
2. 简述《国际货协》适用范围。
3. 按《国际货协》规定，发货人在填写铁路运单时，需要注意什么内容？
4. 按《国际货协》规定，铁路运输承运人的免责内容有哪些？
5. 按《国际货协》规定，铁路运输承运人如何对货损货差进行赔偿？

第九章　国际公路货物运输法规

为了统一公路运输所使用的单证和承运人责任，联合国所属欧洲经济委员会负责草拟了《国际公路货物运输合同公约》，简称 CMR。该公约主要内容有公约适用范围、承运人责任、合同的签订与履行、索赔与诉讼，以及连续承运人合同履行等。

随着国际集装箱运输的发展，为有利于集装箱多式联运，联合国所属欧洲经济委员会成员国之间于 1956 年缔结了关于集装箱的关税协定。参加这个协定签字国有欧洲 21 个国家和欧洲以外的 7 个国家。协定宗旨是相互间准许集装箱免税过境。根据欧洲委员会的倡议。根据《国际公路车辆运输规定》规定，对装运集装箱的公路运输承运人，如持有国际公路车辆运输规则的手册，允许由发运地到目的地，在海关关封下，途中不支付关税，不提供押金，进行不检查运输。国际公路车辆运输规定的手册是由有关国家政府批准的运输团体发行，这些团体大多是参加国际公路联合会的成员，他们必须保证监督其所属运输应遵守海关法规和其他有关规定。协定的名称是《根据 TIR 手册进行国际货物运输的有关关税协定》。该协定有欧洲 23 个国家参加，并已于 1960 年实施。尽管上述公约和协定有地区性限制，但仍不失为当前国际公路运输的重要国际公约和协定，并对今后国际公路运输的发展具有一定影响。

第一节　公路货运运单

一、运单适用范围

凡按国际公路货物运输公约适用的运单：

(1)用于公路以车辆运输货物而收取报酬的运输运单，接受货物和指定交货地点依据合同的规定在两个不同的国家。

(2)如车辆装载运输的货物在运输过程中经由海上、铁路、内陆水路或航空，但货物没有从车辆上卸下，运单仍对整个运输过程适用。但应证明以其他运输方式运输时发生的有关货物的灭失，或损害并非系由于公路承运人的行为或不行为所致，而仅是由于其他运输方式或由于此种运输方式运输时才会发生的原因所致。若发货人与其他运输方式的承运人订立了仅是关于货物运输合同的，则公路承运人之责任不得依运单予以确定，而应使用其他运输条件的承运人的责任规定予以确定。如没有这些规定的条件，公路承运人的责任仍依据运单的规定予以确定。

(3)若公路承运人本人也为其他运输方式下的货物运送人，其责任也应依照上述(1)的规定予以确定，但在作为公路承运人和其他运输方式的承运人时，他则具有双重身份。

(4)公路承运人应对其受雇人、代理人或其他人为执行运输而利用其服务的任何其他人的行为或不行为一样承担责任。

可见,运单适用于公路货物联合运输的合同和其他运输方式的运输合同,尽管合同承运人可自由雇佣合同分包人,但这些合同是在公路公约管辖范围之内的。例如,如 A 同意以车辆经公路和海路为 B 运输货物,车辆不能卸货。在海上运输过程中由于海运才会发生的原因而受损。显然,此种货损并非公路承运人的行为或不行为。而海上货物运输受制《海牙规则》或《海牙—维斯比规则》,因此,A 对 B 的责任将依据《海牙规则》或《海牙—维斯比规则》的有关规定来确定,而任何其他情况将依照公路货运公约。

二、运单

在公路货运业务中,习惯认为运单的签发是运输合同的成立,因此,公路货运公约规定:"运单是运输合同,是承运人收到货物的初步证据和交货的凭证。"

1. 运单应记载的主要内容

(1)运单的签发日期和地点;

(2)发货人的名称和地址;

(3)收货人的名称和地址;

(4)承运人的名称和地址;

(5)货物接管的地点、日期和指定的交货地点;

(6)一般常用的货物名称、包装方式,如属危险货物,还应注明通常认可的性能;

(7)货物件数、特性、标志、号码;

(8)货物毛重,或以其他方法表示的数量;

(9)与运输有关的费用(运输费用、附加费、关税以及从签订合同终止之间发生的其他费用)。

此外,运单还应包括:

(1)是否允许转运的说明;

(2)发货人负责支付的费用;

(3)货物价值;

(4)发货人关于货物保险和承运人指示;

(5)交付承运人的单据清单;

(6)有关履行运输的期限等。

除这些之外,缔约国还可在运单上列入他们认为有利的事项。

2. 运单的性质

长期的公路货运业务和公约对运单的性质一般认为:

(1)运单是运输合同;

(2)运单是货物的收据、交货的凭证;

(3)运单是解决责任纠纷的依据;

(4)运单不是物权凭证,不能转让买卖。

3. 运单的签发及证据效力

公路货运公约第四条规定:"运输合同应以签发运单来确认,无运单、运单不正规或运单丢失不影响运输合同的成立或有效性,仍受本公约的规定约束。"运单签发有发货人、承运人签字的正本3份，这些签字可以是印刷的，或为运单签发国的法律允许，也可由发货人和承运人以盖章替代。第一份交付发货人，第二份应跟随货物同行，第三份由承运人留存。

当货物准备装载不同车内，或在同一车内准备装载不同种类的货物，或多票货物时，发货人或承运人有权要求对使用的每辆车、每种货或每票货物分别签发运单。

如在运单中未包括有任何相关条款，该运输未遵照公路货运公约各项规定的，承运人应对由于处置货物的行为或不行为而遭受的所有费用、货物灭失和损害负责。

承运人在接收货物时应做到：

(1)检验运单中有关货物件数、标志、号码的准确性；

(2)检查货物的外表状况及其包装。

当对货物检查而无合理的、准确的方法时，应将此种无合理、准确的检查原因记入运单内。同时，对货物的包装和外表状况也应作出保留理由，除非对保留发货人已在运单上明确同意受约束，否则保留对发货人不应有约束力。对检查产生的费用承运人有权提出索赔。

第二节　国际公路货运公约主要内容

一、发货人责任

在公路货物运输全过程中，发货人的责任可归结为：

(1)没有准确提供自己的名称、地址；

(2)没有在规定的地点、时间内将货物交承运人；

(3)收货人的名称、地址有误，且由发货人提供；

(4)对托运的货物没有说明其准确名称而造成的损失；

(5)对托运的危险货物没有在运单中注明危险特性、危规编号，以及一旦发生意外时应采取的措施；

(6)对运输要求没有作说明；

(7)没有提供办理海关和其他手续所必要的通知；

(8)货物包装不牢、标志不清；

(9)货物内在缺陷引起的货损；

(10)由于发货人的过失造成对第三方的损害。

特别应说明的是为了交付货物应办理的海关或其他手续，发货人应在运单后附必需的单证，或将其交承运人支配和提供给承运人所需的全部情况。对承运人来说，没有责任调查单证情况的准确与否，除非是由于承运人的行为或过失。对于单证情况的缺陷所引起的损失，发货人应向承运人负责。

当承运人对运单所规定的和跟附运单或交承运人的单证，由于灭失或不当使用所产生的后果系承运人作为一个代理应负的责任过失所致时，承运人则应承担赔偿责任，但此种赔偿以不超过货物灭失所支付的全部赔偿为限。

二、承运人责任和豁免

公路货运公约第十六条对承运人规定的责任期限为:“承运人应对自货物接管之时起至货物交付时止所发生的全部或部分灭失、损害,以及由于运输延误而造成的损失承担责任。”此外,在运输过程中承运人因使用车辆不良状况,或由于承运人使用他人车辆,或其代理人的过失同样承担责任。

对于货物延误运输则应区分是分票运输,还是整票运输。习惯认为当货物未能在双方规定的时间内交货,或虽无此种规定,但考虑到实际情况后,在通常情况下货物所需要的运输时间超出一个承运人的合理时间,则应视为延误运输,特别是分票运输的情况下,如在双方规定应交货的时间届满30天后,或无规定交货时间应从承运人接管货物60天后仍未将货交收货人,则应认为货物业已灭失。

如货物的灭失或损害系由下述一种或一种以上情况下产生的,承运人应予免责:

(1)货物灭失、损害系由于使用无篷敞车引起,此种使用已在运单中明确规定和有所规定;

(2)货物的灭失、损害是由于无包装或包装不良所致;

(3)由于发货人、收货人或其代理人所从事的货物搬运、积载、卸载;

(4)由于包装上标志不清,号码不完整、不当、错误所致;

(5)承运活的动物;

(6)由于锈损、腐烂、干燥、渗漏、发霉、发潮系由于货物自然特性所致等。

尽管公路货运公约对承运人可享受的免责范围作了规定,但某些内容的免责,承运人负有举证之责。如货物由装有特殊设备的车辆运输,以便满足货物对热、冷、保温等条件要求,除非承运人证明他对此种货运设备,及其维修、使用已采取了合理措施,否则承运人对货损不能解除责任。

三、交货责任

当货物运抵指定交货地点,收货人有权凭货物收据要求承运人将第二份运单和货物交给他,如货物业已灭失或没有在规定时间或合理时间内交货,收货人对承运人有权以其名义免除运输合同的任何权利。但收货人在行使这一权利时,则应支付清运单中规定的所应支付的费用,一旦此项费用没有支付产生争议,除非收货人已提供担保,否则,承运人对货物享有留置权。

此外,在货物运抵收货地点后因具体情况妨碍货物正常交付时,承运人要求发货人给予指示,在收货人拒绝接货时,发货人有权处置货物而需出示第一份运单。必须说明,收货人拒绝提货并不等于收货人无权提货,在承运人没有从发货人那里得到任何指示前,收货人仍享有货物的提货权。

收货人对货物的处理权利系从运单签发之时起,因而在当收货人指示承运人将货物交另一人时,原收货人则视如为发货人,而另一人为收货人。

四、危险货运输

当发货人将危险货交由承运人运输时，则应将有关危险货物的种类、性质通知承运人，必要时还应说明应采取的预防措施，并将此种情况记入运单内。运输危险货所发生的有关货物的灭失或损害、发货人或收货人解除责任的唯一途径是举证说明承运人在接受危险货运输时业已了解该货物运输过程中有可能造成危险的事实。如在接受危险货运输时，承运人并不知道有关该类货物的性质，承运人有权随时随地将其卸载、销毁，或使之无害，并不承担任何责任。

五、承运人赔偿责任限制

如果货物的灭失或损害发生在承运人责任期限内，且因承运人或其代理人过失所致，承运人对此项灭失或损害承担赔偿责任，其原则是：

(1)凡根据本公约所规定的内容进行货物运输时，承运人对全部或部分货物的灭失赔偿，并依照接运地点、时间的货物价值计算；

(2)有关货物的价值应根据货物交易价格，如无此项价格时则应根据当时市场价；如既无交易价格，又无当时市场价，则应依照同类、同品名货物的通常货价决定；

(3)货物每千克毛重的赔偿不超过 8.33SDR；

(4)当货物发生全部灭失时，有关运输费用、关税，以及因货物运输发生的其他费用应全部偿还；如系部分货物灭失，则应按比例赔偿；

(5)在延误损失赔偿情况下，承运人承担的最高赔偿不超过全部运输费用的总和；

(6)只有在申报货物价值，并支付了附加运费的情况下，才能得到较高的赔偿。

如货物的灭失或损害系由于承运人或其代理人、受雇人的故意不当行为所致，则承运人无权享受责任限制。

六、连续承运人的责任

在公路货物运输过程中，如系由几个承运人共同完成货物全程运输，则每一承运人对全程运输负责，每一承运人即成为运单条款或运输合同的当事人一方。连续承运人，即从前一承运人那里接受货物的承运人应给前一承运人签署收据，并在运单上写上名字、地址。必要时他也有权在运单中对所接受的货物作出保留，对于运单的性质和作用同样适用于承运人之间的关系。有关运输过程中发生的货物灭失、损害或延误运输，受损人可向：

(1)第一承运人提起诉讼，或

(2)最后一个承运人提起诉讼，或

(3)造成货物灭失、损害的实际承运人。

但上述赔偿并不影响根据公路货运公约承运人有权从参加运输的其他承运人那里追偿已付的余额及利息和由于索赔而发生的所有费用，并且：

(1)造成货物灭失或损害的承运人应单独承担责任，不管此项赔偿受损人已向其他承运人提出；

(2)当货物的灭失或损害系由两个或两个以上的承运人共同过失行为所致时，每一承运人则应按比例进行分摊此项根据他收取的运费；

(3)如货物的灭失或损害无法确定属某一承运人责任时，则按上述(2)处理。

七、索赔与诉讼

根据公路货运公约所提起的任何法律诉讼，原告可在双方协议中约定的缔约国的任何法院提起，也可在下列地点所属国家法院提起：

(1)被告通常住所或主要营业所法院；

(2)合同订立地法院；

(3)承运人接管或交付货物地点法院。

习惯理解，上述法院作出的裁决是终局性的，但并不妨碍因特殊原因对同一案件提起新的诉讼，但此项新的诉讼只有在第一次诉讼的法院所作出的裁决是无法在新提起诉讼的国家得以执行的。如果当一个缔约国的法院所作出的裁决能在该国执行而当事人又在其他任何一个缔约国办理有关手续后，并不妨碍该裁决也可在该缔约国执行。

有关货物灭失或损害提出的诉讼时效：

(1)根据公路货运公约因货物运输正常提出的诉讼，其时效为1年；

(2)如货物的灭失或损害系由于承运人故意不当行为，或根据受理案件的法院的法律认定是与故意不当行为相等的其他过失，时效则为2年。

上述诉讼时效的计算为：

(1)如货物系部分灭失、损害，或延误运输，自交货之日或应交货之日起算；

(2)如货物系全部灭失、损害，则以双方约定的交货日后满30天起算；如无约定的具体交货日期，则自承运人接受货物之日60天起算；

(3)在所有其他情况下造成的货物灭失或损害，则在运输合同订立后90天起算。

上述时效期限开始之日则不应计算在有效期限内。

案例　集装箱落车案

原告所有的车牌号为“沪A742682”的集装箱汽车向被告投保了机动车辆损失险和第三者责任险。该车在保险期内于1999年6月有9日在江苏省太仓市茜直公路弯道处，发生倾覆压伤道旁行人的事故。经太仓市公安警察大队认定该车驾驶员负事故的全部责任，同年11月29日经交警大队主持达成《道路事故损害调解书》，于2001年1月5日正式结案，原告共承担事故费用107 745.58元。根据《机动车辆保险条款》第二条第三者责任险的规定，被告应当按保险合同的规定对原告给予赔偿。

原告于该事故发生后即将出险情况通知被告，在交警部门主持下调解结案后，原告又于2001年2月13日向被告索赔，但被告仍拒绝赔付。被告的行为违反了《中华人民共和国保险法》和双方间的保险合同，严重损害了原告的合法权益。请求法院根据法律和合同判决被告履行赔付义务，维护原告的合法权益。

原告A公司诉被告保险公司保险合同纠纷一案，法院受理后，适用简易程序，分别开庭审理，原告称，原告所有的一辆车牌为“沪A742682”的集装箱汽车投保了车辆损失险和第三者责任险。该车在保险后于1999年6月在正常行驶中发生倾覆压伤道旁行人，于2000年11月29日经公安交警大队主持达成协议，责任方原告该车的驾驶员承担赔偿费用为1 077 745.58元。事后原告依据《机动车辆保险条款》第二条第三者责任险的规定，向被告提出理赔，但遭到拒赔。故原告请求法院判令被告支付给原告保险赔偿金86 196.46元，逾期保险赔偿金的利息损失9463.50元和该案的案诉讼费。

原告在庭审中向法院提交了如下证据：

(1)1999年原告向被告投保的保单1份、保险种类为车辆损失险和第三者责任险；

(2)太仓市公安警察大队1999年6月19日“道路交通事故责任认定书”结论为原告所有的沪A742682伏尔伏F10大型集装箱汽车在转弯处因车速太快致使集装箱从车上甩出倒翻下地将正常行驶的骑自行车人撞倒，该车驾驶员负全责；

(3)太仓市公安局交通巡逻警察大队“道路事故损害赔偿调解书”赔偿金额为107 195.44元；

(4)赔偿凭证2页；

(5)车辆登记证1份；

(6)原告2001年2月13日向被告索赔单证登记表1份；

(7)2001年5月23日被告发给原告的车险拒赔案件通知书；

(8)原告委托的上海金锋律师事务所给被告的信函，要求被告给予理赔；

(9)中国人民保险公司关于《机动车辆保险基本险费率表》表明集装箱卡车的保险费率高于一般车辆；

(10)机动车辆保险条款。

被告辩称，首先，被告认为原先确认为其沪A742682集装箱汽车投保了“车辆损失险”和“第三者责任险”；其次原先所投保的沪A742682集装箱汽车在1999年6月19日行驶在太仓市境内，因车上所载集装箱翻倒掉地致人伤害的事实，被告也无异议。但是被告认为原先的沪A742682车辆此次事故不符合保监发(1999)27号《机动车辆保险条款》的有关责任免除第四条第四项之规定，故被告认为应当驳回原告的诉讼请求。

被告对原告提供的证据无异议，仅对原告提供的第10份证据存在和原告有理解上的不同，原告认为适用第二条，被告认为应适用第四条第四项。同时提交了1996年2月1日由交通部发布的《关于发布(集装箱汽车运输规则)的通知》，被告旨在证明集装箱和运输集装箱及集装箱汽车的区别。

庭审质证中原、被告双方争执的焦点主要集中有两点：第一点集装箱是否属于装运集装箱汽车的组成部分，原告认为集装箱一旦装上专用车辆后即属于该车的一个必不可缺少的组成部分，否则为什么人们常说“集卡”这个概念，同时1996年2月1日交通部发布的《关于发布(集装箱汽车规则)的通知》也是将集装箱和运输车辆，合并称“集装箱汽车”集装箱是集装箱，汽车是汽车，二者完全不同，依照交通部发布的通知第五条规定，集装箱仅是一种一定技术标准的运输设备，其可以随车、随船装载货物。由于上述原、被告不同认识，由此引发双方争执第二个焦点，沪A742682集装箱汽车在太仓境内行驶中因车速太快致使集装箱从车上倾翻掉地，原告依据其集装箱一旦装上汽车后即属于汽车的一个组成部分的理论认为不属货物掉落；被告依据集装箱是运输设备不属于汽车理论，认为属从车上货物掉落。

依据原、被告双方提交的证据及庭审中对证据的质证和陈述意见，法院对本案的事实可以认定如下：

首先原先所属的沪 A742682 集装箱汽车在 1999 年向被告投保了车辆损失险和第三者责任险，其次沪 A742682 集装箱汽车从车上倾翻掉地致人伤害，造成赔偿他人费用为 107 195.44 元。原告要求被告给予理赔，遭拒绝，双方发生纠纷，原告故诉至本院。

法院认为：原、被告之间具有订立保险合同的事实，原告所投保的沪 A742682 集装箱汽车确在保险期限内因车上所载集装箱倾翻落地致第三人伤害并作了赔偿的事实，法院予以确认。依据原告提供的即 1996 年 2 月 1 日交通部发布的"关于发布《集装箱汽车运输规则》的通知"第四条全文、第五条、第十条、第十一条监发(1999)27 号《机动车辆保险条款》第四条第四项《机动车辆保险基本费率表》车辆种类第 7 项"集装箱专用车辆"之规定原、被告双方在庭审中的陈述意见，法院认为，集装箱不属于专用运输车辆的所属部件，集装箱是一种装载货物，具有一定技术标准的专用运输设备，且集装箱的所有权不属于装载该箱的运输车辆业主的。为此沪 A742682 集装箱汽车在太仓境内某转弯处因车速过快集装箱倾翻掉地致人伤害，属于"所载货物从车上掉下"特征，符合《机动车辆保险条款》第四条第四项的免责规定。故被告在庭审中的抗辩理由，本院予以采纳，原告的诉讼请求缺乏事实和依据。依照《中华人民共和国民事诉讼法》第一百二十八条之规定，判决如下：

(1)原告要求被告赔付保险金 86 196.46 元的诉讼请求不予支持；

(2)原先要求被告支付逾期赔偿的利息损失 9463.50 元的诉讼请求不予支持；

本案案件受理费 3379 元由原告负担。

思考题

1. 运单的性质有哪些？
2. 在公路货物运输全过程中，发货人的责任有哪些？
3. 货物的灭失或损害系哪些原因引起时，承运人可予免责？
4. 国际公路运输下，承运人赔偿责任限制是什么？

第十章 国际航空货物运输法规

第一节 国际航空货运公约的主要内容

国际航空货物运输若干法律规定主要以华沙公约为主,并结合海牙议定书有关修订内容。

一、适用范围

《统一国际航空运输某些规则》简称华沙航空货运公约,适用于:

(1)所有以航空器运输旅客、行李或货物而收取报酬的国际运输;

(2)同样适用于航空运输企业以航空器运输的免费运输;

(3)同样适用于国家或其他当事人符合下列条件的运输:

①根据有关各方所订立的合同,不论在全程运输中有无中断或转运,其出发地和目的地是在两个缔约国或非缔约国中的权力管辖下的领土内有一个约定的经停地点的任何运输。或在同一缔约国的主权、宗主权、委任统治权,或权力管辖下的领土间的运输,如果没有这种约定的地点,对华沙航空货运公约则不作为国际运输。

②如货物的全程运输系由多个承运人共同完成货物的连续运输,但运输被合同各方认为是一项单一运输业务,则无论是以一个合同或几个合同形式订立,就华沙航空货运公约来说,则应视为一项单一的运输。

二、空运单

1929 年的华沙公约将空运单证称为空运托运单(Air Consignment Note,简称 CAN),按华沙公约的规定,承运人有权要求托运人填写空运托运单,每件货物应填写一套单证,承运人应接受托运人填写的空运托运单。每一套托运单应有正本三份,并与货物一起交承运人,其中:

第一份注明交承运人,由托运人签字;

第二份交收货人,由托运人签字后随同货物运送;

第三份货物受载后由承运人签字交给托运人。

除托运单外,托运人还要向承运人提交有关货物运输和通过海关所必需的单证,如发票、装箱单等,以便能及时办理海关手续,迅速将货物送收货人手中。空运托运单应填写的主要内容有:填写空运托运单的地点、日期、起运地、目的地、中转地、发货人、收货人、货物名称、付款方式、重量、尺码等。空运托运单上这些内容均由托运人填写。或由承运人根据托运人申述的内容填写,如由于填写或申述错误,均由托运人自负。

根据华沙公约规定,空运托运单是订立合同,接受货物运输条件,以及关于货物详细内容的初步证据,但其中有关货物数量、件数尺码、货物状态的声明并非对承运人的声明,除非在接受货物时，承运人已当场予以核对。如承运人接受并承运了没有填写空运托运单的货物，或在空运托运单上没有包括上述内容，承运人则无权引用华沙公约中有关免除和限制承运人责任的规定。

空运托运单不同于海运提单，它不是货物所有权的凭证。因为空运速度快，通常在托运人将托运单送收货人之前，货物已送至目的地。这在很大程度上排除通过转让单据来转让货物。在实际业务中，空运单一般都印有“不可转让”字样，通常的一般做法是：货物运至目的地后，收货人凭承运人的到货通知和有关证明提货，并在提货时在随货运到的空运托运单上签收，而不要求收货人凭托运单提货。

在空运单证方面，1955年海牙议定书对华沙公约的修改主要有两点：

一是将空运托运单证改为空运单（Air Way Bill）；

二是空运单上所记载的内容比原来华沙公约对空运托运单要求的内容有所减少。

从实际业务需求看空运单的性质和主要作用是：

（1）空运单是承运人与发货人之间的运输合同；

（2）空运单是承运人收到托运货物的货物收据；

（3）空运单是承运人作为记账的凭证；

（4）空运单是海关放行查验时的单据；

（5）空运单可作为保险证书；

（6）空运单是承运人内部业务处理的依据。

空运单的主要内容为：

（1）空运单填写的地点、日期；

（2）货物起运地、目的地；

（3）约定的经停地点（但承运人保留在必要时变更经停地点的权利，承运人行使这一权利时，不应使运输由于此种变更丧失其国际运输性质）；

（4）托运人名称、地址；

（5）第一承运人名称、地址；

（6）收货人的名称、地址；

（7）货物包装的方式、特殊标志、件数、号码；

（8）货物名称、性质；

（9）货物数量、重量、体积、尺码；

（10）货物和包装的外表状况；

（11）如运费已付、应写明运费金额、运费支付日期、运费支付地、运费支付方；

（12）如运费为到付时，则应写明货物的价格，必要时应写明所应支付的费用；

（13）如为货物申报价，则应写明申报的价值；

（14）航空货运单的份数；

（15）附航空货运单交给承运人的凭证；

（16）如双方已议定运输期限、运输路线，则也一并在运单上注明；

（17）有关运输受华沙航空货运公约的约束等。

如果承运人在接受货物时没有填写航空货运单，或航空运单中没有包括上述（1）~（9），及其(17)项的内容时,那么,承运人无权引用公约中关于免除或限制承运人责任的有关规定。

对于空运单中所填写的关于货物的说明或声明的准确性,托运人则负有绝对责任。如因为这些说明或声明不完全,不准确致使承运人或任何其他人遭受的损失,托运人则应承担赔偿责任。

在没有相反证据时,航空货运单是接受货物和承运条件的合同或合同证明。任何有关货运单中货物的重量、尺码、包装、件数的说明,均应被认为是准确的,除非经承运人和货物托运人已当面查对,并且在货运单中注明。

三、运输变更

货物托运人在履行运输合同所规定的一切义务的条件下,有权要求:

(1)起运地航空站或目的地航空站将货物收回;

(2)在途中经停地点中止货物运输;

(3)在目的地或运输途中将货物交给非航空货运单中指定的收货人;

(4)要求将货物运回起运地航空站。

上述运输变更权利的行使不得使承运人或其他人遭受因运输变更而造成的损失,并应支付由此而发生的一切费用。

当承运人接到货物托运人要求运输变更通知,而事实上已无法执行时,即应通知货物托运人。如果承运人根据托运人的指示交货,但没有要求出具其所签的航空货运单,致使该航空货运单的持有人遭受损失时,承运人则应承担责任,但并不妨碍承运人向托运人要求追偿的权利。

在货物运抵目的地航空站后,除另有约定,承运人应在货物抵达后通知收货人,收货人在支付清应付费用和履行航空运单上的条件后,有权要求承运人根据航空货运单交付货物。

如承运人已承认货物发生灭失,或在货物应抵达的日期7天后仍未能抵达,则收货人有权向承运人行使运输合同所规定的权利。

此外,货物托运人应提供必需的有关资料、文件,以利于货物在交付给收货人时能顺利履行海关、税务或其他有关手续,并且应将这些资料、文件附在航空货运单后面。由于托运人因提供这些资料、文件不足、错误、不符有关规定造成的任何损失,则由托运人承担责任,对承运人来说,没有义务检查这些资料、文件的齐全、准确与否。

四、承运人的责任和豁免

根据华沙公约的规定。空运承运人应对货物在空运期间所发生的货物灭失、损害或延误交货承担责任。所谓空运期间是指货物交由承运人掌管的整个期间,不论货物是在机场,或是装上飞机,或是在机场外降落的任何地点。如在机场外为了装载、交货、转运而引起的灭失、损害,除了相反的证据外,仍应视为在空运期间的发生的损害,承运人应承担责任。承运人并可引用公约中的免责条款要求免责,但不能排除对货物应有的责任。

除外责任包括:

(1)如承运人能证明他或他的雇佣人已采取一切必要的措施,以避免损失的发生,或能证明他或他的雇佣人员不可能采取这种防范措施,承运人则对货损不负责任。

(2)如承运人能证明,货物的灭失或损害系由于受损人的过失引起或促成时,可免除承运人全部或部分责任。

(3)如承运人能证明,货物的灭失或损害系由领航上的疏忽或飞机操作上的疏忽和驾驶上的失误引起的,并能证明他和他的代理人已在一切方面采取了必要的措施,已避免损失,承运人对此损失不负责任,但此项对旅客人身伤亡不适用。

五、承运人的责任限制

华沙公约规定,承运人对货物的灭失、损害或延迟交货的责任。以货物每千克毛重250金法郎为限。但对托运人在货物托运时已声明了货物的价值,并支付了附加运费,则不在此限内。除非承运人能证明托运人所申述的金额超出了交货时货物的实际价值。

必须说明,如货物遭受的损害、灭失或延误交货系由于承运人雇佣人员的故意行为所引起,承运人则无权引用公约中有关责任限制和免除承运人责任的免责条款。

六、托运人和收货人的权利与义务

托运人应对在航空货运单上所填关于货物的各项说明和声明的准确性负责。托运人应提供各种必要的材料,以便在货物交付收货人以前完成海关、税务或公安手续,这些必要的有关证件应附在航空货运单后面。

托运人在履行运输契约所规定的一切义务的条件下,有权在起运地航空站或目的地航空站将货物提回,或在途中经停时中止运输,或在目的地或运输途中交给非航空货运单上所指定的收货人,或要求将货物退回起运地航空站。

货物抵达目的地后,在收货人交付了应付款项和履行运单中规定的运输条件后,有权要求承运人移交运单并交付货物。

七、索赔通知与诉讼时效

根据华沙公约的规定,在货物遭受损害的情况下,收货人或有关当事人应于发现后向承运人提出书面通知,或在收货后7天之内提出书面通知,如上述规定期限内没有提出,则作为托运人放弃该项索赔。

1955年的海牙议定书对托运人提出的书面通知作了修改,由原来的7天改为14天,延迟交货由原来的14天改为21天。

诉讼在两年内提起,即从货物到达之日起,或该项货物应到达之日,或从运输终止之日起。过了该期限没有提起诉讼,则作为托运人放弃了该项诉讼。但如果承运人方面有欺诈行为则不在此限。

第二节　契约承运人与实际承运人的关系

由于1929年的华沙公约和1955年的海牙议定书都没有对“承运人”一词作明确规定,因此有些人将承运人一词理解为是与货物托运人订有运输的契约的人,也有理解为除了与货物托运人订有运输合同的人外,还包括受契约承运人的委托,完成货物运输的承运人。为了解决这一问题，各国代表在1961年于墨西哥的瓜达拉哈拉签订了一个公约，该公约称《1961年瓜达拉哈拉公约》。

该公约对“契约承运人”规定系以本人的身份与旅客或托运人，或与他们的代理人订立了一项适用华沙公约的运输合同的人。而“实际承运人”是指根据契约承运人的委托或授权完成全部或部分运输的人，但对实际该部分运输的人并非系华沙公约中所指的连续承运人。如实际承运人完成全部或部分货物运输时，除非有另外规则，否则，契约承运人和实际承运人均受华沙公约约束，前者对全程运输负责，后者对自己运输区段负责。根据1929年华沙公约向承运人提出的任何申诉或发出的任何指示，不论是向契约承运人，或向实际承运人提出，则应具有同样的效力。但因有关运输变更提出的申诉则只能向契约发起人提出才有效。

就航空运输方面的法律来说已在很大程度上达到了一致，但从另一方面来说，1929年的华沙公约；1955年的海牙议定书；1961年的瓜达拉哈拉公约又是独立的国际货运公约，对每一个国家来说，可参加其中一个，也可参加其中二个或三个，如英国参加上述三个公约，而美国只参加了1929年的华沙公约。这样，在选用三个公约时便带来一些法律问题，有时很难确定一个运输合同适用哪一个公约。一般理解，如一个国家同时参加了三个公约，那么，与华沙公约参加国之间的关系则适用华沙公约，例如：

（1）A国参加三个公约，B国参加华沙公约，适用华沙公约；

（2）A国参加三个公约，B国参加华沙公约、海牙议定书，则适用海牙议定书；

（3）A国参加三个公约，B国参加华沙公约、海牙议定书、瓜达拉哈拉三个公约，则以适用华沙公约，或海牙议定书。

因此，有关索赔、诉讼的提出可归结为：

（1）货物托运人可向契约承运人或实际承运人提出；

（2）收货人可向造成货损的实际承运人或最后一个承运人提出；

（3）契约承运人对全程负责。

第三节　多式联运下航空货物运输

对于多式联运下航空货物运输的问题，在多式联运公约第二期会议报告，即闭幕大会上，民航组织观察员、国际空运协会观察员在发言中均提及这一问题。

国际航空组织曾召开多式联运会议的筹备工作，如民航组织法律委员会第二十四届会议（1975年）上集中审议了国际多式联运公约草案，以便研究拟制中的多式联运公约对国际空运公约所涉及的法律问题，并提交了本公约会议的有关结论。该委员会在研究公约草案，特别是关于公约草案中有关公约的适用范围、运输单证、赔偿责任制度、赔偿责任限额、索赔通知的时效，以及管辖等问题的过程中注意到，国际空运货物现行规则和公约草案的规则之间存在较大的分歧。

根据华沙公约的规定，华沙制度对所有的国际空运人强制适用，任何违背该公约条款的合同均属无效。华沙公约第三十一条涉及部分使用空运与其他运输方式进行的多式联运时，其中规定多式联运中的空运部分应遵守华沙制度的规定。对于这一点，多式联运公约第一条第2款关于多式联运经营人的定义，似乎也是1961年瓜达拉哈拉公约第一条第6款中所指的缔约承运人。因而他所经营的空运业务似乎应服从普遍接受的华沙制度的强制性规定。

为了切实解决涉及空运的多式联运问题,多式联运公约在拟制中应注意到空运的特点,只有制订的公约内容无损于目前有关不同运输方式下的国际规则之间的协调,才能使多式联运的内容普遍得到承认。

基于实际上和法律上的问题,应将空运排除在公约范围之外,即使将空运排除在外也不会削弱多式联运公约的效用。因为除了空、陆联运外,空运与其他运输方式相结合的机会极少。而且,即使空运与陆运相结合,这种结合也可分两种情况。

一种是为接、送和转运服务。在这类服务中,空运两端都使用货车在机场接送货物,也说是用货车将货物从一个机场运至另一个机场。对于这种运输,除非公约中有适当的规定,否则单是以这一理由便可以认为所有空运服务都属于多式联运定义范围内,如正是这样,那么现在所谓的空运服务便不复存在。

另一种是短程货车接送业务。也就是使用货车接送空运航程两端机场四周地区的货物。这种货物仅限于"适宜空运"的货物,即具有一定的价值与重量比率,因而能承受较高的空运运费的货物。同时也应注意,由于空运货物的包装与水、陆使用的不同。因此,通常不能与水、陆运输的集装箱交替使用。在短程货车接送业务中,货车接送只是空运航程所附带的一小部分,所以,整个航程都包括在空运单内。因而空运承运人对全程运输负责,并受华沙制度赔偿责任制所约束。

又多式联运公约中所规定的多式联运单据分可转让与不可转让两种,而对空运来说,可转让的单据是不能接受的,因为这需要重新训练业务人员,扩大机场仓库,以便目的地机场在单证转让之前有地方储存货物。空运现行制度是建立在不可转让的空运单和最小转运时间的基础上,以符合托运人、收货人商业上的需要。由于空运的特殊性,因此,在多式联运公约通过之前还没有研究一个与多式联运公约所要求的,能协调一致的最好办法。因而,从某种意义上说,暂时将空运的方式置于公约范围外是最好的办法。

案例一 美国联合包裹服务公司(UPS)

一、联合包裹开展电子商务的启示

美国联合包裹服务公司(UPS)是一家百年老字号,也是美国经济的支柱企业。在经过近一个世纪的运作之后,他们已经由一家拥有技术的货车运输公司,演变成拥有货车的技术型公司。这是一个突破性的变革,成功来自于UPS在数字时代来临时紧紧抓住了发展电子商务这一良机实现了由传统物流企业向电子物流企业的跨越。

商业界人士评价,当经济的原动力已从实物的传递转向大规模的信息电子化传递时,真正的赢家将是UPS这样二者兼具有的公司。

自从UPS于20世纪初开始在西雅图百货商店之间穿梭运送福特T形车和摩托车以来,它几乎已成为美国经济中一只无形的手。这家以深棕色为代表的公司,一直严格遵循着自己的成功的业务模式,并受到称赞。

几年前,联合包裹公司罢工事件使其竞争对手在15天内获取了共3.5亿美元的收入。事后,UPS感觉到,必须修复公司与驾驶员及不满客户之间的关系。同时,他们更深刻地认识到,公司日趋成熟的"棕色经营"虽然实现了在每个工作日投递1300万个邮包的创举,但却还不足以在正迈向全球化、知识化的物流业市场中竞争。必须摆脱企业曾墨守成规的经营模式,向电子物流发展,才有益于迎接世界商务的新浪潮。

早在20世纪80年代,UPS就决定创立一个强有力的信息技术系统。在最近10年中,该公司在技术方面投入110亿美元,配置主机、PC机、手提电脑、无线调制解调器、蜂窝通信系统等,并网罗了4000名程序工程师及技术人员。这种投入,不仅使UPS实现了与99%的美国公司和96%的美国居民之间的电子联系。同时,也实现了对每件货物运输即时状况的掌握。

UPS总裁兼首席执行官吉姆·凯里在解释传统供应链与电子供应链的区别时说,电子供应链改变了传统供应链的运行方向。在传统供应链中,供应商是将货物沿着供应链向最终用户的方向"推动"。这样的系统需要在仓库里储存货物,尽管这种做法并不合算。而电子供应链主张的是及时生产顾客所需的产品,而不需在仓储上耗费巨资。

在电子商务及新的在线购物系统中,顾客可从供应链的每个成员中"拉出"他们所需的东西获得更加快速而可靠的服务,而供应商也可减少成本。为了有效地实施拉动战略,企业必须改善供应链中的联系。UPS一直在争取使自己成为每位客户供应链中不可缺少的环节。在这个过程中,UPS成长为一家信息公司。目前,UPS可向顾客和供应链提供瞬间电子接入服务,以便查阅有关包裹运输和传递过程的信息。在1998年圣诞节前夕,有100万顾客访问UPS网站,查看所托货物的运送状况。节日期间,在线购物总量的55%是由UPS送达的。

UPS能够对每日运送的1300万个邮包进行电子跟踪。例如一个出差在外的销售员在某地等待某些样品的送达,他可以通过UPS安排的3COM网络系统中输入UPS运单跟踪号码,即可知道货物在哪里。当需要将货物送达另一个目的地时,可再次通过网络以及附近的蜂窝式塔台,找出货物的位置,并指引到最近的投递站。

UPS的驾驶员是公司大型电子跟踪系统中的关键人物。他们携带一块电子操作板,称作DLAD(运送信息获取装置),可同时捕捉和发送运货信息。一旦用户在DLAS上签收了包裹,信息将会在网络中传播。寄件人可以登录UPS网站了解货物情况。同时,驾驶员行驶路线的塞车情况,或用户需即时提货等信息也可发放给DLAD。

除利用网络对货件运送与监控外,利用其网络,公司还可以开拓新的综合商务渠道,既做中间商,又当担保人。UPS通过送货件、做担保及运货后向收件人收款,成为商务社会链中一个重要链接点。

UPS在电子商务领域内所取得的成绩受到广泛认可。《广告时代的商务营销》杂志将UPS的网站(WWW. UPS. COM)列为世界五大企业间商务网站之一。目前,该网站已采用16种语言提供服务。

二、联合包裹公司抢占中国快递

2001年4月初,一架带有UPS字样的波音747-200型飞机降落在北京国际机场。这架美国直抵中国的UPS飞机,标志的不是一条客运航线的开通,而是美国联合包裹运送服务公司的货运飞机获准直航中国,但对国内的速递企业、物流业来说,来的不仅是飞机。

1. 飞机只是货运的手段,而UPS的电子商务的作用远大于飞机

有数字显示,2000年圣诞节期间,美国有40%的圣诞节礼物是通过网络订购获得的。在中国,2250万的因特网用户中,有1/3的人在过去一年中通过网络购物。而对于现代企业来

说，通过电子商务，可以减少物资周转的时间、加快新资讯的传递、缩短资金的使用周期、大大降低企业生产成本。要满足现代企业的这一需求，传统的速递公司要依靠的就不仅仅是飞机，还要借助电子商务手段。正如UPS董事长兼首席执行官吉姆·凯利所言："电子商务不单单是生意上交流，我们通过电子商务所产生的非包裹运送服务大大拓展了公司的业务。"目前，UPS作为一家包裹快递公司已经在3年内为全球6万多客户提供在线采购和网上包裹跟踪。同时，借助网络，UPS的包裹快递概念已有了更广的涵义，如2000年1月，UPS将它的服务软件与另一家公司软件进行整合。整合后的软件使该公司的重要文件在因特网上传输时几乎不可能出现泄密事件。

2. 包裹快递贵在神速，直航中国开阔了国内对外贸易

中国近几年进出口贸易连年上升，这使得中国与世界的快递业务需求增长迅速。吉姆·凯利在一次同中国记者的见面会上不止一次地说到："直航中国带给UPS的不只是兴奋。"通过直航，UPS可以更合理的对货运飞机进行合理的装载控制，有效实行更多的服务项目。因航程的缩短，为客户节约费用，缩短运送时间。随着直航飞机的降落，每周会有6班货运飞机抵达北京、上海。到2001年年底，UPS的快递业务将遍及中国120个城市。中国直航权的取得，使UPS成为最快的空运快递公司之一，并领先于大多数竞争对手。

3. UPS代表着世界快递业进入中国的步伐将越来越快

综观UPS在中国的发展，1988年与中国外运集团签订合作协议，1996年6月在中国成立第一家合资企业，期间用了8年时间。如今刚刚过去5年，UPS的飞机获准直航中国。可以看出，以UPS为代表的世界快递公司进入中国的步伐正在加快。那么下一步做什么？吉姆·凯利先生对此的回答是："我相信，中国加入世贸之后，UPS有可能进入到中国国内包裹快递领域，具体时间现在不好确定。"

三、福特委托UPS运送汽车(电子物流)

美国福特汽车公司宣布，它将把其汽车产品的运送服务交给联合包裹公司(UPS)下的UPS的全球物流集团。这种合作业务关系要求UPS全球物流集团全权负责管理福特公司生产的福特牌和林肯牌小汽车在美国、加拿大、墨西哥三国的运送业务。UPS全球物流集团作为第三方物流公司并不是进行汽车产品的物质流动，而是代表福特公司进行系统性的管理，正如UPS全球物流集团首席执行官丹·迪马基所说："我们所要做的是设计福特的运送网络，推广新的管理实践、消除瓶颈，减少耽搁，并提供信息技术系统服务，以提高产品最终运送到消费者过程的监控能力。我们公司将这种服务视作从规模化运送系统服务向为单一车辆的展出和个性化服务的转弯。"

两家公司表示，希望双方建立这种合作联盟关系能够将汽车产品从生产厂到最终消费者的时间减少40%，将比目前4~15天减少若干天。福特公司希望这种转变将实现实质性的成本节约，即使不能完全实现其帮助的期望值。

福特的目标不仅仅是节省成本支出。福特公司负责原料、计划与物流的副总裁弗兰克·泰勒说："我们将速度视为重要的竞争优势，我们决定采取进一步的措施，我们希望走在时间的前面，通过追求速度和精确服务，来满足消费者的需求。"

将这项服务转交UPS全球物流集团实施还需要18个月时间，但福特公司希望立即见效。弗兰克·泰勒称，福特公司将在这场转弯服务的过程中实现库存减少和资金利用的有效改善。

他说:由于时间的浪费和难以实现精确的服务,给我们造成很大的损耗。虽然服务台有实施需要1年半时间,但我们可以在这个系统中的某些环节实现利润。

合作双方将提供以网络为基础的信息服务系统,使福特公司及其经销商能够跟踪单一产品从生产到最后运送的整个过程,最后,实现消费者也能使用这种跟踪服务。泰勒说:"福特用户的网上采购汽车产品,会惊喜地发现他们也能够利用网络这个工具来跟踪他们所购产品的运输过程。"

案例二　国际航空货物运输合同快递延误赔偿纠纷案

一、案由

原告:上海振华港口机械有限公司(以下简称上海港机公司)

被告:美国联合包裹运送服务公司(下称美国联合运送公司)

1993年7月20日上午,上海港机公司电话告知上海外贸仓储公司浦东储运公司(下称外贸浦东公司,系美国联合运送公司揽货点),表明其7月21日需快递一份文件至也门共和国参加投标。7月20日下午,外贸浦东公司交给上海港机公司一份运单号为38036552760的美国联合运送公司运单,由上海港机公司填写。该份运单印有《华沙公约》和它的修改议定书完全适用本运单、托运人同意本运单背面条款。运单还详细说明填写的12个步骤,其余应填事项未填写。7月21日上午,外贸浦东公司至上海港机公司取走托运的标书(该托运的标书送机场报关时,过磅重量为8公斤),并在运单上签字,表示认可收到上海港机公司的标书。上海港机公司随即汇付外贸浦东公司运费人民币1285元,其中1280.50元由外贸浦东公司结算付给美国联合运送公司。当日上午10时,美国联合运送公司所属浦东办事处人员取走了上海港机公司的托运的标书,并在美国联合运送公司收件代表签字栏签字认可,在托运日期一栏填写日期为1993年7月21日。

美国联合运送公司收到上海港机公司标书后,未在当天送往海关报关。次日,联合运送公司亦未能使托运标书报关出境。直至7月23日晚,美国联合运送公司才办理完托运标书的报关出境手续。托运人标书于7月27日到达货物运送地点。上海港机公司在得知标书在上海滞留两天半才离境,并未能在7月26日投标截止到日前运到的消息后,再次将标书的全部材料传真至也门共和国,期待传真投标文件被招标方确认,但未被认可。7月27日,上海港机公司致函美国联合运送公司香港总部,要求查清此事并予答复。同年8月10日,美国联合运送公司的协作单位中国外运上海空运部快件科以美国联合运送公司上海办事处经理的名义回函上海港机公司,承认此事主要延误责任在美国联合运送公司上海办事处,并称标书7月21日未送机场报关系因接另一客户至东京快件所致,7月22日标书未出境系因上海港机公司填写运单不当所致;承认美国联合运送公司上海办事处在此快件处理上犯有未严格按收件时间收件(收件截止时间为每日16时,而原告标书最后送至其时间为16时45分)、未仔细检查运单载明的货品性质、未问清限时送到的额外要求,对此表示遗憾。嗣后,上海港机公司多次致函美国联合运送公司,要求协商处理此事,美国联合运送公司未作答复。为此,上海港机公司于1993年12月25日向上海市静安区人民法院起诉。

原告上海港机公司起诉称:我公司为参加也门共和国港务局岸边集装箱超重件招标投标,于1993年7月21日上午委托被告美国联合运送公司办理标书快递,要求被告在7月25日前将标书投递到指定地,被告表示可如期送达。因被告经办人员疏忽,致使托运标书在沪滞留两天,于第三日才离沪,迟至7月27日下午到达指定地,超过7月26日的投标截止日期,致使我公司丧失投标机会,蒙受了较大的经济损失及可能得到的利润。请求法院判令被告退还所运费人民币1430元,赔偿经济损失10 360美元,并承担诉讼费用。

被告美国联合运送公司答辩称:双方虽明确约定托运标书到达日期。投送此件费时6天零5个小时,未超过国际快件中国至也门的4~7天的合理运输时间,故我公司无延误送达标书之事实。标书在上海滞留两个整天,系原告未按规定注明快件的类别、性质,由此造成我公司无法报关,责任在原告。即使我公司存在延误送达的事实,应予赔偿,亦应按《华沙公约》或其修改议定书规定的承运人最高责任限额赔偿。原告的诉讼请求无法律依据请求法院依法驳回。

二、审判

上海市静安区人民法院审理认为:被告美国联合运送公司作为承运人,理应迅速、及时地将原告上海港机公司所需投递的标书送达指定地点。1993年7月21日上午,接受标书后,未按行业惯例将标书于当日送机场海关报关,直至7月23日晚才将原告的标书报关出境,致使标书在上海滞留于2天半。被告的行为违背了快件运输及时的宗旨,属延误行为,被告应承担相应的民事责任。原告虽未按被告运单规定的要求填写运单,但作为承运人的被告,亦应认真审核,责任在被告。被告的延误送达之事实以及致使快件延期出境主要原因在于原告运单填写不适当的理由,不能成立。原告诉请被告退还运费及赔偿直接经济损失,缺乏法律依据。被告运单明确规定《华沙公约》和它的修改议定书完全适用其运单,故应视为原、被告双方当事人均《华沙公约》和它的修改议定书的约束,被告应按《华沙公约》和它的修改议定书规定的承运人最高责任限额赔偿原先经济损失。据此,依照《中华人民共和国民法通则》第一百四十二条;《修订1929年10月12日在华沙签订的统一国际航空运输规则的公约的议定书》第十一条之规定,该院对本案判决如下:

(1)被告美国联合运送公司在本判决生效后10天内一次赔偿原先上海港机公司经济损失2000金法郎,折成人民币为12 695.47元。

(2)原告上海港机公司其余诉讼请求,不予支持。

宣判后,原、被告双方当事人均未上诉,被告自动履行了判决。

三、评析

这是一起涉外航空快递标书延误引起的赔偿损失纠纷案。在审理中有两种不同意见:一种意见认为,被告美国联合运送公司不是《华沙公约》所称的航空运输商,而是运输代理商,故不具备承运人的主体资格,因此本案不适用《华沙公约》,而应适用《中华人民共和国涉外经济合同法》。原、被告双方当事人未书面明确约定托运物标书到达也门的具体时间,且标书费时6天零5小时到达也门,也未超越国际快件中国至也门的4~7天的合理运输时间,故产生的行为不构成延误。

第二种意见认为,被告出具并由原告填写、被告认可的运单,即属航空运输合同。原告是托运人一方,被告是承运人一方,应是该运单所确立的合同主体双方。同时,根据《华沙公约》

第三十条的规定,在一个航空运输中,可以有几个不同的连续承运人。本案被告作为第一承运人签订了合同,并已承担承运人的责任,如清关等,故被告作为承运人是有法律依据的,具备承运人的主体资格。衡量被告美国联合运送公司的承运行为是否延误,应从快递行业的性质、特点、惯例看。被告作为快递公司,其义务就是迅速、及时地将客户所需投递的快件案例送达。被告将原告托运递的标书在上海滞留2天半后才报关出境,其中虽有原告填写运单的问题,但与被告回函中所承认的延误事实却有直接因果关系,被告的行为显然有悖于其对托运人应尽的义务,被告的行为已构成延误,理应承担延误赔偿责任。因本案由快递标书引起的纠纷属航空运输,且当事人使用的运单背面条款明确规定适用《华沙公约》和经修改的议定书,应为原、被告双方当事人选择了解决合同争议所适用的法律。《中华人民共和国民法通则》第一百四十二条第二款规定:"中华人民共和国缔结或者参加的国际条约同中华人民共和国民事法律有不同规定的,适用国际条约的规定,但中华人民共和国声明保留的条款除外"。第一百四十五条第一款规定:"涉外合同的当事人可以选择合同处理争议所适用的法律,法律另有规定的除外"。《华沙公约》和它修改议定书,我国均已加入和批准,又为当事人所选择适用,故本案应适用该公约及其修改议定书的规定。该公约修改议定书第十一条第二项规定:"在运载登记的行李和载运货物时,承运人的责任以每公斤250法郎为限,除非旅客或托运人在交运包件时,曾特别声明在目的地交付时的利益并缴付必要的附加费;如登记的行李或货物的一部分或行李、货物中的任何物件发生遗失、损坏或延误,用于决定承运人责任限额的重量,仅为该一包件或该数包件总重量"。此规定表明,航空货物运输的承运人对登记的行李、货物发生遗失、损坏或延误所应承担的赔偿责任,采取的是承运人最高责任限额赔偿原则。据此,原告在运单上填写的总重量为8公斤,故被告应按此重量赔偿原告2000法郎(华沙公约规定的币值单位,又称金法郎)。判决采纳了第二种意见,是正确的。

思考题

1.《华沙公约》适用于哪些运输?
2. 简述空运单的性质和主要作用。
3. 简述空运单的主要内容。
4. 简述华沙公约对托运人和收货人的义务和责任的规定。
5. 契约承运人和实际承运人的关系是什么?

第十一章　多式联运货损事故处理

货损货差事故是货物运输中经常发生的，这就产生了受损方向责任方要求损害赔偿，责任方根据受损方提出的赔偿要求进行处理的索赔和理赔工作。

货物的索赔和理赔是一项十分重要的工作，应根据贸易合同、运输合同，双方订立的协议，并参阅有关国际惯例，才能正确处理货损货差事故。

第一节　提出索赔的原则

货物的索赔和理赔是一项政策性较强、涉及面较广、情况复杂，并具有一定法律原则的涉外工作。因此，在实际工作中，应坚持实事求是，有根有据，合情合理，区别对待，讲究实效。

实事求是，就是应根据所发生事故的实际情况，分析造成事故的原因，确定损失程度和金额。也就是说该索赔的，必须坚持原则行使索赔权利。

有根有据，是处理货物索赔的基础，在向承运人或其他有关当事人提出索赔时，应掌握造成货损事故的有力证据，并依据合同有关条款、国际惯例提出索赔。

合情合理，就是从所发生的事故中合理确定责任方应承担的责任和赔偿金额，必要时也可作出一些让步，其目的主要能使货损事故合理地、尽早地得以处理。

区别对待，就是应根据我国的对外政策，对方的态度和有关业务往来，根据不同对象，有理、有利、有节，采取不同方式区别处理。

讲究实效，是指在货损事故索赔中注重实际效果，充分注意保护自身的经济利益、政治利益，以及对外影响和业务发展。

国际贸易、运输中货物索赔的提出一般有这样几种情况：货物数量或件数的缺少或货物残损、灭失；货物的质变或货物实际状况与合同规定的要求不符；承运人在货物运输途中没有适当地保管和照料货物；货物的灭失、损害属保险人承保的责任范围内等。因此，根据货物发生灭失或损害的不同原因，受损方提出索赔的对象也是不同的。

如果货物是由于下列原因造成灭失或损坏；

(1)原装货物数量不足；

(2)货物的品质与合同规定不符；

(3)包装不牢致使货物受损；

(4)未在合同规定的装运期内交货；

(5)唛头不清等。

上述原因造成的货损或灭失收货人凭有关部门、机构出具的鉴定证书向发货人(卖方)提出索赔。

如果货物是由于下列原因造成灭失或损坏：

(1)在卸货港交付的货物数量少于提单中所记载的货物数量；

(2)收货人持有正本清洁提单提取货物时,货物发生残损、缺少,且系承运人的过失；

(3)发生货物的灭失或损害是由于承运人免责范围以外的责任所致等。

上述情况则由收货人或其他有权提出索赔的人凭有关部门,机构出具的鉴定证书向承运人提出索赔。

如果货物的灭失或损害属下列范围：

(1)承保责任范围内,保险人应予赔偿的损失；

(2)承保责任范围内,由于自然灾害或意外原因等事故使货物遭受损害；

(3)在保险人责任期限内。

上述情况则由受损方凭有关证书、文件向保险公司提出索赔。

不论是哪一种原因发生的索赔案,也不管是向谁提出索赔,一项合理的索赔必须具备下列原则：

1. 提赔人要有正当提赔权

提出货物索赔的人原则上是货物所有人,或提单上记载的收货人或合法的提单持有人。此外,还可能是货运代理人或其他有关当事人。

2. 责任方必须负有实际赔偿责任

事实上,索赔方提出索赔并非都能得到赔偿,如属于承运人免责范围之内的,或属保险人承保责任外的货损,在很大程度上是不能得到赔偿的。

确定或证明责任方负有实际赔偿责任的文件通常有：

(1)卸货记录；

(2)检验报告；

(3)交货记录；

(4)残损记录；

(5)合同责任条款等。

3. 索赔时应具备的单证

(1)索赔申请书。是表明受损方向责任方提出赔偿要求,主要内容包括：

①索赔人的名称和地址；

②船名、抵港日期、装船港及接货地点名称；

③货物有关情况；

④短缺或残损情况；

⑤索赔日期、索赔金额、索赔理由。

(2)提单。是划分责任方与受损方责任的主要依据,在提出索赔时,索赔人应出具提单正本或其影印本。

(3)货物残损检验证书。是受损方针对所发生的货损原因不明或不易区别时,向检验机构申请对货物进行检验后出具的单证。

(4)货物残损单。是对货物运输、装卸过程中货物残损所作的实际记录,受损方依据经责任方签署的货物残损单提出索赔。

(5)索赔清单。主要列明货损事故所涉及的金额,通常按货物的到岸价计算。

另外,提出索赔时应出具的单证还有商业发票、短损单、修理单等。

4. 赔偿的金额必须是合理的

合理的赔偿金额是以货损实际程度为基础。

但是,在实际中责任方则往往受赔偿责任限额的保护,如:承运人的赔偿可享受提单中的赔偿责任限额,保险人的赔偿以保险金额为基础。

5. 在规定的期限内提出索赔

一项有效的索赔必须在规定的期限内提出,这就是通常所说的"索赔时效"。否则,货物的损害即使确由责任方的过失所致,索赔人提出的索赔在时效过后很难得到赔偿。

第二节　海运货损事故处理

一、海运货损事故的确定

由于海上风险的存在和货物运输过程中涉及很多环节的作业之特点,海上货物运输事故的发生实属难免。虽然可根据有关合同条款、法律、公约等规定,对所发生的货损事故进行处理。但是,在实际处理过程中,受损方与责任方之间往往会发生争议。一般而言,海运货损事故虽有可能发生于各个环节,但很大程度上是在最终目的地收货人收货时或收货后才被发现。

当收货人提货时,如发现所提取的货物数量不足,外表状况或货物的品质与提单上记载的情况不符,则应根据提单条款的规定,将货物短缺或损坏的事实,以书面的形式通知承运人,或承运人在卸港的代理人,以此表明提出索赔的要求。如果货物的短缺或残损不明显,也必须是在提取货物后规定时间内,向承运人或其代理人提出索赔通知。

在海运货损事故索赔或理赔中,提单、收货单、过驳清单、卸货报告、货物溢短单、货物残损单、装箱单、积载图等货运单证均可作为货损事故处理和明确责任方的依据,对海上承运人来说,为保护自己的利益和划清责任,应该妥善处理这些单证。

通常,货运单证的批注是区分或确定货运事故责任方的原始依据,特别是在装货或卸货时,单证上的批注除确定承运人对货物负责的程度外,有时还直接影响到货主的利益,如能否持提单结汇,能否提出索赔等。

由于海上风险多变,因而也是造成货运事故的主要原因之一。凡船舶在海上遭遇恶劣气候的情况下,为明确货损原因和程度,应核实航海日志、船方的海事声明或海事报告等有关资料和单证。

货运事故发生后,收货人与承运人之间未能通过协商对事故的性质和程度取得一致意见时,则应在共同同意的基础上,指定检验人对所有应检验的项目进行检验,检验人签发的检验报告是确定货损责任的依据。

二、提出索赔的程序

海上货运公约,如:《海牙规则》、《维斯比规则》,业已生效的《汉堡规则》,以及各船公司的提单条款,一般都规定货损事故发生后,根据运输合同或根据提单有权提货的人可向承运人或其代理的提出书面通知，声明保留索赔权，否则承运人或其代理人将免除责任。

无论是根据《海牙规则》还是航运习惯，一般都将交付货物时是否提出书面货损通知看作是否按提单记载事项将货物交付给收货人的推定证据。也就是说，即使收货人在接受货物时未提出书面通知，以后也可根据货运单证上的批注，或检验人的检验证书，作为相反的证据提出索赔。而且，即使收货人在收货时提出了书面通知，但在提出具体索赔时，也必须出具原始凭证，证明其所收到的货物不是清洁提单上所记载的在外表良好状况下接受装船的货物。因而，索赔方在提出书面索赔通知后，应尽快地备妥各种有关单证，然后向承运人或其代理人提出货损索赔要求。

货物一旦发生灭失或损坏，通常由收货人向承运人或其代理人提出索赔。但是，当收货人根据货物保险条款从承保货物的保险人那里得到了赔偿后，保险人可代位（指代替收货人）向承运人或其代理人进行追偿。

三、索赔单证

作为举证的手段，索赔方出具的索赔单证不仅可证明货损的原因、种类、程度，还可确定最终责任方。海运中使用的主要货损索赔单证有：

1. 索赔申请书或索赔清单

索赔方一旦正式向承运人递交索赔申请书或索赔清单，则意味着索赔方正式提出了索赔要求。因此，如果索赔方仅仅提出货损通知，而没有出具作为举证手段的货运单证和向承运人递交索赔申请书、索赔清单，事实上可解释为索赔方并没有提出正式索赔要求。

2. 提单

提单既是货物收据、交货凭证，又是确定承运人与收货人之间责任的最终证明，是收货人提出索赔依据的主要单证。

3. 过驳清单或卸货报告、货物残损单和货物溢短单

4. 重理单

重理单是对货物件数或其他有疑问时，承运人或货主要求复查而做的单证，是复查结果的证明文件。

提出索赔时使用的其他单证还有：货物发票、修理单、装箱单、拆箱单等。

四、权益转让

货物在海上运输过程中一旦发生灭失或损害，此项货物灭失或损害系由承运人的过失造成时，通常由收货人向承运人提出索赔，但也有时收货人根据提货单或保险合同，直接向保险人提出赔偿。当收货人从保险人那里得到赔偿后，则通过签署一份权益转让证书，将向承运人提出的索赔权利转让给保险人，保险人凭以向承运人进行索赔。该份权益转让书的主要内容为：我们（收货人）将对该货物的权利和利益转让给你们（保险人），我们授权给你们并以我们的名义向有关政府、企业、公司或个人提出你们认为合适的赔偿要求或法律上的诉讼。有关这方面你们所需要的文件，我们可随时提供。

五、担保与扣船

如货损由承运人的过失所造成，责任已明确，证据也充分，且损害金额较大。作为受损方

除做好一般正常的索赔工作所需要的各种手续外,为保证索赔得以顺利了结,可在船舶离港前采取保全措施,要求船方提供担保。这种担保分现金担保、银行担保、担保函三种方式。

现金担保由承运人或船东保赔协会汇给索赔人一定数额的现金作担保,以后的索赔款项可在保证金内支付。

银行担保和担保函都是书面担保形式,前者由银行出具,后者一般由船东保赔协会出具。

如受损方认为通过正常途径不能取得担保,则可采取扣船措施,即在责任方(承运人)未提供担保前,向法院或有关当局申请扣押船舶,不准船舶离港。但采取扣船措施时,必须慎重,以防因扣船措施不当而产生不良的影响及不必要的纠纷和经济损失。

六、索赔的受理与审核

索赔的受理与审核系承运人的一项理赔工作,是海上货物运输全过程中一个很重要的组成部分。这是因为货物运输质量的好坏直接关系到理赔工作。在运输质量好的情况下,索赔案件就会减少,理赔工作也会随之而减少。

一般来说,国外提赔人往往是通过国外代理提出索赔,由运输货物的承运人受理,承运人在国外的代理无权处理,除非经承运人委托或授权。

1. 分清责任

承运人在处理索赔时,首先应分清发生货损的原因和应承担的责任范围。当受损方向承运人提出某项具体索赔时,承运人可根据提单中有关承运人的免责条款解除责任。因此,在索赔和理赔过程中,往往会发生举证和反举证。原则上,受损方要想获得赔偿,必须予以举证,而责任方企图免除责任减少责任,则必须予以反举证和举证,反举证是分清货损责任的重要手段,有时在一个案件中会多次进行,直到最终确定责任。

2. 审核

审核是处理货损事故仔细且重要的工作,在从事理赔工作时主要审核的内容有:

(1)索赔的提出是否在规定的期限内,如果期限已过,提赔人是否已要求展期;

(2)提出索赔所出具的单证是否齐全;

(3)单证之间有关内容是否相符,如:船名、航次、提单号、货号、品种、检验日期等;

(4)货损是否发生在承运人的责任期限内;

(5)船方有无海事声明或海事报告;

(6)船方是否已在有关单证上签字确认;

(7)装卸港的理货数量是否准确。

3. 承运人免责或减少责任应出具的主要单证

承运人对所发生的货损欲解除责任,或意图证明自己并无过失行为,则应出具有关单证对所发生的货损不承担或少承担责任。除前述的收货单、理货计数单、货物溢短单、货物残损单、过驳清单等货运单证外,承运人还应提供:

(1)积载检验报告;

(2)舱口检验报告;

(3)海事声明或海事报告;

(4)卸货事故报告。

4. 索赔金的支付

通过举证与反举证，虽然已明确了责任，但在赔偿金额上未取得一致意见时，则应根据法院判决或决议支付一定的索赔金。关于确定损失金额的标准，《海牙规则》并没有作出规定，但在实际业务中大多以货物的 CIF 价作为确定赔偿金额的标准。

第三节　水运货损事故处理

根据《水路货物运输规则》的规定，货运质量事故是指：自货物承运验收开始至货物运达目的地向收货人交付货物时止，由于承运人的责任，在装卸、运输、保管过程中所发生的货物灭失、短缺、损坏、质变，以及在运输过程中所发生的件数或重量短少等。货损的范围是指：由于火灾、爆炸、落水、海损等原因导致货物的损坏、灭失，以及在装卸、运输、保管货物过程中，由于操作不当，保管不善而引起的货物破损、受潮、变质、污染等。货差的范围系指：由于错转、错交、错装、错卸、漏卸，以及货运手续办理错误等原因而造成的有单无货或有货无单等单货不符，件数或重量溢短等差错。

一、货损事故记录编制

所谓“事故记录”，是对货运事故发生经过或事实的记录。编制该记录时必须认真严肃，并能反映事故的真实情况，以便作为分析事故原因，确定责任的依据。由交通部统一规定的事故记录有三种，即货运记录、港航内部记录和普通记录。

1. 货运记录

货运记录是记载承运人和货物托运人之间责任的记录。根据有关规定，货运记录的编制，除起运港对装船前发生的并由其负责受理赔偿的部分事故可由起运港编制外，其余的货运记录均由到达港编制。在实际中，当发生下列情况之一时，则应编制货运记录：

(1)货物品名、件数、标志与运单记载标志不符；

(2)货物灭失、短少、变质、污染、损坏；

(3)有货无票或有票无货。

货运记录必须使用印有编号的规定格式，按每一运单编制，并由记录编制人及收货人共同签章。

2. 港航内部记录

港航内部记录是承运部门与各港之间的内部记录，主要记载事故的原始情况，对外不发生效力，不交给收货人。货物在装卸、运输、保管过程中遇有下列情况之一时，港口应在事故发生或发现的当时会同船方编制港航内部记录：

(1)货物的灭失、损坏、污染、腐烂、变质；

(2)件数溢短、单货分离、单货不符；

(3)标志脱落或不清，包装破损或经过整修等。

虽然港航内部记录对外不发生效力，但它却是承运人内部各环节之间判明责任和采取保证质量措施的依据，同样具有重要作用。

3. 普通记录

普通记录是承运人向发货人或收货人提供证明的记录，不涉及承托双方之间的责任事项，遇有下列情况时，应编制普通记录：

（1）货物托运人自理装船并按舱封或装载现状与承运人进行交接的货物，以及其他封舱（箱）运输的货物，发生非属承运人责任的货物灭失、短少、变质、污染、损坏和内容不符；

（2）托运人随附在货物运单上的单证丢失；

（3）托运人派人押运的货物和押运货物发生非属承运人责任所造成的损失；

（4）收货人要求证明与货物数量、质量无关的其他情况。

上述三种记录在不同的范围内起着不同的作用，是判明、检查与运输全过程有关的各方在履行各自的权利、义务和责任方面的重要书面依据。因此，对记录内容的填写力求准确、真实，并应按照统一规定的格式作具体、详细的记录。

二、货损事故的确定

货运事故一旦发生后，承运部门应查明事故真相、分析原因，划清责任，为货运事故处理提供可靠的依据。事故记录是进行调查的书面依据之一。此外，还必须查询有关资料，其内容和范围可视事故的性质和产生事故的条件来确定，主要包括在承运、中转、到达等各个环节上的有关内容记载（如交接清单、船图），以及有关货运单证上的批注、发货人事先声明等。

此外，在确定事故原因的损失程度方面，还可借助各种技术进行化验、测定、试验等。

三、货损事故的处理

货物抵目的港后，一旦发生货损货差，水运部门应负赔偿责任。然而，凡属于下列原因引起的货运事故，水运部门不承担任何赔偿责任：

（1）不可抗力；

（2）货物的自然特性和潜在缺陷；

（3）货物自然耗损或合理耗损，以及托运人确定货物重量不准确所致；

（4）包装不牢或包装材料不足；

（5）标志不清、漏列；

（6）非运输部门责任造成的损失；

（7）托运人自行押运货物，因照料不当造成损失，以及动物疾病、死亡等；

（8）经承运人举证，或经合同管理机关查证非属承运人过失造成的损失。

承运人在接到索赔人提出的赔偿要求时，则应审查：

（1）索赔人提出索赔的时效；

（2）索赔人的合法身份；

（3）索赔应具有的单证等。

对经审查不合规定的赔偿要求，承运人则应向索赔人说明理由，并退回赔偿要求书。

水运货损事故处理的时效，自货运记录编写的次日起 180 天，受理人应在接到索赔要求 60 天内作出答复。货损赔偿金额原则上按实际损失金额确定。

第四节　铁路货运事故处理

在铁路货物运输中，凡涉及铁路与发货人、收货人之间，或参加运送铁路间、铁路内部各单位间发生货物损害时，应在事故发生当日编制记录，作为分析事故原因，确定责任的原始证明和处理赔偿的依据。

一、货损事故记录编制

货运事故记录分商务记录、普通记录、技术记录三种。

1. 商务记录

商务记录在货物运送过程中对发生的货损、货差或其他不正常情况的如实记载，是具体分析事故原因、责任和请求赔偿的基本文件。在商务记录中，应确切地记载货物的实际情况和运送当时发现的不良状况，以及发生货物损坏的原因。记录中应列举事实，而不应包括关于责任问题和发生损失原因的任何判断。同时，对商务记录各栏内容应逐项填记。

遇有下列情况之一，应编制商务记录：

(1)发现货物的名称、重量、件数等同运单和运行报单中所记载的事项不符；

(2)货物发生全部或部分灭失或损害，或包装破损；

(3)有货无票或有票无货；

(4)由国境站开启装有危险货物的车辆时。

商务记录必须在发现事故的当日编制，并按每票货物分别编制。如果运送同一发货人和同一收货人的同一种类的货物时，准许在到达站对数批货物编制一份商务记录。

接受商务记录的铁路部门，如对记录有异议，则应从收到记录之日起 45 天内，将异议通知编制商务记录的人。超过这一期限则被认为记录业已接受。

2. 普通记录与技术记录

货物运送过程中，如发现上述属商务情况以外的情况时，如有需要，车站应编制普通记录，普通记录不作为赔偿的依据。

当查明货损原因系车辆状况不良所致，除编制商务记录外，还应按该货损情况编制有关车辆状态的技术记录，并附于商务记录内。

二、确定事故的赔偿

1. 赔偿请求的提出与受理

发货人、收货人均有权根据运输合同提出赔偿要求。发货人必须以书面形式向发送站提出赔偿要求时，该代理必须出示发货人或收货人的委托书，以证明这种赔偿请求权是合法的。委托书应该根据赔偿请求按铁路的法令和规章办理。

自赔偿请求提出之日(凭发信邮局戳记或铁路在收到提出的赔偿请求书出具的收据为凭)起，铁路必须在 180 天内审查此项请求，并对赔偿请求人给予答复。

2. 索赔的依据及有关文件

索赔人在向铁路部门提出赔偿要求时，必须同时出具下列文件：

(1)一旦货物发生全部灭失,由发货人提出赔偿时,发货人应出具运单副本,如由收货人提出赔偿时,则应同时出具运单副本或运单;

(2)货物发生部分灭失或质变、毁损时,收货人、发货人均可提出索赔,同时应出具运单以及铁路到达站给收货人的商务记录;

(3)货物发生运输延误时,应由收货人提出赔偿,并提交运单;

(4)对于承运人多收运送费用的情况,发货人可按其已付的款额向承运人追回多收部分的费用,但同时应出具运单副本或铁路规定的其他有关文件。如由收货人提出追回多收费用的要求,则应根据其支付的运费为基础,同时还需出具运单。

在提出索赔的赔偿请求书上,除应附有运单或运单副本外,在适当情况下还需附商务记录,以及能证明货物灭失、损坏和货物价值的文件。

3. 索赔请求时效

凡根据运输合同向铁路部门提出的索赔,以及铁路对发货人,收货人关于支付运费、罚款的赔偿要求应在9个月内提出,有关货物运输延误的赔偿,则应在2个月内提出。上述时效的计算方法是:

(1)关于货物损坏或部分灭失以及运输延误的赔偿,自货物交付之日或应交付之日起计算;

(2)关于货物全部灭失的赔偿,自货物按期运到后30天内;

(3)关于补充支付运费、杂费、罚款的要求,或关于退还此项款额的赔偿要求,则应自付款之日起计算。如未付款时,从货物交付之日起计算;

(4)关于支付变卖货物的货款要求,则自变卖货物之日起计算。

第五节　公路货运事故处理

一、货损事故责任的确定

公路承运人对自货物承运时起至交付货物期间内所发生的货物灭失、损害系由于装卸、运输、保管以及交接过程中发生运输延误、灭失、损坏、错运等负赔偿责任。

(1)货损。货损是指货物磨损、破裂、湿损、变形、污损、腐烂等。

(2)货差。货差是指货物发生短少、失落、错装、错卸、交接差错等。

(3)有货无票。货物存在而运单及其他票据未能随货同行,或已遗失。

(4)运输过失。因误装、误卸,办理承运手续过程中的过失,或漏装、过失等。

(5)运输延误。已接受承运的货物由于始发站未及时运出,或中途发生变故等原因,致使货物未能如期到达。

造成货损货差的其他原因,还有破包、散捆、票据编制过失等。

对下列原因造成的货损事故,公路承运人不承担赔偿责任:

(1)由于自然灾害发生的货物遗失或损坏;

(2)包装完整,但内容业已短少;

(3)由于货物的自然特性所致;

(4)根据卫生机关、公安、税务机关有关规定处理的货物;
(5)由托运人自行保管、照料所引起货物损害;
(6)货物未过磅发生数量短少;
(7)承托双方订有协议,并对货损有特别规定者。

二、货损事故记录的编制

货损货差商务事故记录的编制过程,一般根据下列要求进行:
(1)事故发生后,由发现事故的运送站或就近站前往现场编制商务记录,如系重大事故,在有条件时还应通知货主一起前往现场调查,分析责任原因;
(2)如发现货物被盗,应尽可能保持现场,并由负责记录的业务人员或驾驶员根据发现的情况会同有关人员做好现场记录;
(3)对于在运输途中发生的货运事故,驾驶员或押运人应将事故发生的实际情况如实报告车站,并会同当地有关人员提供足够的证明,由车站编制一式三份的商务事故记录;
(4)如货损事故发生于货物到达站,则应根据当时情况,会同驾驶员、业务人员、装卸人员编制商务记录。

三、货损事故的赔偿

受损方在提出赔偿要求时,首先应做好赔偿处理手续,具体做法如下:
(1)向货物的发站或到站提出赔偿申请书;
(2)提出赔偿申请的人必须持有有关票据,如:行李票、运单、货票、提货联等;
(3)在得到责任方给予赔偿的签章后,赔偿申请人还应填写"赔偿要求书",连同有关货物的价格票证,如:发票、保单、货物清单等,送交责任方。
在计算货损货差的金额时,主要有三种情况:
(1)发货前的损失,应按到达地当天同一品类货物的计划价或出厂价计算,已收取的运费也应予以退还;
(2)到达后损失,应按货物运到当天同一品类货物的调拨价计算赔偿;
(3)对价值较高的货物,则应按一般商品调拨价计算赔偿。

第六节 保险理赔

一、保险合同下的保险索赔

保险人与被保险人之间的保险合同形式习惯上是以保单来体现的。保单具有法律效力,对双方当事人均有约束。一份有效的保单必须载明这样一些基本内容:
(1)当事人的名称和地址;
(2)保险标的;
(3)保险风险和事故的种类;
(4)保险金额;

(5)保险费;

(6)保险责任开始的日期、时间和保险期限;

(7)订立合同的日期。

除上述事项外,其他事项可由保险人和被保险人协商后加注在保险单上。

在海运进出口贸易中,如果货物的灭失或损害系发生在保单规定的责任范围内,被保险人可向保险人提出补偿要求。被保险人在提出保险索赔时,应做好下列一些工作:

1. 损失通知

被保险人得知保险的货物业已发生损害,应立即通知保险人。保险人在接到损害通知后,应采取相应的措施,如:对货物损害的程度进行检验;提出施救办法;确定保险责任;追查第三方责任等。检验完毕后应取得检验报告,作为保险人日后进行追偿的重要凭证。

2. 向承运人等有关方提出索赔

被保险人或其代理人在提货时发现货物受损,除向保险人报损外,还应立即通知承运人、商检、海关、港务当局等有关方,并索取有关货损的证明。在规定的期限内,及时向责任方提出索赔,同时保留追偿权利,必要时申请延长索赔时效。

3. 采取合理的施救措施

被保险的货物一旦发生货损事故,被保险人应对货物采取必要的施救措施,以防止损失进一步扩大。因抢救、阻止或为减少货损的措施而支付的合理费用,可由保险人负责,但以不超过该批被救货物的保险金额为限。

4. 备妥必要的索赔单证

被保险的货物经过检验,并办妥承运人等第三方的赔偿手续后,应立即向保险人或其代理人提出赔偿要求,在提出索赔时,通常提供下列单证:

(1)保险单或保险凭证正本;

(2)运输合同,包括海运提单或陆路运单;

(3)货物的商业发票;

(4)检验报告、海事报告记录;

(5)有关货损、货差的证明;

(6)索赔清单等。

总之,在保险理赔处理中,审核索赔方提出的索赔内容是一项很仔细且重要的工作,归纳起来,审核如下主要内容:

(1)索赔单证、证书、文件是否齐全;

(2)单证上的内容记载是否相符;

(3)货损是否发生在承保责任范围内;

(4)提单上有无批注;

(5)有无海事声明、海事报告、检验报告、残损单等。

二、保险损害赔偿原则的确定

保险合同是保险人对承保责任范围内的保险标的发生损害时负责赔偿的合同。根据保险合同确定损害赔偿的基本原则是:

(1)被保险人对保险标的必须具有保险权益,否则不能依据保险合同提出赔偿;

(2)保险合同内的标的必须具有损害发生的事实,而且,所发生的损害与运输风险有关;

(3)赔偿不是保险标的归还,而是在经济上给予补偿;

(4)同一标的不能向两家以上不同的保险公司投保,否则属重复保险,保单无效。如果投保人在不了解具体做法的情况下,同时在两家以上保险公司投保,则应在从其中一家得到赔偿后作出声明,否则会构成欺骗行为。

在保险理赔中,很多货损事故索赔均涉及第三者的责任,此种索赔的原则应遵循:

(1)凡属发货人的过失所致,如:货物残损、数量短缺、包装不牢等,则由收货人直接申请检验出证,并及时将商检证书和有关单证备妥,在规定的期限内向发货人提出索赔;

(2)如货物的损害是由于承运人过失所致,收货人根据承运人的签证,申请检验出证,连同有关货运单证交卸货口岸的保险公司或船公司代理;

(3)涉及国内装卸和运输部门责任的货损事故,收货人应立即向有关责任方取得货运记录,直接向其提出索赔,或向保险人提出索赔;

(4)因在国内负责中转由于运输安排过失造成的货损货差事故,收货人应向责任方提出索赔,保险人不负责任。

三、损害赔偿保险责任范围

货物赔偿责任范围主要根据保险人与被保险人订立的保险合同中的条款来确定,一般有三种情况:

1. 平安险的责任范围

(1)被保险的货物在运输途中因恶劣气候、雷电、海啸、地震、洪水等自然灾害造成货物全部损失或推定全损;

(2)由于运输工具遭受搁浅、触礁、沉没、碰撞、火灾、爆炸等意外事故造成货物全部或部分损失;

(3)在货物装卸或转运时由于一件或数件货物落海造成的全部或部分损失;

(4)被保险人对承保责任内的货物遭受危险时采取抢救,或为防止或减少货损的措施而支付的合理费用,但以不超过该批货物的保险金额为限;

(5)运输工具遇难后,在避难港由于卸货所引起的损失,以及在中途港、避难港由于卸货、储存、运送所产生的特殊费用;

(6)共同海损分摊和救助费用;

(7)运输合同或提单上订有“船舶互碰责任”条款,根据该条款应由货方偿还船方的损失。

2. 水渍险的责任范围

除包括上述平安险的各项责任外,还负责被保险货物由于恶劣气候、雷电、海啸、地震、洪水等自然灾害造成的部分损失。

3. 一切险的责任范围

除包括上述平安险、水渍险的各项责任外,还负责被保险货物在运输途中由于外来原因所致的全部或部分损失。

对由于下列原因造成的货损,保险人不予赔偿;

(1)被保险人的故意行为或过失造成的货损；

(2)属于发货人的过失责任；

(3)在保险责任开始前,被保险货物业已存在品质不良或货物数量短缺；

(4)被保险货物的自然损耗、自然特性、内在缺陷、市价跌落、运输延误等引起的损失或费用；

(5)附加险条款规定的责任范围和除外责任。

案例一　多式联运货物灭失赔偿案

一、案例背景

原告:匈牙利雁荡山国际贸易责任有限公司。住所地:匈牙利布达佩斯

被告:香港富天船务有限公司。住所地:香港

被告:以星航运有限公司。住所地:香港

1994年10月4日,原告雁荡山公司作为买方与温州市进出口公司签订一份售货确认书,购买一批童装,数量500箱,总价为68 180美元。1995年2月有11日,温州市进出口公司以委托人身份将该批童装装于一40英尺标箱内,交由富天公司所属“金泉”轮承运。富天公司加封铅,箱号为SCXU5028957,铅封号11021,并签发了号码为RS－95040的一式3份正本全程多式联运提单,厦门外轮代理公司以代理身份盖了章。该份清洁记名提单载明:接货地厦门,装货港香港,卸货港布达佩斯,收货人为雁荡山公司。提单正面管辖权条款载明:提单项下的纠纷应适用香港法律并由香港法院裁决。提单背面条款6(1)A载明:应适用《海牙规则》及海牙《维斯比规则》处理纠纷。1995年2月23日,货抵香港后,富天公司将其转至以星公司所属“海发”轮承运。以星公司在香港的代理新兴行船务公司签发了号码为ZIMUHXG166376的提单,并加封号码ZZZ4488593的箱封。富天公司收执的提单上载明副本不得流转,并载明装货港香港,目的港科波尔,最后目的地布达佩斯,收货人为富天公司签发的正本提单持有人及本份正本提单持有人,通知人为本案原告雁荡山公司,并注明该箱从厦门运至布达佩斯,中途经香港。1995年3月22日,以星公司另一代理R. 福切斯传真雁荡山公司,告知集装箱预计于3月28日抵斯洛文尼亚的科波尔港,用铁路运至目的地布达佩斯,而布达佩斯有两个堆场,让其择一。原告明确选择马哈特为集装箱终点站。3月29日,以星公司将集装箱运抵科波尔,博雷蒂诺铁路运输公司出具运单,该运单载明箱号、铅封号以及集装箱货物与以星公司代理新兴行船务有限公司出具给富天公司的提单内容相同。4月12日,R. 福切斯依照原告雁荡山公司指示,将箱经铁路运至目的地布达佩斯马特集装箱终点站。4月15日,雁荡山公司向R. 福切斯提交富天公司签发的一份正本提单并在背面盖章。6月6日,雁荡山公司提货时打开箱子发现是空的。同日,匈牙利铁路公司布达佩斯港口出具证明,集装箱封铅及门锁在4月15日箱抵布达佩斯寿洛科沙里路时已被替换。

1995年11月28日,雁荡山公司第一次传真R. 福切斯索赔灭失的货物,1996年1月2日,R. 福切斯复函称,已接马哈特集装箱终点通知货物被盗之事。以星公司两家代理R. 福切斯和香港新兴行船务公司来往函电中也明确货物被盗,并函复富天公司厦门代理及托运人温州市进出口公司。后雁荡山公司多次催讨,三方协商未果。

1996年4月10日,原告雁荡山公司向厦门海事法院起诉称:本公司所买货物由卖方作为托运人装于集装箱后交第一被告富天公司承运,富天公司签发了全程多式联运提单。提单上载明接货地厦门,卸货地匈牙利布达佩斯,收货人为我公司。富天公司将货运至香港后,转由第二被告以星公司承运。以星公司承运至欧洲后由铁路运至匈牙利布达佩斯马哈特集装箱终点站。1995年6月6日,我公司作为提单收货人提货时发现箱空无货,故向两被告索赔此货物灭失的损失以及为此而支出的其他合理费用。第一被告富天公司作为全程多式联运承运人应对全程负责。第二被告以星公司作为二程承运人应对货物灭失负连带责任。

被告富天公司未在答辩期内答辩。在庭审时提出管辖权异议和答辩理由,称:依所签发的提单,提单项下的纠纷就适用香港法律并由香港法院裁决。根据提单背面条款,收货人应在提货之日后3天内提出索赔通知,并应在9个月内提起诉讼,否则,承运人便免除了所应承担的全部责任。收货人未向我公司提出书面索赔,又未在9个月内提起诉讼,已丧失了索赔权利。又据《海商法》第八十一条的规定,集装箱货物交付的次日起15日内,收货人未提交货物灭失或损坏书面通知,应视为承运人已完好交付货物的初步证据。我公司早签发了多式联运提单,但以星公司在1995年2月23日签发了转船清洁提单,并在上加铅封,应说明货物交付以星公司时完好。此后货物发生灭失,依照联运承运人对自己船舶完成的区段运输负责的国际海运惯例,第二被告以星公司作为二程承运人应对本案货物灭失负责。请求驳回原告对我公司的起诉。

被告以星公司在答辩期内未答辩,庭审时才辩称:我公司作为二程承运人已履行了义务。我公司依照原告的指示由代理人将货交由雷蒂诺铁路运输公司承运,该公司以陆路承运人身份签发了铁路运单,运单上显示铅封完好,可见我公司作为二程船承运期间货物是无损交予陆路承运人的。在此后,货物已非我所控制、掌管。且正本提单的交付意味着承运人交货和收货人收货,货物的掌管权也在此时转移,收货人并无异议。4月5日货抵马哈特站,我公司代理人收回了提单,收货人6月6日才发现箱空无货,即集装箱在堆场存放了52天,这一期间不属我公司的责任期。我公司与原告无直接合同关系,不应对原告的货物灭失承担责任。另外,集装箱运输是凭铅封交接,我公司接收、交付装货集装箱时铅封均完好,故应由托运人对箱内货物起初性负责。

二、案例审判

厦门海事法院经审理还查明:原告为诉讼已支付律师代理费人民币4万元。对富天公司在庭审时才提出的管辖权异议,厦门海事法院认为,其此时才提出管辖权异议,已超过了《中华人民共和国民事诉讼法》第三十八条规定的异议期间,不产生异议的效力,因而当庭驳回了富天公司的异议。

厦门海事法院认为:富天公司签发的全程多式联运记名提单有效。富天公司作为多式联运经营人应对货物的全程运输负责。以星公司签发给富天公司的提单属实,其作为区段承运人应对自接受货物始至实际交付之日期间的货物负责。以星公司早收回了雁荡山公司交付的记名提单,但其未能提供充分证据证明已履行了实际承运人适当义务将货物完好无损地交付给本案原告,故对其与各提单收货人雁荡山公司之间存在的实际运输合同关系应予认定。雁荡山公司作为记名提单项下的收货人有权在本院对多式联运经营人或区段承运人提起诉讼,其主张的货物灭失以及由此而引起的其他合理损失,经查证属实。富天公司与以星公司对雁荡山公司货物灭失的损失均负有赔偿义务,并在此赔偿范围内负连带责任。

据此,依据《中华人民共和国海商法》第六十三条、第一百零四条、第一百零五条及《中华人民共和国民事诉讼法》第二百三十七条、第二百四十五条的规定,于1996年7月23日判决如下:

(1)告富天公司、以星公司应赔偿雁荡山原告雁荡山公司货物灭失损失68 180美元及自货物应当交付之日,即1996年6月6日始至实际赔付之日止的利息,按中国人民银行同期贷款利率计。

(2)上述两被告赔偿原告因货物灭失提起诉讼而支出的律师费4万元人民币。

(3)上述两被告对其赔偿连带负义务责任,并应在本判决生效后10天内赔付。若逾期赔付,按《中华人民共和国民事诉讼法》第二百三十二条规定处理。

一审判决后,两被告均不服,以其在一审庭审时答辩的理由上诉至福建省高级人民法院。

福建省高级人民法院经审理,查明的事实与一审认定的事实一致。经在此基础上主持调解,当事人自愿达成如下协议:

(1)以星公司赔付雁荡山公司货物5万美元。

(2)富天公司赔付雁荡山公司损失5000美元。

(3)一审诉讼费11 000元人民币由雁荡山公司负担,二审诉讼费11 000元人民币由以星公司负责。

福建省高级人民法院认为此协议符合法律规定,予以确认,于1997年1月19日发了调解书。

三、案例评析

本案是一起国际货物多式联运合同引发的纠纷。多式联运合同,是指多式联运经营人以两种以上的不同运输方式,其中一种是法律上运输方式,负责将货物从接收地运至目的地交付收货人,并收取全程运费的合同。国际货物多式联运是伴随国际货物集装箱运输的发展而发展起来的,其单据多表现为多式联运提单。多式联运提单是国际货物多式联运的证明,也是承运人在货物接收地接管货物和在目的地交付货物的凭证。本案中富天公司发给雁荡山公司的提单即为多式联运提单。

本案共有三个运输区段,运输形式涉及海运和铁路运输,由三个承运人共同完成运输任务。这就使案件的事实认定显得复杂。其中产生了两个较有争议的问题:

1. 集装箱货物的起初性问题

本案被告曾援引提单中的CY－CY条款(即从起运地至装船港的堆场至目的地或卸船港堆场的集装箱交接方式)进行抗辩,认为本案货物是由托运人自行装箱的,承运人无权也无义务对箱内货物进行检查,集装箱运抵布达佩斯马哈特集装箱终点站时封铅完好,10余日后,收货人雁荡山公司开箱提货发现箱子是空的,这只能证明箱子是空的,而不能说明箱内货物被盗。换言之,本案存在集装箱内本来就没有货物的可能性。根据民事诉讼"谁主张、谁举证"的举证原则,被告认为托运人托运的集装箱内可能并无货物,应举出充分确凿的证据。但本案的两个被告均无法举出相应证据证明空箱的事实。而匈牙利铁道公司布达佩斯港口寿洛科沙里路时铅封已被替换。根据国际航运惯例,在集装箱运输方式中,由托运人负责装箱的货物,从装箱托运后至交付收货人时的期间内,如集装箱箱体和封志完好,箱内货物损坏或短缺,由托运人负责;如箱体损坏或封志破坏,箱内货物损坏或短缺,由承运人负责。对以上事实,富天公司与以星公司关于货物起初性的质疑,应予否定。

2. 集装箱货物灭失产生的区段

以星公司认为其在将集装箱运抵目的地堆场,收回多式联运经营人签发的提单后,其运输和交货义务即告终止,此后发生的货物损坏或灭失应由收货人原告自行负责。查明的事实是,富天公司将集装箱完好交付以星公司,以星公司在将箱子运抵目的地堆场前,箱封志已经被替换。因此,货物灭失的区段与以星公司运输的区段正好吻合。此外,1995 年 3 月 22 日以星公司的代理 R. 福切斯传真要求收货人在布达佩斯的两堆场中择一,收货人选择了马哈物集装箱运输终点站。根据航运惯例,承运人收回正本提单只是作为其向收货人交付货物的一个必要条件,集装箱运抵目的堆场后,收货人提货前这段期间,货物仍在承运人掌管之中,承运人仍有义务保管照料货物起到将其交给收货人。若收货人未及时提货,承运人在交付货物时可以向收货人收取额外的堆存和保管费用,但不免除其对货物应负的责任,起到将货完好交付收货人。本案的集装箱运抵目的地后,收货人雁荡山公司虽向以星公司提交了正本提单,但货物仍堆放在承运人堆场里,故不能视为承运人已交货。

四、本案要解决的问题

1. 多式联运经营人与区段承运人的责任分担形式问题

货物在运输过程中发生灭失,是由多式联运经营人负责,还是由区段承运人负责赔偿? 国际上对此主要有三种形式。

第一是责任分担制,即多式联运经营人与区段承运人仅对自己完成的运输负责,各区段适用的分段原则,按适用于该区段的法律予以确定。

第二种是网状责任制,即多式联运经营人对全程负责,而各区段承运人仅对自己完成的运输区段负责。各区段适用的责任原则适用于该区段的法律予以确定。

第三种则是统一责任制,即多式联运经营人对全程运输负责,而各区段承运人仅对自己完成运输区段负责。但不论损害发生在哪一区段,多式联运经营人或各区段承运人承担相同的赔偿责任。在以上三种多式联运经营人责任形式中,网状责任制和统一责任制都能较好地保护托运人或收货人的利益。因为不论货物损害发生在哪一运输区段内,托运人或收货人均可向多式联运经营人索赔。而责任分担制实际上是单一方式运输损害赔偿责任制度的简单叠加,不能适应国际货物多式联运的要求,故实践中极少采用。《联合国国际货物多式联运公约》(未生效)采用统一责任制,国际上已用的《联运单证统一规则》则采用网状责任制。我国海商法对国际货物多式联运基本上实行网状责任制。

基于国际航运惯例及我国海商法的规定,本案采用网状责任制。本案查明货物灭失发生在以星公司运输的区段,但富天公司作为联运经营人不能免除对全程运输负责的责任,以星公司作为区段承运人亦应对在其运输的区段发生的货物灭失负责。

2. 两被告承担的连带责任问题

按我国民法的规定,在连带之债的关系中,如果债权人有权请求数个债务人中的任何一个履行全部债务时,这种债务称为连带债务,连带债务人所负的责任就称为连带责任。其除了必须符合民事责任构成的 4 个要素外,还有 4 个特殊的构成要件:(1)连带民事责任的责任人一方必须有两人或两人以上;(2)连带民事责任的债务必须是不可分割的;(3)连带民事责任的客体必须是种类物;(4)连带责任必须有法律规定或当事人的约定。很显然,网状责任制就是连带责任的一种表现形式,它能充分保护托运人或收货人的利益,原告可以向应对全程运输负责的多式联运经营人索赔,也可以要求在本区段运输中致货物灭失的区段承运人承担赔偿责任,故富天公司与以星公司对原告的损失应承担连带赔偿责任。

3. 收货人提起索赔的诉讼时效问题

富天公司签发给雁荡山公司的提单背面条款6(4)F载明:如果承运人交付的货物灭失或损害不明显,收货人应在提货之日后连续3日内书面提出索赔;6(4)G规定,只要收货人不在交货后9个月内就货物损害或灭失提起诉讼并将此事的书面通知送交承运人,承运人便应被解除根据提单所应承担的全部责任。简言之,收货人应在提货后3日内提出书面索赔,并在9月内提起诉讼,本案两被告均以此提出抗辩,认为即使货物灭失发生在其运输区段内,原告之诉讼请求也已过了诉讼时,不应受到法律保护,应予驳回。

提单中对收货人对货物损坏或灭失提起索赔时效的约定是否采纳,是航运界及海商法学界一个较有争议的问题。一种意见认为,提单中关于延长或缩短诉讼时效的规定应视为提单当事人的特别约定和意思表示,国际航运惯例中也常有这种现象,考虑到与国际惯例接轨,应当尊重这种特别约定。另一种意见认为,这种缩短诉讼时效(海商法定为1年)的约定与延长诉讼时效的约定一样,是与现行法律规定相违背的,不应采纳。根据我国的立法原则,允许当事人就合同的某些条款作出特别约定,但不得与现行法律相抵触。本案采纳了后一种观点,未采纳当事人之间关于缩短诉讼时效的特别约定。这并不排除将来准许这种做法的可能性。但从目前的法律角度来说,诉讼时效制度为一种强制性规范制度,不属当事人在合同中可约定的内容,这样认识不失其严肃性和可取性。

4. 关于本案的管辖权异议问题

本案第一被告在庭审时提出了管辖权异议,认为根据提单的约定,双方产生的纠纷应由香港法院管辖、一审法院根据《民事诉讼法》第三十八条的规定,认为富天公司未在法定的管辖权异议期间(提交答辩状期间)提出管辖权异议,在庭审时才提出此异议,违反了管辖权异议必须在法定期间提出的规定,应视为其无异议或放弃异议的行使,庭审中才提出异议,是无效的。据此,当庭驳回了富天公司的管辖权异议。

5. 关于本案的法律适用问题

根据本案提单的约定,应适用香港法律或者《海牙规则》及《海牙—维斯比规则》处理本案。但在庭审中,被告无法证明适用上述规范的结果与适用中国法律有什么不同。况且中国海商法的规定与《海牙规则》、《海牙—维斯比规则》的规定基本相同。富天公司在其诉讼主张中所援引的也是《中华人民共和国海商法》的规定。故本案最终适用了《中华人民共和国海商法》的规定。两被告在上诉讼中也未提出法律适用的问题,说明其也同意适用《中华人民共和国海商法》处理本案。

五、案例启示

根据我国《海商法》第二百六十九条的规定,“合同当事人可以选择合同适用的法律”,所以,本案活动提单中关于法律适用的条款,应当是有效的条款。但本案最终未适用当事人选择的法律,而是适用了提单签发地、货物起运地所在的中国法律;并且这种国际多式联运合同并不属于限制当事人选择法律自由的合同。本案的这种做法是否适当呢?

应当认为,本案出现的这种情况,实际上是提出了一个关于法律适用的具体新问题,深入研究。在一般情况下,如果合同不属法律限制当事人选择法律的合同范畴,且是明确可以执行的,受案法院应当尊重当事人的选择,认可合同的准据法条款的效力,并以当事人能否证明所选择的法律。而本案发生的情况是,提单条款虽有约定法律适用的内容,但提单正面管辖权条款中记明适用香港法律,背面法律适用条款却记明适用《海牙规则》及《海牙—维斯比规则》,而且并未指明各自用于解决合同的哪一方面的问题,即实际上是仍把合同作为一个整体同时适用两种法律,这是有违民事关系法律适用的分割选择和不可分割选择制的(分割选择是指将合同分割成几个方面的问题,分别选择选择其各自要适用的法律。不可分割选择是指只把合同作为一个整体选择其所要适用的法律。不可分割选择是指只把合同作为一个整体选择其所要适用的法律。前者即合同的不同问题分别适用不同国家或地区的法律,可以为两种及两种以上法律,后者只受一个国家或地区的法律的支配)。这在审判中实际上是无法执行的。因此,除非当事人在合同签订后及至诉讼时重新约定要么适用香港法律,要么适用《海牙规则》及《海牙—维斯比规则》,要么将合同分成几个方面的问题分别适用不同的法律,否则,合同约定的准据法不能得到适用。本案当事人之间没有这种重新约定,法院无法执行合同准据法条款,即应如外国法的查明所遵循的按法定方法不能查明应转而适用法院地法的原则一样,本案应转而适用法院地法。

另外,按合同管辖条款的约定,合同纠纷应由香港法院管辖。但原告却向提单签发地、货物起运地的厦门海事法院起诉,实际上就有避开香港法院管辖和避免香港法律适用的意思。被告之一富天公司作为提单签发人在其陈述中也未引用合同中选择的准据法,而是引用了中国的《海商法》,实际上是以积极明示的行为选择适用中国法。由此可见,双方当事人的行为实际上是放弃了合同准据法条款的适用,而另行选择了法院地法。一审法院依中国《海商法》作出判决后,两被告虽然不服,但在上诉中均未提出准据法适用不当的问题,也进一步说明他们是认可法院地法的适用。

总结本案,在涉外民事关系法律适用问题上,可以确立这样一个原则,即对法律允许当事人选择准据法的合同中的准据法条款,如果是无法执行的条款,而当事人又未作出新的确定性约定的,受案法院可适用法院地法处理该合同纠纷。

案例二　倒签提单侵权损害赔偿案

一、案例背景

1991年8月7日,原告厦门中贸进出口有限公司与日本三井签定了进出口日本产310吨聚丙烯的销售合同。约定价格条件为成本加运费、保险费价(CIF厦门)、总价款248 000美元,起运港为日本主要港口,目的港为厦门,装船期为1991年9月。根据合同,日本三井负责订舱,原告则向厦门农行申请开立了不可撤销,以日本三井为受益人,有效期为1991年10月15日的即期信用证。9月25日,日本三井传真原告,要求修改信用证装船期。因原告已就该批进口货物与华扬公司签定了转售合同,故在征得其同意后,通过厦门农行将信用证装船期修改为不迟于1991年10月30日,有效期相应修改为1991年11月15日。

1991年10月10日,日本三井传真原告,称已安排"安涛江"轮承运货物,预计该轮于10

月27日或28日驶离日本神户，约11月2日抵达厦门。“安涛江”轮系被告广州远洋运输公司所属往返于厦门与神户的定期班轮，因风浪影响了船期，该轮第89航次于1991年10月30日始从厦门起锚，11月6日抵神户，11月7日装货完毕，转入第90航次。但被告在日本的代理人SEINA船务株式会签发的证明原告进口货物已装上“安涛江”轮的612号提单的装船时间却为1991年10月31日。倒签7天的结果使该提单的装船期与信用证的规定在表面上吻合起来。

1991年11月10日，“安涛江”轮抵厦门港。厦门外代随即通知原告。根据该轮到港时间，原告初步确认被告倒签了提单，便于11月12日和26日两次传真日本三井，批出不能接受倒签的提单，要求其根据市场行情将货物每吨降价50美元，以赔偿这一侵权行为给原告造成的损失，否则拒收货物。日本三井对原告的要求迟迟不复，却于1991年11月14日向日本东海银行提交了信用证项下的全部单据。

1991年11月25日，单据寄到厦门农行。原告和厦门农行均发现发票和包装单上存在两个不同的合同号，此外还有个别字母有误。这时日本三井仍未对原告的交涉作出反应。为稳妥起见，原告以单证不符为由要求厦门农行拒付货款。11月30日，厦门农行将不符点电告日本东海银行。12月9日，该行将更改后的单据寄到厦门。因此时信用证有效期已过，厦门农行表示不予接受。1992年1月15日和18日，日本三井用电传回复原告，以倒签提单一事予以否认，催促原告付款提货。与此同时，日本东海银行也对“不符点”提出反驳，认为该“不符点”不影响单据效力，不能构成拒付等，要求厦门农行按照国际惯例行事，立即付款。厦门农行经研究，认为日本东海银行的观点成立，遂于1992年2月14日将货款付出，同时划扣了原告在该行的外汇存款。

厦门农行付款后，日本三井停止了与原告就此事所进行的接触。此时由于货物入境已愈3个月仍未申报，海关依法有权变卖。为避免这一情况的发生，原告于1992年3月9日凭副本提单加其公司保函去厦门外代换取了小提单，4月17日办完报关等手续，4月25日将货物提离港区。在此期间，原告去厦门农行补办了付款手续，赎出了正本提单。

1992年4月8日，原告对被告提起诉讼，请求厦门海事法院判令被告赔偿其货款损失248 000美元及其利息；自行处理该批货物并赔偿原告因提货而支付的费用。5月，被告对原告的起诉作了答辩，认为原告对其“没有诉权”，因“要案完全是买卖双方间的纠纷，与船东无关”。在此情况下，原告为减少损失而决定销售货物。但由于这一时期价格下跌，故仅得货款人民币(下同)1 667 987.50元，比其原定与华扬公司的成交额少356 312.50元。为此，原告向法院提出变更诉讼请求书，要求判令被告赔偿其货物销售损失356 312.50元及利息；赔偿其支付的海关滞报金和货物在码头的费用及仓租费等约400 000元。

被告认为：被告是在船舶遇恶劣天气，耽误了船期的情况下，接受日本三井的保函后倒签提单的，并非与之恶意串通。根据该标货物的提单条款，被告作为承运人在其责任期间内，原告尚未取得正本提单，也就无货物所有权可言，因此被告与原告不存在契约关系，上述倒签提单条款构成对原告的侵权。即使考虑到日本神户至厦门是短航程运输，且厦门外代已同意原告凭副本提单加保函提货这一事实，原告诉称的各项损失也与被告无关：(1)原告在得知倒签提单后并未向被告提出索赔，而是依据买卖关系直接与日本三井交涉，且在主张拒收和要求降价间犹豫不决，拖至1992年4月17日始报关提货，而此时被告的运输责任早已终止，也不可能再就此事采取任何积极措施。因此,原告销售货物的差价损失完全是拖延提货所致;(2)该批货物滞留厦门港时间过长而发生的相关费用以及缴纳的海关保证金、货物仓租等也同样是因为原告处置不当造成的;(3)原告与厦门华扬公司就该批货物所签订的买卖合同未能履行,则是因为该合同与其进口合同不能互相衔接所致,与被告无关。

二、对几个争议问题的分析

1. 原告对被告有无诉权

被告认为,提单是货物的物权凭证,本案中其接受日本三井的订舱,承运货物至厦门,签发的是"凭指示"提单。这种提单的收货人是不固定的,谁拥有正本提单,谁才享有物权,只有正本提单持有人才与承运人具有法律上的权利义务关系。而且根据提单条款,承运人的责任期间是起运港集装箱堆场到目的港集装箱堆场,只有在此期限内,正本提单持有人才有权对承运人主张权利。本案中,被告的承运责任期间已于1991年11月13日"安涛江"轮抵厦门港卸货完毕时终止。而此时正本提单仍在日本三井手中。因此,在其责任期限内与原告不存在契约关系,倒签提单与原告无关。因此原告对其没有诉权。

根据本案的情况,被告的这一辩称是不能成立的。首先,本案中原、被告并非没有契约关系。根据国际班轮运输的法律关系,提单是承运人和托运人订立运输合同的证据。当该托运人同时是货物的卖方时,那么他必然依据销售合同将提单背书转让给收货人。这样,提单就成为承运人和收货人(买方)之间的运输合同了,本案正是如此:日本三井既是托运人,又是货物的卖方;原告则既是收货人,又是货物的买方。实际业务中,由于短航程运输船期较快,收货人往往不可能在货物到港之前或到港同时收到提单。但这并不影响收货人基于提单而与承运人之间业已确立的运输合同关系。被告关于原告对其没有诉权的辩称所以不能成立,从逻辑上说是犯了偷换概念的错误:即撇开日本三井和原告所具有的双重法律地位,把国际海运中与承运人存在运输合同关系的收货人概念换成"提单持有人",然后得用单据流转滞后造成的货到单未到的时间差,并借助提单的"责任期间"条款,从否认与原告存在契约关系的角度认其享有的诉权。其次,从诉的法律关系看,原告对被告也有诉权。因为其提起的是侵权之诉,根据我国民法原理,侵权之诉并非要依附于合同。本案中,被告接受日本三井的保函,倒签提单,其法律后果是帮助日本三井掩盖了逾期装船的事实,使其在违约的情况下获取了本不应获取的原告的全部货款。因此,被告的行为直接侵害了原告的合法权益,理所当然应受到原告的追究。

2. 原告的损失与被告倒签提单有无直接因果关系

被告辩称,由于海上货物运输与货物买卖是两种不同的法律关系,原告在发现倒签提单后,只能依据其中一种法律关系要么追究日本三井的违约责任,要么在规定的期限内向被告提出索赔。本案中,原告先是依据与日本三井的买卖关系进行交涉,不成后方向被告提起诉讼。而根据提单条款,此时被告的承运责任期限早已终止,也不可能再就此问题采取任何补救措施,因此,原告诉称的损失完全是其索赔不当,延迟提货造成的,与被告倒签提单无直接的因果关系,故不能承担赔偿责任。此外,被告还对原告与华扬公司的转卖合同提出异议,认为即使其不倒签提单,原告也不可能按时交货。

被告的这一辩称也是不能成立的。因为它未能正视倒签提单的严重性质,站在局外人的立场上否认了其侵权行为与本案事实的发生和发展的必然联系。

(1)根据国际惯例,收货人在得知其进口货物的提单被倒签之后,可以有条件的接受货物;也可以拒收货物;也可以在接受货物后根据损害情况提出索赔。权利如何行使,取决于收货人对自身利益的权衡利弊。本案中,原告在确认提单被倒签后,即于1991年11月12日通过协商形式与日本三井交涉,根据市场行情要求日本三井降价销售,否则拒收货物,由于日本三井对此迟迟不予答复,原告可以理解为日本三井可能会收回货物,也可能会降价销售,致使该批货物的归属在客观上处于未确定状态,这段时间原告不予提货是正确的。原告是在接到日本三井1992年1月18日否认倒签提单,催促付款的电传后开始行使拒收权的,同时继续与日本三井交涉。1992年2月14日厦门农行对外付款,日本三井停止了与原告的接触,表明事情已无法协商。此时货物仍滞留在码头,不仅费用不断增加,而且由于已超过报关期限,海关已有权提取变卖。原告是在这种情况下才决定报关提货的。因此而支付的与货物存放时间有关的港口费用、保证金等完全是被告倒签提单引起的侵权纠纷造成的。

提货后,鉴于被告在答辩中称此事"与船东无关",原告又出于与提货同样的动机将货物售出。但由于行情下跌,销售所得未能达到原定售给华扬公司的成交额。因此这一差价损失也是被告倒签提单造成的。至于仓租费,扣除原告原定履行与华扬公司转售合同时而须承担的部分,其余多支付的费用也与倒签提单有直接关系。

(2)倒签提单是承运人与托运人合谋欺骗收货人的行为。根据国际惯例,收货人既可以要求托运人承担责任,也可以要求承运人承担责任。本案中,原告开始试图用协商方式处理纠纷,因日本三井已得到货款,致使协商不成。原告遂决定以承运人为被告提起诉讼,要求追究提单签发者的责任。这种选择符合法理,也符合国内外的诉讼实践。被告援引提单条款,认为原告无权在承运责任期间终止后就货物运输问题向其索赔,这实质上是把因货损货差引起的运输责任与倒签提单的侵权责任混同起来。根据法理和国际惯例,倒签提单作为一种欺诈行为,承运人一旦实施,便失去了享受该提单所赋予的责任限制、免责等权利。因为从运输合同的角度讲,可以认定该提单本身就是承运人伪造的单据,故不具法律效力。事实上,被告也并非不知倒签提单的严重性质,否则便不会要求日本三井出具保函。至于原告起诉时,被告已很难再对此采取补救措施的问题,即便如此,也只能视为是被告倒签提单所应预见并承担的风险,否则,就不能解释其为何要索取保函。

(3)该批货物是原告代华扬公司进口的。洽谈中华扬公司与日本三井也有接触。日本三井要求修改信用证装船期,原告是在征得华扬公司的允许后才同意的。但华扬公司也清楚神户到厦门的航程,故他们认为"安涛江"轮抵厦时间太迟,由于当时市场行情下跌迅猛,除非降价和支付违约金,否则他们是不会接受的。据此,不难认定被告倒签提单直接影响了原告履行与华扬公司的转售合同。

三、原告是否已尽最大的努力避免损失的扩大

原告在表示拒收货物后,出于减少损失的动机又将货物提取变卖,既然如此,就存在一个合理时间提货问题,日本三井是在1992年1月15日和18日传真原告否认倒签提单的,表明其不会考虑降价销售问题。特别是在厦门农行对外付款,日本三井停止了与原告的联系后,则进一步表明其完全不可能再来处理这批货物。如果说原告已考虑到避免损失的扩大而决定先提货,那么其最迟应当在2月底办完报关提货手续。在这之前的码头费用和保证金系被告倒签提单引起侵权纠纷造成的,而之后的费用则应认为是原告未及时提货所造成的扩大的损失,并且迟延提货对接下来的销售也会产生一定的影响,也就是说,原告诉称的货物销售差价损失中,有一部分也应认定为是其未及时提货造成的。

四、处理结果

1994 年 7 月 25 日,厦门海事法院作出判决:本案当事人双方的民事权益纠纷因被告在国际海上货物运输中的倒签提单所引起。原告作为进口货物的买方和提单的被通知人,已申请开立了不可撤销的即期信用证,在日本三井将被告签发的已装船提单空白背书提交议付行之后,其提单收货人的法律地位便已确立。原告就被告倒签提单所造成的损失享有向被告行使诉讼的权利。原告在得知倒签提单后,曾基于买卖关系向日本三井索赔未果,又以国际海上运输的法律关系对被告提起诉讼,这种行为是原告行使索赔权利的选择,并未违反法律规定和国际惯例。被告关于原告起诉时提单条款约定的承运人运输责任期间已经终止等辩称不能成立。被告不正当履行承运人的义务,在签发载明原告进口的货物提单时,违反国际惯例,倒签装船时间,严重损害了原告的利益,故应承担赔偿责任。原告在确认提单被倒签并表示若降价可以接收货物时,亦有义务避免损失的扩大,由于原告报关提货的时间有所迟延,对已实际发生的损失亦应承担相应责任。原告诉称的港口和仓租费用损失中,有些系非计时收取的成本支出,与被告倒签提单无关,故不予支持。据此,依据《中华人民共和国民法通则》第五条、第一百零六条、第一百三十四条第七项的规定,并参照国际惯例,判决如下:

(1)被告广州远洋运输公司赔偿原告厦门中贸进出口有限公司 CKXM—612 号提单项下的货物销售款损失 237 541.66 元及利息损失 135 000.37 元;

(2)被告广州远洋运输公司赔偿原告厦门中贸进出口有限公司因提货而支付的货物堆存费、超期费、移动费损失计 60 706.67 元及其利息损失 12 823.86 元;

(3)被告广州远洋运输公司赔偿原告厦门中贸进出口有限公司因报关而支付的海关保证金(滞报金)45 085.33 元及利息损失 9630.97 元;

(4)被告广州远洋运输公司赔偿原告厦门中贸进出口有限公司因仓储 CKXM—612 号提单项下的货物而支付的仓租费损失 3668.75 元;

(5)原告厦门中贸进出口有限公司自行承担其余损失 252 228.48 元。判决后,原、被告双方均未上诉,判决发生法很效力。

思考题

1. 简述多式联运货损货差提出索赔的原则。
2. 简述索赔函应包括的内容。
3. 简述海运中使用的主要货损索赔单证。
4. 简述铁路货损事故记录的编制。

附　　录

附录一　常用集装箱多式联运词汇(中英对照)

agency	代理
animal and plant quarantine	动植物检疫
apply to the customs	报关
arrival notice	到达通知
average agreement	海损协议书
barge carrier	载驳船,子母船
basic service ports	主要停靠港
berth	泊位
bill of lading(B/L)	提单,海运提单
bill of lading original	提单正本
booking	订舱
booking container summary	集装箱订舱总单
booking list	订舱清单
booking note(B/N)	订舱单,托运单
box rates	包箱费率
broken	破损
bulk container	散货集装箱
buyer	买方,付款人
cargo delivery notice	提货通知
cargo manifest	货物舱单,运货单
cargo tracer	货物查询单
carrier	承运人
carrier haulage	承运人接运
carrier pack	承运人装箱
cell	箱格
CFS to CFS	集装箱货运站到货运站
CFS to CY	集装箱货运站到集装箱堆场
CFS to door	集装箱货运站到门
chassis	底盘车

check digit	核对数字
CIM	国际铁路货物运输公约
class rate	分级运费率
clause paramount	首要条款
clean bill of lading	清洁提单
clean shipping document	清洁货运单证
CMR	国际公路货物运输公约
collapsible container	折叠式集装箱
combination rate	联运费率
combined transport B/L	联运提单
combined-transport operator(CTO)	联运经营人
commodity Inspection	商品检验
common carrier	公共承运人
common law	习惯法,不成文法律
concealed damage	隐藏损坏
confirmed booking	确定订舱
consignee	收货人
container	集装箱,货柜
container freight station(CFS)	集装箱货运站
container cargo	集装箱货
container load plan(CLP)	集装箱装箱清单
container loading list	集装箱装箱清单
container number list	集装箱号码单
container rehandling report	集装箱翻舱报告
container ship	集装箱船
container terminal	集装箱码头
container unit train	集装箱专用列车
container unloading list	集装箱卸箱清单
container yard(CY)	集装箱堆场
containerization	集装箱化
contents unknown	内容不知,内货不详
conventional vessel	常规船
convertible container ship	集装箱杂货两用船
copy of B/L	提单副本
cost and freight(C&F)	成本加运费价格
cost,insurance and freight(CIF)	成本加运费保险费价,到岸价格
CY to CFS	集装箱堆场到货运站
CY to CY	集装箱堆场到堆场

CY to door	集装箱堆场到门
damage	破损
dangerous cargo list	危险货物清单
declare	申报
defective	(集装箱箱体)异常
delivery order	交货单
delivery record	交货记录
demurrage	滞期费
dented	凹损
devanning	拆箱
devanning report	拆箱报告单
dock apron	码头前沿
Dock receipt	场站收据
Door to CFS	门到集装箱货运站
door to CY	门到集装箱堆场
door to door	门到门
dry cargo container	干货集装箱
duplicate	副本
early termination clause	提前终止条款
empty container	空箱
equipment receipt(EIR)	设备交接单
equipment receipt in(out)	设备交接(交出)单
export declaration	出口申报单
export permit	出口许可证
face clause	提单正面条款
feeder port	集散港,支线港
feeder service	支线运输
fiber glass reinforced plastic container	玻璃钢集装箱
final destination	最终目的地
flat bed trailer	平板式拖车
flat car	平板车
flat rack container	板架式集装箱
forklift	叉车,铲车
fragmental transport	分段运输
free alongside ship(FAS)	船边交货
free carrier(FRC)	货物交指定地点承运人价格
free on board(FOB)	船上交货,离岸价格
free time	免费存放期限

freight all kinds(FAK)	均一费率,不分品种运价
freight forwarder	货运代理人,货运公司
freight liner	定期货运列车
freight and insurance paid to. (CIP)	运费和保险费付至目的地价格
freight paid to. (CPT)	运费付至目的地价格
freight ton	计费吨
front-handling mobile crane	集装箱正面吊运起重机
frontier health and quarantine	国境卫生检疫
full container load(FCL)	集装箱整箱货
full container ship	全集装箱船
gantry container crane	集装箱门式起重机
gate	大门
group carnage, transportation in groups	成组运输
Hague Rules	《海牙规则》
Hague Visby Rules	《海牙—维斯比规则》
Hamburg Rules	《汉堡规则》
handling charge	装卸费,搬运费
high cube container	大型集装箱
hook	吊钩
immediate transportation	即运
import permit	进口许可证
import/export tariff	进口/出口税率
incidental liabilities and expenses	附带责任和费用
inland depot	内陆货运站
inland transportation charge	内陆运输费
inspection certificate	检验证书
insulated container	保温集装箱
insurance	保险
interior post type container	内柱式集装箱
intermodal operator	多式联运经营人
International Convention for safe Container(CSC)	国际集装箱安全公约
International Maritime Organization(IMO)	国际海事组织
International Multimodal Transport Convention	国际多式联运公约
international standardization Organization(ISO)	国际标准化组织
inward manifest	进口舱单
joint rate	联合运输费率
land bridge	陆桥,大陆桥
lashing operation	加固(捆扎)作业

LCL service charge	拼箱服务费
less than container load cargo(LCL)	拼箱货
letter of credit(L/C)	信用证
letter of guarantee(L/G)	银行担保书,保函
lift on/lift off(LO/LO)	吊上吊下方式
lighter aboard ship(LASH)	拉西型船,载驳船
liner	班轮
loading and unloading line	装卸线
loading list	装货清单
local clause	地区条款
local devanning(LD)	当地拆箱
local repair(LR)	当地修理
local vanning(LV)	当地装箱
maintenance shop	维修车间
mates receipt(M/R)	大副收据
micro-bridge	微型陆桥
mini-land bridge	小陆桥
mixing rate	混装费率
mobile crane	移动式起重机
non-vessel operator	无船承运人
ocean freight	海运运费
on board B/L	装船提单
on deck/liberty clause	装载甲板自由条款
open side container	侧壁全开式集装箱
open-top(bard top)container	开顶(硬顶)集装箱
open-top(soft top)container	开顶(软顶)集装箱
outside post type container	外柱式集装箱
overland transit empty	外地空箱回送
overland transit full	外地装货回运
pallet	托盘,货板
pen container	牲畜集装箱
pick up charge	提箱费
piggyback trailer on flat car	背负式集装箱运输
place of delivery	交货地点
place of receipt	接货地点
Protection and Indemnity Associations or Club(P &I)	保赔协会
quayside container crane	岸边集装箱起重机
rail division	铁路费用

rail wagon	铁路货车
ramp	跳板
received B/L	待装提单
refrigerated container	冷藏集装箱
repair shop	修理车间
road vehicle	公路车辆
roll on/roll off(RO/RO)	滚装方式
round the world service	环球运输
rubber-tired transtainer	轮胎式集装箱龙门起重机
seal	铅封
semi-container ship	半集装箱船
semi-trailer tractor	半挂车牵引车
service charge	服务费
shipped B/L	已装船提单
shipper load and count	由托运人装箱并计数
shipper pack	由托运人装箱
shipping charge	装船费
sort fall freight	亏舱运费
side door container	侧开门集装箱
slot	箱位
special cargo list	特种货物清单
spreader	集装箱吊具
storage charge	保管费,仓储费
stowage plan	货物配载图
straddle carrier	跨运车
surcharge(or additional)	附加费
tally sheet 理货单	附加费
tank container	罐式集装箱
terminal	码头
terminal handling charge	装卸费用
terminal port	终点港
through B/L	联运提单
tractor	牵引车
transfer crane	搬运起重机
transtainer	集装箱龙门起重机
twenty foot equivalent unit(TEU)	20 英尺集装箱换算单位
unitized	成组化
unitized cargo	成组货物
vanning	装箱
ventilated container	通风集装箱

附录二　常用附加费中英文名称对照

由于船舶、货物、港口及其他方面的种种原因，使得船方在运输货物时增加费用开支或蒙受经济损失，船方为补偿这些开支或损失，除基本费率外，规定另外收取的费用，就叫附加费(Surcharge 或 Additional)。常见的附加费有：

燃油附加费(Bunker Surcharge or Bunker Adjustment Factor,BAF)

货币贬值附加费(Devaluation Surcharge or Currency Adjustment Factor,CAF)

绕航附加费(Deviation Surcharge)

苏伊士运河附加费(Suez Canal Surcharge)

转船附加费(Transshipment Surcharge)

直航附加费(Direct Additional)

港口附加费(Port Surcharge)

港口拥挤附加费(Port Congestion Surcharge)

超重附加费(Heavy-Lift Additional)

超长附加费(Long Length Additional)

洗舱费(Cleaning Charge)

熏蒸费(Fumigation Charge)

冰冻附加费(Ice Surcharge)

选择卸货港附加费(Optional Fees or Optional Additional)

变更卸货港附加费(Alteration Charge)

应急燃油附加费(emergency bunker surcharge, EBS)

整体费率上调(general rate increase,GRI)

目的地交货费(destination delivery charge, DDC)

空箱调运费(equipment reposition charge, ERC)

码头作业(操作)费(terminal handling charge, THC)

产地接货费(original receiving charge, ORC)

附录三　常用提单中英文名称对照

单据名称	英文名称	解　　释
提单	BILL OF LADING	提单是一种用以证明海上运输合同和货物由承运人接管货装船，以及承运人据以保证在目的港交付的单证
已装船提单	SHIPPED OR BOARD B/L	承运人向托运人签发的货物已经装船的提单
收货待运提单或待运提单	RECEIVED FOR SHIPPING B/L	指承运人对已收到货物单尚未装船时签发的提单
直达提单	DIRECT B/L	指货物自装货港装船后，中途不经换船直接时到卸货港卸货而签发的提单
联运提单或转船提单	THROUGH B/L	指承运人在装货港签发的中途得以转船运输而至目的港的提单
多式联运提单	MULTI-MODAL B/L	指货物有海上、内河、铁路、公路、航空等两种货多种运输方式进行联合运输而签的适用于全程运输的提单
班轮提单	LINER B/L	班轮是在一定的航线上按照公布的时间表，在规定的港口间连续从事货运的船舶。班轮可分定期和不定期两种
租船合同提单	CHARTER PARTY B/L	一般指用租船承运租船人的全部货物，船东签给租船人的提单，或者并非全部装运租船人的货物，而由船东或租船人所签发的提单
记名提单	STRAIGHT B/L	只有提单上指明的收货人可以提货的提单，一般不具备流通性
指示提单	ORDER B/L	通常有未列明指示（仅写 ORDER），列明指示（ORDER OF SHIPPER 或 ORDER OF CONSIGNEE ××COMPANY；ORDER OF ××BANK）。此种提单通过指示人背书后可以转让
不记名提单	BLANK B/L OR OPEN B/L	提单内没有任何收货人或 ORDER 字样，即提单的人和持有人都有权提货
清洁提单	CLEAN B/L	货物交运时，表明情况良好，承运人签发提单时未加任何货损、包装不良货其他有碍结汇的批注
不清洁提单	FOUL B/L	货物交运时，其包装及表面出现不坚固完整等情况，船方可以批注，即为不清洁提单

续上表

单据名称	英文名称	解　　释
包裹提单	PARCEL RECEIPT OR NON-NEGOTIABLE RECEIPT	适用于少量货物、行李或样品等
最低费提单或起码运费提单	MINIMUM B/L	运费未到运价本规定的最低额，而按规定的最低运费计收
并提单	OMNIBUS B/L	不同批数的货物合并一份提单上，或不同批数的相同的液体货装在一个油舱内，签发几份提单时，前者叫并提单，后者叫拼装提单
分提单	SEPARATE B/L	一批货物，即同一装货单的货物，可根据托运人的要求分列2套或2套以上的提单
交换提单	SWITCH B/L	起运港签发提单后，在中途港另行换发的一套提单
倒签提单	ANTI-DATED B/L	承运人按托运人的要求在货物装船后，提单签发的日期早于实际装船完毕日期的提单
预借提单	ADVANCED B/L	因信用证规定装运期和结汇期到期而货物因故未能及时装船，但已在承运人掌握之下或已开始装船，由托运人出具保函要求承运人预借的提单
舱面提单或甲板货提单	ON DECK B/L	指货物装载于船舶露天甲板，并注明“甲板上”字样的提单
货运提单	HOUSE B/L	由货运代理人签发的提单，货运提单往往是货物从内陆运出并运至内陆签发的。这种提单从技术上和严格的法律意义上说，是缺乏提单效力的

参考文献

[1] 田聿新．国际集装箱货物多式联运组织与管理．大连:大连海事大学出版社,1999
[2] 陈琳．集装箱多式联运．上海:上海财经大学出版社,2006
[3] 王鸿鹏,等．国际集装箱运输与多式联运．大连:大连海事大学出版社,2004
[4] 杨志刚,等．国际集装箱多式联运实务、法规与案例．北京:人民交通出版社,2006
[5] 孟于群．国际货物运输物流案例分析集．北京:中国商务出版社,2005
[6] 联合国亚太理事会．刘洪俊,郭萍,编译．货运代理．大连:大连海事大学出版社,1997
[7] 外经贸部货运协调司．中国国际货运代理指南．北京:中国对外经济贸易出版社,1998
[8] 吴焕宁．重要的国际经济条约．贵阳:贵阳人民出版社,1995
[9] 杨志刚．国际集装箱多式联运实务与法规．北京:人民交通出版社,2001
[10] 广州海事法院．中国海事审判年刊．北京:人民交通出版社,2002
[11] 莫世健．中国海商法．北京:法律出版社,1999
[12] 司玉琢,等．海商法详论．大连:大连海事大学出版社,1995
[13] 金正佳．中国典型海事案例评析．北京:法律出版社,1998
[14] 陈安．国际海事法学．北京:北京大学出版社,1999
[15] 司玉琢．海商法大辞典．北京:人民交通出版社,1988
[16] 加腾修,周学业,王秀芬,译．国际海上运输货物保险．大连:大连海事大学出版社,1999
[17] 杜万华．合同法精解与案例评析．北京:法律出版社,1999
[18] 杨志刚．国际货运代理业务指南．北京:人民交通出版社,1997